JOURNAL

DE

NICOLAS DE BAYE

JOURNAL

DE

NICOLAS DE BAYE

GREFFIER DU PARLEMENT DE PARIS

1400-1417

TEXTE COMPLET

PUBLIÉ POUR LA SOCIÉTÉ DE L'HISTOIRE DE FRANCE

PAR ALEXANDRE TUETEY

TOME SECOND

A PARIS

LIBRAIRIE RENOUARD

H. LAURENS, SUCCESSEUR

LIBRAIRE DE LA SOCIÉTÉ DE L'HISTOIRE DE FRANCE

RUE DE TOURNON, Nº 6

MDCCCLXXXVIII.

JOURNAL

DE NICOLAS DE BAYE

1411.

Mardi, xxvij[e] jour de janvier.

A l'enterinement de certeinnes lettres de chartres obtenues par les sergens d'armes[1] se sont au jour d'ui opposez les duc de Bourgoigne, de Berry, de Bourbon, d'Orleans, le Dauphin, le Roy de Sicile, le conte d'Alençon, le conte de S. Pol, l'arcevesque de Reins, les evesques de Beauvaiz, de Noyon, de Chaalons, de Langres, le procureur du Roy general, le seigneur de Wavrin, de Crequy et autres, requerans estre oïz, avant mesme que icelles lettres soient rendues auxdiz sergens d'armes.

Matinées, VII (X¹ᵃ 4789), fol. 39 vᵒ.

Mercredi, iiij[e] jour de fevrier.

Cedit jour, a esté denuncié à la Court que messire Pierre Boschet[2], de nation Poitevin, docteur *in utroque*, et president ceans, estoit alé de vie à trespas.

Conseil, XIII (X¹ᵃ 1479), fol. 147 rᵒ.

1. Ces lettres du 24 octobre 1410 accordaient aux huit sergents d'armes du Roi l'exemption du droit de quatrième sur les vins récoltés dans leurs héritages ainsi que de tous aides, subsides, tailles et redevances quelconques dans tout le royaume. (Trésor des chartes, JJ 165, fol. 26 rᵒ.)

2. Son testament, en date du 12 juin 1403, précédé d'une notice

Venredi, xxe jour de fevrier.

Cedit jour, ont esté deposé par messire Simon de Cramant, arcevesque de Reins, ou tresor de Nostre Dame de Paris quatre mil viij cens libvres tournois en iiij^m escus en or, comptez en ma presence, et le remenant en monnoie estant en pluseurs sacs, laquelle somme de iiij^m viij^c libvres tournois avoit le dessus dit jour receu icellui de Reins des executeurs de l'execution de feu messire Guy de Roye, arcevesque de Reins[1], presens maistre Phelippe de Boisgillon, conseiller du Roy en sa Chambre des Comptes, Baudoin Lasserve et autres pluseurs, et moy aussy, par le commandement de la Court, presens.

Conseil, XIII (X^{1a} 1479), fol. 149 v°.

Lundi, xxiij^e jour de fevrier.

La Court, pour la reverence de la feste de caresme prenant qui sera demain, s'est levée devant l'eure.

Matinées, VII (X^{1a} 4789), fol. 58 v°.

Lundi, ij^e jour de mars.

Cedit jour, pour ce que les advocas principaulx de ceans n'estoient pas ancores venus pour plaider leurs causes, jà soit ce qu'il fust desjà vij heures et demie, et que la Court eust fait appeller advocas, et estoit la Court en aventure de muser en attendant iceulx advocas, la Court a commendé et enjoinct à Robert Chaurre que, sans deport aucun, de cy en avant, et sans aucun

---

biographique, fait partie de notre recueil de *Testaments enregistrés au Parlement de Paris,* p. 112.

1. Le testament de Gui de Roye, en date du 15 mai 1400, se trouve au nombre des preuves du tome X du *Gallia christiana,* p. 74.

espargner, il lieve les amendes ordonnées pieça des advocas et procureurs qui negligence feroient de venir à heure ordonnée.

Au jour d'ui, la Court a ordonné maistre Robert Cochereau, procureur ceans, curateur à Barthelemy de Bambo et Pierre Camby, Florentins, et prisonniers, le procureur du Roy adjoint avec eulx contre J. de Blaisy, filz Oudart de Blaisy, et Guillaume de Torcey, filz au maire de Torcey, adjornez ceans à comparoir en personne, et a fait ledit Cochereau le serment acoustumé, et pour ce que le conseil desdiz de Blaisy et Torcey a dit que un grant seigneur welt advouer le fait et prise desdis prisonniers, en revendront *alia die*, et a auctorisé la Court la procuration que fit hier ledit Cochereau pour lesdiz prisonniers.

Matinées, VII (X^{1a} 4789), fol. 61 r°.

Mercredi, iij^e jour de mars.

Cedit jour, maistre Gerart de Versigny, curé de Saint-Germain, executeur nommé ou testament de feu messire Pierre Boschet, president ceans, s'est deschargé et descharge du fait de ladicte execution, combien que, comme ami et au bien de ladicte execution, de son conseil fera le mieux que pourra.

Matinées, VII (X^{1a} 4789), fol. 63 v°.

Juedi, xixe jour de mars.

Ce jour, sur certeinne requeste baillée par les executeurs du testament de feu messire Raoul de la Vanne, jadis chanoine de Reins, d'une part, et l'arcevesque de Reins, d'autre part, et le soubcollecteur du Pape et le clerc du Tresor, d'autre part, oye la relation de maistre R. Mauger, president, et G. Petit Sayne, commissaire, la Court a ordonné que la somme de trois cens frans, dont est contens, sera baillée et delivrée. *Non est conclusum.*

Conseil, XIII (X[1a] 1479), fol. 153 r°.

Samedi, xxj[e] jour de mars.

Cedit jour, le prevost de Paris et le Procureur du Roy ou Chastellet se sont opposé et s'opposent à ce que certeinnes lettres obtenues par lx arbalestiers[1] ne soient ceans publiées, jusques à ce qu'ils soient oïz et les gens du Roy.

Matinées, VII (X[1a] 4789), fol. 78 r°.

Venredi, xxvij[e] jour de mars.

Cedit jour, a esté faicte election par monseigneur le Chancellier et messeigneurs les presidens d'un president, ou lieu de feu messire P. Boschet, en sa vie president ceans.

Conseil, XIII (X[1a] 1479), fol. 154 r°.

Lundi, xxxe jour de mars.

Cedit jour, m'ont esté commandées à Saint Pol, en la presence de monseigneur le Dauphin au Conseil, lettres à faire à ij de messeigneurs de ceans qui estoient esleuz, l'un en president en la Grant Chambre ou lieu de feu messire Pierre Boschet, l'autre ou lieu de president aux Requestes du Palaiz.

Matinées, VII (X[1a] 4789), fol. 85 r°.

Mercredi, premier jour d'avril.

Cedit jour, a receu la Court maistre J. du Drac, pre-

---

1. Il s'agit des privilèges accordés le 11 août 1410 aux soixante arbalétriers de la ville de Paris et insérés dans les *Ordonnances des rois de France,* t. IX, p. 522.

sident par avant aux Requestes du Palaiz, en president ceans, ou lieu de feu messire Pierre Boschet, nagueres trespassé, et aussy ou lieu dudit du Drac auxdictes Requestes maistre J. de Quatremares, paravant conseiller ceans, en president en ladicte Chambre des Requestes, ou lieu dudit du Drac, par vertu de l'election faicte venredi derrienement passé par scrutine, et ont fait le serment acoustumé.

Conseil, XIII (X^{1a} 1479), fol. 154 v°.

Samedi, iiij^e jour d'avril.

Maistre Estienne de Bas, procureur de messire J. de Chastelus, bailli de Mascon, s'est opposé et oppose à ce que messire J. de Chastelmorant ne autre ne soit receu à l'office de bailli dudit de Mascon, ne que lettres sur ce presentées ou à presenter pour publier ne soient publiées sans le oïr.

Matinées, VII (X^{1a} 4789), fol. 90 r°.

Venredi, xvij^e jour d'avril.

Cedit jour, maistre Guillaume Toreau, notaire du Roy à bourses et secretaire d'icellui Seigneur, et à qui ledit Seigneur a donné les gages de notaire que tenoit feu maistre J. de Crespy, et aussy maistre Raoul Brisoul, notaire du Roy à gages et secretaire, et à qui icellui S^r a donné les bourses de notaire qu'avoit ledit de Crespy, comme apparoit par lettres royaulx signées, ont requiz à la Court que, par vertu de certeinne ordonnance royal enregistrée ceans, leur weille pourveoir *ex habundanti* desdictz bourses et gages à chascun en droit soy, et leur conferer, à quoy la Court a respondu que leur requeste sera enregistrée à leur valoir ce qu'il appartendra, ou cas que besoin leur seroit et que plus ancien d'eulx notaire ne demandoit selon ladicte ordonnance estre pourveu.

Ce jour, maistre J. Le Besgue, notaire du Roy nostre Sire à gages, a requiz que la Court, par vertu de l'ordonnance et auctorité à icelle Court donnée, lui confere les bourses que tenoit en son vivant maistre J. de Crespy, notaire du Roy, auquel la Court a respondu que sa requeste sera enregistrée pour lui valoir ce qu'il appartendra, ou cas qu'il seroit le plus ancien entre les requerans icelle bourse, pour laquelle chose savoir a commiz la Court maistres G. de Villiers et R. Rabay.

Matinées, VII (X¹ᵃ 4789), fol. 92 v°.

Mercredi, xxijᵉ jour d'avril.

Cedit jour, le vidame d'Amiens, le sire de Rambures, le sire de Boissay, le seigneur de Nourroy et autres ont presenté lettres royaulx à la Court, par lesquelles le Roy donnoit l'office de conseiller en la Chambre des Enquestes, ou lieu de maistre Thibaut Tiessart qui est ou lieu de maistre J. de Quatremares en la Grant Chambre, à maistre J. de Mailly, leur parent, en requerant l'enterinement, et pour ce que ce estoit contre les ordonnances royaulx par lesquelles l'en devoit eslire es offices de conseiller ceans, et que monseigneur le Chancellier avoit acoustumé de venir et estre ceans à y eslire, et qu'il n'estoit pas present, après la deliberation de la Court sur ce eue, et aussy se estoit opposé à l'enterinement desdictes lettres maistre J. Jouvenel, advocat du Roy, pour le procureur general et pour son gendre, qui aussy avoit don du Roy, la Court a sursiz de conclurre en ceste besoigne, jusques à ce que de par elle aura esté parlé audit monseigneur le Chancellier.

Conseil, XIII (X.^{1a} 1479), fol. 157 r°.

Maistre Pierre de Nantron requiert estre enregistré comment il est le plus ancien notaire à bourses entre ceulx qui ont requiz les gages que tenoit maistre J. de Crespy, et pour ce a requiz que desdictz gages lui soit pourveu selon les ordonnances royaulx par la Court.

Maistre Gerart Rabastier s'est opposé et oppose à ce que nul ne soit receu en l'office de maistre Thibaut Tiessart, conseiller du Roy aux Enquestes, sans le oïr, attendu qu'il a le don du Roy nostre Sire.

Matinées, VII (X.^{1a} 4789), fol. 96 r°.

Venredi, xxiiij^e jour d'avril.

Cedit jour, a esté conclu en certains procès, esquelx messieurs des Enquestes estoient partiz, lesquelx procès estoient par escript, et pour ce *hic nichil*.

Et ledit jour, pour ce que la Court n'avoit avant hier volu ou au moins avoit differé obtemperer à certeinnes lettres, par lesquelles le Roy mandoit à la Court qu'elle receust maistre J. de Mailly[1], licencié en loiz, ou lieu vacant aux Enquestes de cellui qui monteroit d'icelle Chambre en la Grant Chambre, ou lieu de maistre J. de Quatremares, maintenant president aux Requestes du Palaiz, par vertu du don audit Mailly par lui fait,

---

1. Jean de Mailly, qui devint maître des Requêtes de l'Hôtel en 1418, président de la Chambre des comptes en 1424 et obtint l'évêché de Noyon en 1425, était l'un des partisans de la domination anglaise; l'on sait qu'il assista au procès de condamnation de Jeanne d'Arc; il décéda le 12 février 1473 et fut inhumé dans le chœur de la cathédrale de Noyon.

non obstant ordonnances, etc., monseigneur le Chancellier, pour ce present en la Court et par lui monstrée en icelle Court une cedule contenant iij lignes escriptes de la main du Roy, comment il voloit que ledit Mailly fust receu oudit lieu, pour eschiver l'indignation du Roy, et consideré que ledit Mailly estoit bien renommé en meurs et avoit esté à Orlians de bonne conversation, et si estoit de noble linage, et que autres foiz et maintenant le Roy avoit volu et voloit qu'il fust ceans conseiller, a esté esleu par les iij Chambres, pluseurs du Grant Conseil presens, non pas par voie de scrutine, mais en Conseil. Et pour ce que le lieu vacant estoit lay, et maistre J. de Laigny, conseiller en la Chambre des Enquestes, marié, avoit lieu de clerc, et ledit de Mailly avoit assez aggreable lieu de clerc, a esté ordonné que ledit de Laigny auroit le lieu et gages de lay que tenoit et avoit maistre Tibaut Tiessart auxdictes Enquestes, qui montoit en la Grant Chambre ou lieu dudit Quatremares, et ledit de Mailly avcroit le lieu et gages de clerc dudit de Laigny, et m'en a commendé lettres monseigneur le Chancellier.

Conseil, XIII (X^{1a} 1479), fol. 157 r°.

Mardi, xij^e jour de may.

Messire J. de Chastelmorant, chevalier, a requiz, que comme le Roy lui ait donné l'office de bailly de Mascon, duquel a deschargié messire J. de Chastelluz, chevalier, en son Grant Conseil, et ait le Roy ordonné et volu qu'il soit bailly et que Chastellus ne soit point oy à dire causes d'opposition aucune, veu que audit office ledit de Chastelmorant a esté esleu par ledit Grant Conseil, comme de ce que dit est a lettres, que sesdictes lettres soient enterinées, soit par la Court receu à faire le serment.

Messire J. de Chastelluz dit au contraire que autrefoiz s'est opposé et ancor s'oppose, et requiert estre oy en ses causes d'opposition, mesme que le Roy lui a octroyé qu'il soit oy, comme il offre à monstrer par certeinnes lettres royaulx, et dit en concluant que la requeste dudit de Chastelmorant ne se doit point faire, mais doit estre oy, veu qu'il est bailly de Mascon, dont a joy longuement et ne doit point estre despoinctié sans estre oy.

Le procureur du Roy, ou l'advocat du Roy en l'absence dudit procureur, dit que le Roy, acerteinné de la suffisance et bien desdiz ij contendans, a volu que Chastelmorant soit bailli, et pour tel a esté esleu en plain Grant Conseil, et si a esté ledit Chastelluz deschargié par le Roy meu pour certeinnes causes, si sera receu Chastelmorant.

Chastelmorant persevere en sa requeste, *ut supra*, et dit que se Chastelluz a lettres d'estre receu à opposition, elles sont de date precedent les siennes. *Tandem* la Court, acerteinnée de la volenté et ordonnance du Roy en son Grant Conseil, a receu ledit Chastelmorant qui a fait le serment acoustumé.

Matinées, VII (X^{1a} 4789), fol. 109 r°.

Mercredi, xiij^e jour de may.

Au jour d'ui, après ce que, selon l'appoinctement de la Court, J. du Tour, comme procureur de Loiz Martin et autres marchans de Portugal, a requiz ou Conseil que, au regart des barges dont contens est ceans entre les marchans d'Espaigne, d'une part, et messire Guillaume de Han et pluseurs autres de la Rochelle, d'autre part, l'enqueste soit receue et jugée[1], et au regart de la nef, que les tesmoins soient recolez, pourveu que la Court leur croisse la provision autrefois faicte, car aultrement ne pourroient proceder audit recolement, pour ce qu'il n'averoient de quoy, et pour ce a ordonné la Court que maistre Simon de Nanterre, president, Philippe du Puiz, J. Mangin et Pierre Le Fevre orront les parties et en ordonneront, ou rapporteront à la Court.

Conseil, XIII (X^{1a} 1479), fol. 159 v°.

Jeudi, xiiij^e jour de may.

Cedit jour, le sire de Helly a esté par lettres royaulx receu en gouverneur et capitainne de la Rochelle et a fait le serment acoustumé, mais le procureur de maire et commune de la Rochelle a protesté que ce, quant au fait de capitainne, ne prejudicie au droiz, libertez et franchises de ladicte ville et du maire de la Rochelle ne au procès qui pendoit par avant entr'eulx, d'une part, et messire Pierre de Villeinnes, d'autre part, pour cause de ladicte capiteinnie, et ledit de Helly a protesté au contraire.

Matinées, VII (X^{1a} 4789), fol. 111 v°.

Mercredy, xxe jour de may.

La Court a prorogué le terme qu'avoient par arrest

---

1. Un arrêt du 9 mai précédent, rendu dans cette affaire, avait décidé la réception des enquêtes faites dans le royaume et le récolement de celle d'Espagne (Conseil, X^{1a} 1479, fol. 159 r°). Par mandement du 23 mai, la Cour ordonna le payement d'une provision de 40 livres par Guillaume de Han et consorts ainsi que le récolement des témoins par les sénéchaux de Bigorre et de Cahors ainsi que les juges de Narbonne, Béziers et autres villes (Jugés, X^{1a} 58, fol. 28 v°).

les habitans de S. Flour à l'encontre de l'evesque de
Clermont, le terme de l'Ascension qu'il avoient d'eslire de refaire le chastel d'Aleuze[1], ou de paier vj^m,
jusques au premier jour d'aoust prouchain, sans le
prejudice dudit arrest *in ceteris*.

Conseil, XIII (X^{1a} 1479), fol. 160 v°.

Venredi, xxij^e jour de may.

Ce jour, la Court a donné provision à Loiz Martin
et autres marchans de Portugal, demandeurs, de quatre
cens libvres tournois à pranre sur messire Guillaume
de Han et autres de la Rochelle, defendeurs, pour
recoler leur enqueste faicte en Espaigne, en baillant
bonne et seure caution.

Conseil, XIII (X^{1a} 1479), fol. 161 r°.

Mercredy, xxvij^e jour de may.

Sur ce que d'un impost fait d'une taille ou païz
d'Auvergne pour faire la widange du Chastel nuef, de
Barbeguiere et autres par le connestable[2], et de l'exe-

---

1. Alleuze, Cantal, arr. et cant. de Saint-Flour.

2. Les châteaux de Castelnaud-et-Fayrac (Dordogne, arr. de
Sarlat, cant. de Domme), de Berbiguières (Dordogne, arr. de
Sarlat, cant. de Saint-Cyprien) et de Lavaur (Dordogne, arr. de
Sarlat, cant. de Villefranche-de-Belvès), dominant le cours de
la Dordogne, se trouvaient aux mains de partisans anglais ;
ils furent évacués en vertu de traités conclus par le connétable
d'Albret avec les capitaines de ces gens de guerre, notamment avec Raymonnet du Sort. Pour arriver au payement des
sommes considérables promises à cette occasion, une contribu-
tion extraordinaire fut levée sur les habitants de l'Auvergne, du
Rouergue, du Quercy, de l'Albigeois et d'une partie de la séné-
chaussée de Toulouse ; ceux de l'Auvergne refusèrent d'acquitter
l'impôt et interjetèrent appel au Parlement ; le lieutenant du
bailli de Saint-Pierre-le-Moutier déclara même attentatoires à
l'autorité de la Cour les contraintes exercées par Jacques du Ris,

cution d'icellui et autres griefs les bonnes villes d'Auvergne avoient appellé et avoient obtenu adjornement en cas d'appel et d'attemptas, et le avoient fait executer, ont esté apportées lettres patentes de par le Roy ce jour, par lesquelles le Roy mande et welt que lesdiz appellans ne soient en rien oïz, ne comme opposans ne comme appellans, à dire contre ledit impost ne l'execution d'icellui. Et pour ce que ceste lettre touchoit lesdiz appellans, ont esté mandez en la Chambre, et leur a esté monstrée ladicte lettre pour en revenir dire si l'ont veue. Et pour ce proposent contre icelle lettre lesdictes bonnes villes et dient que le païz d'Auvergne est et a esté dès long temps moult foulé et gasté tant de tailles que aultrement, et telement que merveille est comment y puent demourer les gens, car par continuation de telx tailles ne pourroient durer et faudra que s'en fuyent bien brief, car mesme derriennement, l'an passé, falu que chascun feu paiast xlviij frans, sans ce qu'il ayent eu ayde ne subside d'aucuns dehors de leur dit païz. Dient que le Chastel nuef de Barbeguiere et ij ou iij autres, de la widange desquelx est question, sont hors dudit païz et arrieres d'eulx, et ancor pour les wider et soubz umbre de ce furent baillez l'an passé audit connestable xxx mil frans, dont n'a rien esté emploié à ladicte widange, et se à contribuer faloit, ce deveroit estre par ceulx des païz auxquelx aydent ou nuysent lesdiz chasteaulx, non pas à eulx, à qui ne font ne froit ne chaut, et si ne leur

écuyer, et autres agents royaux chargés de faire rentrer les sommes exigibles. Des lettres du 17 mai 1411 ordonnèrent de passer outre, sans tenir compte des appellations, et de lever par voie de rigueur l'aide en question (Jugés, X^ta 58, fol. 26 v°).

ayderent onques *in similibus* les voisins desdiz chasteaulx, et si a une ou ij grosses rivieres entre lesdiz chasteaulx et eulx. Et neantmoins maistre Pierre
Le Gayant les wolt imposer à taille ou subside pour le
connestable, dont appellerent ceans, ou contempt de
quoy prist et fit pranre pluseurs de leurs biens, pluseurs d'eulx emprisonna, sur quoy empetrerent adjor-
nemant en cas d'appel et d'attemptas; auquel executer Jaques de Riz dist que de l'appel ne de
l'adjornement ne tenoit compte d'un bouton, sur quoy
ont esté faictes informations, mais l'en a volu batre
ceulx qui de ce se voloient ayder. Et quant aux lettres
ilz se doivent entendre de ceulx qui y doivent contribuer, et qui s'aydent ou se puent ayder desdiz chasteaulx et de ceulx à qui puent nuire. Si dient, que
attendu les ordonnances escriptes, que à telx lettres
l'en ne doit point obeir, doivent estre oyz en leur cas
d'appel et d'attemptas, et ce supplient et que justice
leur soit faicte, car ceste Court est ordonnée pour faire
justice à tous et par especial en causes d'appeaulx, et
aussy requierent qu'il soient oïz à l'enterinement desdictes lettres. Sur quoy a dit la Court que ce qu'ont
dit sera relaté au Roy ou à son Conseil qui en ordonnera ce que voudra. *Tandem,* furent lesdictes lettres
enterinées sans le prejudice desdictes villes, *hac vice
et quod non trahat ad consequentiam.*

Matinées, VII (X¹ª 4789), fol. 122 v°.

Venredi, xxixe jour de may.

Cedit jour, avant la pronunciation des arrests, ont
esté presentées à la Court lettres de par monseigneur
le duc d'Orleans, lettres patentes contenens que ledit

d'Orleans avoit escript au Roy nostre Sire[1] que le woulsist avoir pour excusé de ce que ne avoit fait, ne ne faisoit la response à ce que les ambaxiateurs du Roy lui avoient dit, relaté et requiz de par lui, car ou Conseil du Roy avoit pluseurs de ses ennemiz que le Roy devoit tenir ses ennemiz, auxquelx ne voudroit ses faiz, response et intentions aucunement estre communiqués, ne par eulx sceuz ou cogneux, ne aussy ne devoient estre ou conseil ne ou service du Roy. Et estoient les noms de ceulx que declaroit : l'evesque de Tournay, le vidame d'Amiens, J. de Nielles, le sire de Helly, Charles de Savoisy, Anthoinne de Craon, Anthoinne des Essars, J. de Courselles, Pierre de Fontenay et Morisse de Ruilly, tous chevaliers, hors lesdiz evesque, Anthoinne des Essars et Ruilly; et des dessusdiz chargoit lesdiz J. de Nyelles et Hely estre coulpables de la mort de son pere, le feu duc d'Orleans. Si supplioit au Roy que les feist pranre et en faire bonne justice, et de esloigner d'entour le Roy leur complices et favorables à monseigneur le duc de Bourgoigne, et autres choses contenues esdictes lettres; les pareilles auxquelles receurent pluseurs autres, comme l'en disoit.

Conseil, XIII (X^{1a} 1479), fol. 161 v°.

Venredi, xxvj^e jour de juin.

Ce jour, par maistre André Cotin, advocat, pour moy N. de Baye, graphier de Parlement, fu proposé contre maistre J. Martin, chanoinne de Cambray, que comme ja picça eust esté pourveu audit graphier de

---

1. Le texte de ces lettres du duc d'Orléans au roi se trouve inséré dans Monstrelet, t. II, p. 116.

la prebende et canonie de Tournay, par vertu de certainne grace apostolique à lui faicte ou roole de la Court, et à cause et occasion de ce ledit maistre J. Martin l'eust fait pieça citer en Court de Romme, et pendent le procès feust alé l'evesque de Tournay en juillet derrienement passé de vie à trespas, et par ce eust esté ouverte la regale en l'eglise de Tournay, par vertu de quoy le Roy m'eust donné ladicte prebende vacant en regale mesme au regart dudit Martin, qui onques n'avoit eu possession de ladicte prebende, mais icellui graphier seul en fust en possession, et par vertu des lettres d'icellui don eust esté receu ledit graphier en ladicte eglise, et par vertu de certeinnes autres lettres royaulx eust fait faire defense audit Martin qu'il desistast dudit procès, et que plus ne me molestast à cause de ladicte prebende en autre court que en la Court de Parlement, à laquelle et à nulle autre oudit cas apartenoit la cognoiscence. Et pour ce qu'il s'estoit opposé, avoit esté ceans adjorné à respondre à moy et au procureur du Roy, se partie se voloit faire, si conclud que à bonne cause eussent esté faictes lesdictes defenses et que l'opposition dudit Martin fust dicte tortionniere, et ancor lui fust faicte defense et fust dit mon don bon et valable, et fust condempné en mes despens ledit Martin. Et pour ce que après delay de pluseurs jours à lui donné ne wolt ou ne sceust que dire, la Court dist comme est contenu en l'arrest signé de Lespoisse[1].

1. Nicolas de Baye avait obtenu cette prébende à la suite du décès de Nicolas de Maulde, chanoine de l'église de Tournai, et se trouvait, comme l'on voit, en procès avec Jean Martin, chanoine de Cambrai ; un arrêt du Parlement du 26 juin 1411 lui

Entre le vicaire general ou royaume de France de l'inquisiteur de la foy, appellant et demandeur sur l'enterinement de certeinnes lettres royaulx, contenens en conclusion que son appel soit mis au neant sans amende, et que Hebert Boyn, prisonnier en la Conciergerie du Palaiz, lui soit rendu pour en cognoistre et lui faire son procès sur le cas dont il est accusé, ainsi qu'il appartendra, d'une part, et ledit Hebert Boyn d'autre part, appoincté est du consentement des parties que, l'appellation dudit vicaire mise au neant sans amende, ledit Hebert lui sera baillié et en cognoistra et ly fera son procès en la court de monseigneur l'evesque de Paris, appellez avec lui le menistre des Maturins de Paris, le chancellier de Nostre Dame de Paris, si luy plaist à y assister, et telx autres maistres en theologie et decretistes et en tel nombre que bon semblera audit vicaire, et aussy l'official de Paris, comme vicaire ou commiz en ceste partie pour et ou lieu de l'evesque d'Orleans, et, oy ledit Hebert, procedera par le conseil de la foy, comme raison sera. Fait du consentement desdiz vicaire, d'une part, Hebert, d'autre part, et evesque d'Orleans ou de son procureur, d'autre part.

Matinées, VII (X^{1a} 4789), fol. 141 v°.

Mardi, xxxe jour de juin.

Cedit jour, maistre J. de La Marche, conseiller du Roy nostre Sire, a receu en depost, de par la Court, par Pierre Bertier les sommes qui s'ensuient, c'est assavoir viij^c pieces d'or en frans à pié et à cheval ;

donna gain de cause et débouta son compétiteur (Jugés, X^{1a} 58, fol. 144 v°).

item, vij^{xx} et vj autres pieces d'or en florins de Florance et Januiz; item, III escus d'or; item, vj autres pieces d'or vielx; item, un cofre en quoy estoient lesdictes sommes d'or, quant J. Poitevin le trouva en l'ostel de Gilette Alorie, comme l'en dit[1].

Matinées, VII (X¹ᵃ 4789), fol. 144 r°.

Lundi, vj^e jour de juillet.

Ce jour, pour ce que J. Le Beguinat, procureur d'aucuns, n'estoit pas prest pour plaider leur cause appelée au roole, en ensivant les ordonnances, la Court a ordonné et dit qu'il paiera xl solz, dont sera executé par Robert Chaurre, *alias* pour lui sera ledit Chaurre executé.

Idem a ordonné et dit la Court et pour semblable cause contre maistre Lorent Surreau, procureur ceans.

Matinées, VII (X¹ᵃ 4789), fol. 149 r°.

Lundi, xiij^e jour de juillet.

La Court s'est levée des Plaidoieries pour conseiller une besoigne pour laquelle monseigneur le Chancellier et pluseurs du Grant Conseil sont venu en la Court, pour avoir l'oppinion d'aucunes choses touchans le Roy et la chose publique, sur ce que l'en voloit que les gens d'eglise feissent ayde au Roy pour resister aux gens d'armes du duc de Bourgoigne et du duc d'Orleans et autres qui dammagoient le royaume en pluseurs païz et contrées[2].

Matinées, VII (X¹ᵃ 4789), fol. 154 v°.

---

1. Ces sommes furent rendues, le 1er août suivant, à Simon des Trez, gendre de Gilette Alorie, laquelle était en procès avec le comte de Nevers (X¹ᵃ 4789, fol. 170 r°).

2. Cette assemblée est mentionnée dans le *Religieux de Saint-*

Venredi, xvij[e] jour de juillet.

Cedit jour, entre viij et ix heures, se sont levez les seigneurs pour aller messeigneurs les presidens et autres seigneurs laiz au Conseil à Saint Pol au mandement du Roy[1].

Matinées, VII (X[1a] 4789), fol. 160 r°.

Lundi, xxvij[e] jour de juillet.

Po a esté plaidié au jour d'ui pour la Court empeschée d'eslire aucuns des seigneurs pour aler au traictié à Meleun[2].

Matinées, VII (X[1a] 4789), fol. 166 v°.

Mardi, xxviij[e] jour de juillet.

L'enqueste d'entre messire Lourdin de Saligny, chevalier, d'une part, et le conte Dauphin, d'autre part, sur le plaidoié du xvij[e] jour de juillet CCCC XI, d'après disner, est receue dès maintenant[3].....

Conseil, XIII (X[1a] 1479), fol. 167 r°.

Denis, t. IV, p. 415 ; les bourgeois de Paris offrirent de payer l'entretien de 500 hommes pendant trois mois, mais le clergé refusa de contribuer aux nouvelles charges qu'on lui imposait ; le chancelier de Notre-Dame déclara, au nom des gens d'église, que leurs ressources étaient épuisées et qu'ils ne pouvaient rien fournir, blâmant par la même occasion les folles largesses qui avaient appauvri le trésor royal.

1. Une note analogue se trouve au registre du Conseil (X[1a] 1479, fol. 166 r°).

2. D'après le *Religieux de Saint-Denis*, t. IV, p. 441, l'un des présidents du Parlement, avec trois de ses collègues, autant de membres de la Chambre des comptes, le prévôt des Marchands et deux bourgeois firent partie de cette députation envoyée auprès de la Reine et du duc de Berry pour essayer de réconcilier les princes ; ce fut en pure perte : ces députés, de retour à Paris, devinrent suspects au peuple, qui les traita publiquement de traîtres infâmes.

3. Nicolas de Baye ajoute en marge la note suivante qui a été

Lundi, iij⁰ jour d'aoust.

Maistre Pierre de Nerac, procureur des consulx et habitans de Saint Flour, qui nagueres avoient esté condempnez à paier à l'evesque de Clermont, par arrest, la somme de six mil frans ou refaire le chastel d'Aleuze, et opter dedans le premier jour d'aoust present lequel avoient plus chier, a esleu et ancor eslit à refaire ledit chastel, et ce ont esleu par delà lesdiz habitans qui desja, comme il dit, y ont commencié à ouvrer, en protestant selon la forme de certeinne procuration qui est devers la Court, et de laquelle à icelle Court est apparu et par vertu de laquelle a fait et fait ladicte option. Matinées, VII (X¹ᵃ 4789), fol. 173 v⁰.

Mercredi, xix⁰ jour d'aoust.

Cedit jour, la Court a fait lire certeinnes lettres hier ceans envoiées closes de par monseigneur le duc de Berry[1], pour ce que aucuns publioient à Paris, comme avoit ledit Berry entendu, qu'il haioit les habitans de Paris et leur voloit mal, si a mandé la Court les prevost de Paris et des Marchans et leur a enjoint que

reproduite par M. Douët d'Arcq dans son édition de Monstrelet, t. II, p. 305 : *Iste Lourdinus qui erat familiarissimus domini Ducis Burgundie, suo precepto ductus fuit ad Flandriam, ut dicitur, carceri mancipandus, circa festum sancti Andree M CCCC XII.* Au dire de Monstrelet, Lourdin de Saligny, « moult privé et familler dud. duc, avoit descouvert aucuns de ses secrés et se vouloit tourner du parti d'Orléans. »

1. Après l'échec des négociations de Melun, le duc de Berry perdit la faveur des Parisiens, qui lui reprochaient de méditer la ruine de leur ville en y faisant entrer les Armagnacs ; on voit dans Monstrelet (t. II, p. 169) que « les bouchers de Paris rompirent tous les huis et fenestres de son hostel de Neelle et y firent plusieurs desroys. »

se informent et enquierent de telx malx parleurs et en facent bonne justice, et se il ont mestier de la Court, elle s'est offerte et offre à eulx ayder à faire bonne justice[1].

Cedit jour, pour ce que l'en a trouvé que de vj huissiers de ceans qui à leur tour estoient de servir pour ce moiz, c'est assavoir, Anguerran de la Porte, Adam des Vignes, Aleaume Cachemarée, Simon Fourquaut, Raoul de Garges et Thomas Raart, n'en avoit presens que ij qui servissent, c'est assavoir, Raoul de Garges, lequel ancor l'avoit la Court envoié querir les prevost de Paris et des Marchans pour venir en la Chambre, et n'y avoit aucun autre qui ouvrist l'uiz aux seigneurs, ne appellast celx qui estoient à appeller, la Court a ordonné que chascun des v absens dessusdiz sera executé de xx solz parisis au proufit de la chappelle de la salle du Palès, et a esté fait exprès commendement à Robert Chaurre, huissier et appelleur des causes de Parlement, d'icelx executer sans deport aucun.

Conseil, XIII (X¹ᵃ 1479), fol. 169 rᵒ.

Mercredi, xxvjᵉ jour d'aoust.

La Court a ordonné la commission de maistre G. de Gaudiac et Estienne Geffron, que les tresorier, chanoines et ceulx qui ont accoustumé de ordonner procureur en la Saincte Chappelle s'assembleront et dedans lundi feront un procureur, selon ce qu'il ont accoustumé, et si ne puent estre d'accort, ilz bailleront d'un costé et d'autre un ou ij noms de ceulx que voudront pour estre procureur, et la Court en ordonnera.

---

1. Ce paragraphe est reproduit par Félibien, *Histoire de la ville de Paris,* t. IV, p. 554.

Samedi, xxixe jour d'aoust.

La Court a ordonné que maistre Guillaume Bellier, chanoine de la Saincte Chappelle, soit procureur de ladicte Saincte Chappelle à xx libvres de gages, et sans le prejudice du procès.

Conseil, XIII (X^{1a} 1479), fol. 170 v°.

Mercredi, ixe jour de septembre.

Fu faicte procession par les channoines et chappellains de la Saincte Chappelle et les Bernardins, Mathurins et Carmes et les seigneurs presidens et conseillers de ceans, et fu portée la grant et la vraye croix de ladicte Saincte Chappelle, tous lesdiz channoines et chappellains estans nuz piez en alant à S. Germain l'Aucerroiz, et en revenant à ladicte Saincte Chappelle, pour la paix des seigneurs du sanc du Roy nostre Sire qui estoient en grant division en faisant guerre les uns aux autres, c'est assavoir, principaument les enfans du feu duc d'Orleans, frere du Roy, contre le duc de Bourgoigne, cousin germain dudit seigneur.

Conseil, XIII (X^{1a} 1479), fol. 172 r°.

Samedi, xij^e jour de septembre.

Ce jour, les presidens et mes dessusdiz seigneurs ont receu, par vertu de certeinnes lettres presentées par Troillart de Maucreux, escuier, icellui Troillart en bailly de Senliz ou lieu de Pierre de Precy, escuier, bailli dudit Senliz, par maniere de provision, et pourveu que ledit Troillart comperra en personne aux prouchains jours de Vermendois en la Court de ceans, afin que se ledit de Precy ou autre welt aucune chose dire contre ledit Troillart et ses lettres, la Court, parties oyes, face justice.

Et ledit jour, messire Pierre des Essars, chevalier, a esté receu prevost de Paris[1], par vertu de certeinnes lettres royaulx presentées et leues, ou lieu de messire Brunel de Saint Cler, qui audit office avoit resigné en la presence du Roy ou de son Grant Conseil, comme affermerent ou Conseil de la Chambre de Parlement, en la presence desdiz seigneurs, messire Blanchet Braque, le Galoiz d'Aunoy et messire Anthoinne de Craon, chevaliers[2].

Conseil, XIII (X[1a] 1479), fol. 172 v°.

Venredi, xviij[e] jour de septembre.

Cedit jour, sur la requeste par escript ramenée à fait par messire Helyes, evesque du Puy, contre les evesques d'Amiens et de Xainctes, après ce que led. d'Amiens a consenti que l'argent qui istra du temporel de l'eveschié du Puy miz en la main du Roy, à sa requeste et par vertu de certain arrest de ceans[3] par

---

1. Tout ce paragraphe, relatif à la réintégration de Pierre des Essarts dans le poste de prévôt de Paris, se trouve dans le *Choix de pièces inédites relatives au règne de Charles VI*, t. I, p. 346.

2. A la marge du registre se lit cette note, ajoutée par Nicolas de Baye : *Unde orta sunt infinita dampna et mala.*

3. Par un premier arrêt en date du 26 avril 1410, le Parlement avait condamné Hélie de Lestranges, évêque du Puy, à faire les réparations nécessaires en l'évêché de Saintes, notamment à la demeure épiscopale et à diverses maisons fortes, ou, à son choix, à payer pour ces réparations une somme de 3,023 livres, 15 sols tournois ; ce prélat avait obtenu pour son option divers délais et, en dépit de la saisie de son temporel, cherchait à se dérober à l'exécution de cet arrêt ; aux termes d'un accord du 14 août 1410, il consentit à effectuer les travaux exigés. Un nouvel arrêt du 8 avril 1411 (n. st.) donnant acte à Bernard de Chevenon, évêque de Saintes, du choix fait par l'évêque du Puy, mit Hélie de Lestranges en demeure de commencer et de poursuivre sans interruption les réparations (Jugés, X[1a] 58, fol. 131 r°).

lui obtenu contre ledit du Puy pour le fait des reparations de l'eveschié de Xainctes, voise et soit converti
esdictes reparations par la main dudit evesque à present de Xainctes, ou de qui la Court voudra, mais que
icellui d'Amiens soit parpaié de la reste qui lui est
deue des despens esquelx ledit du Puy a esté condempné envers lui par ledit arrest, et aussy après ce
que icellui de Xainctes a protesté que lesdiz du Puy
et d'Amiens quelque chose facent en ceste partie ne
lui prejudicie. Appoinctié est que ladicte reste desdiz
despens sera paiée audit d'Amiens et le surplus qui
sera receu dudit temporel du Puy par les commissaires à ce deputez, à la requeste dudit d'Amiens, sera
apporté devers la Court pour en ordonner, parties
oyes, comme il appartendra, *ad relationem clerici
mei, me absente.* Matinées, VII (X¹ᵃ 4789), fol. 197 v°.

Mardi, xxij⁰ jour de septembre.

Cedit jour, Jacques d'Orleans, bailly de Meaulx, s'est
venu opposer devers messeigneurs les presidens et le
graiphe que nul ne soit receu en bailly de Meaulx sans
le oïr avant. Et assez tost après Buireau du Mesnil,
escuier, a presenté unes lettres à mesdiz seigneurs
pour estre receu oudit office de bailly, nonobstant
appellations et oppositions d'aucun, par vertu desquelles ledit Buireau a esté receu à exercer ledit office
par maniere de provision, et jusques à ce que autrement en sera ordonné, et pourveu que ledit Bureau
comperra ceans au Vermendois prouchain pour ester
à droit et respondre à ce que ledit d'Orleans voudra
proposer et dire contre les lettres de don dudit office
obtenues par ledit Buireau et autrement.

Mercredi, xxiij[e] jour de septembre.

Fu faicte election ou lieu de maistre Pierre Drouart[1], trespassé, et fu esleu en la presence de messeigneurs les Chancellier, presidens et seigneurs des Chambres maistre J. Gencien, advocat en Parlement.

Conseil, XIII (X[1a] 1479), fol. 172 v°.

Samedi, xxvj[e] jour de septembre.

Messire J. de Montmorancy dit Esclabot, chevalier, s'est opposé et oppose à l'enterinement des lettres de Buireau du Mesnil, escuier, par lui obtenues sur le don à lui fait de l'office de bailly de Meaux et requiert estre receu à opposition pour certeinnes causes qu'il entent à proposer en la Court.

Matinées, VII (X[1a] 4789), fol. 197 v°.

Mercredi, derrain jour de septembre.

Cedit jour, a esté faicte election ou lieu de cellui qui iroit en la Grant Chambre ou lieu de m[e] J. Accart[2], trespassé, et a esté esleu m[e] J. Girart.

Sur le debat pendent entre maistre Guillaume de Senz, d'une part, et maistre Oudart Gencien, d'autre part, pour ce que ledit Gencien, qui se disoit estre le plus ancien lay en la Chambre des Enquestes[3], si requeroit estre receu en la Grant Chambre ou lieu de maistre J. Accart, nagueres trespassé, et ledit Senz se disoit

1. Pierre Drouart est cité dès 1398 parmi les conseillers lais de la Chambre des Enquêtes.

2. Jean Acart figure parmi les conseillers dès 1387 ; il fit d'abord partie de la Chambre des Enquêtes et passa en la Grand'Chambre vers 1398.

3. Oudart Gencien est mentionné en 1398 parmi les conseillers lais de la Chambre des Enquêtes.

preceder, pour ce que combien que ledit Gencien eust premierement perceu en ladicte Chambre des Enquestes gages de lay et servi comme lay, toutevoie estoit-il plus ancien conseiller en icelle Chambre, car il avoit primo servi comme clerc et après comme lay. Appoinctié est, pour ce que les diz seigneurs ont esté parti en deliberation, que la chose surserra jusques au Vermendois. Et pour ce que ou lieu dudit Accart a esté esleu maistre J. Girart, present monseigneur le Chancellier et messeigneurs les presidens, appellés les seigneurs des Chambres, a esté ordonné que je feré audit Girart sa lettre en termes generaulx sans nommer le lieu de qui il sera en ladicte Chambre des Enquestes.

Conseil, XIII (X¹ᵃ 1479), fol. 173 rᵒ.

Samedi, ixᵉ jour d'octobre.

A esté receu messire Guy d'Aigreville, chevalier, bailly de Sens ou lieu de messire [Gasselin] du Boz, par vertu de certeinnes lettres royaulx, à exercer ledit bailliage par maniere de provision, et jusques à ce que autrement en soit ordonné, et selon la forme que les autres bailliz, c'est assavoir, de Senliz et de Meaulx, ont esté receuz, et sera tenu de comparoir ledit d'Aigreville ceans au Vermendoiz prouchain pour oïr ce que voudra ledit du Boz proposer contre lui.

Conseil, XIII (X¹ᵃ 1479), fol. 173 vᵒ.

Mardi, xiijᵉ jour d'octobre.

Ce jour, monseigneur le duc de Berry a envoié lettres à la Court closes, esquelles estoient incorporées ou closes autres lettres ou la copie de certeinnes lettres par lui envoiées à la Royne, contenent en somme qu'elle feist reparer et amender l'injure faicte audit duc de ce que messire Guy d'Aigreville, chevalier, s'estoit efforcié d'arrester et empescher à lui porter ses robes où il estoit, et pluseurs autres aussy de petit estat avoient dit pluseurs injures de lui et avoient prins les biens de pluseurs de ses serviteurs et empeschié seellé, miz mangeurs en leurs maisons ou contempt de ly; prians aux presidens et seigneurs de Parlement que à ce amender et ly en faire justice feissent diligence et ly en rescripvissent, comme contenu est es lettres closes qui sont devers mon registre en la Tournelle[1]. Sur quoy a esté deliberé et advisé, que comme le Parlement vacast, et aussy fust la chose publique de ce royaume et par especial de Paris en grant tourble et ennuy par les divisions de nosseigneurs du sanc royal, que messeigneurs les presidens dessusdiz iroient sur ce que dit est parler au Chancellier, qui est le chief de la justice, par especial de Parlement, et feroit l'en selon ce qu'il ordonneroit ou aviseroit.

Lundi, xxvj^e jour d'octobre.

Messire Charles de Villiers, chevalier, fu receu par messeigneurs les presidens à exercer, par maniere de provision et jusques à ce que autrement en fust ordonné, l'office de bailly ou lieu de messire Simon de Bourmont, chevalier, selon la teneur de certeinnes lettres royaulx, et pourveu que ledit Charles comperra ceans aux prouchains jours de Vermendois pour respondre à ce que ledit de Bourmont vouldra proposer et dire contre les lettres dudit de Villiers et autrement et ester à droit.

---

1. Ce registre ne nous est point parvenu.

Samedi, derrain jour d'octobre.

Fu receu Charles de Breuvers, escuier, en bailli de Meleun ou lieu de messire Anguerran de Marcoignet, chevalier, par maniere de provision et *quousque*, et pourveu que ledit de Breuvers comperra ceans au Vermendois prouchain, pour respondre à ce que l'en voudra proposer contre lui.

Cedit jour, Regnault d'Azincourt, escuier, fu receu par maniere de provision et *quousque*, comme les autres precedens bailliz, ou lieu [de   ] bailly de Gisors, pourveu que ledit Regnault comperra aux prouchains jours de Vermendoiz ceans pour respondre à ce que l'en voudra contre lui proposer.

Conseil, XIII (X^{ia} 1479), fol. 173 v°.

Mercredi, iiij^e jour de novembre.

Fu receu Amé de Viry, escuier, en bailly de Mascon ou lieu de messire J. de Chastelmorant, chevalier, par provision et *quousque*, et pourveu qu'il comperra aux premiers jours de Vermendois ceans pour respondre à ce que l'en voudra dire contre lui.

Cedit jour, sur la declaration de la finance deposée sur pluseurs marchans et changeurs de Paris de par la Court de Parlement, en laquelle ladicte finance estoit contencieuse, laquelle declaration demandoit monseigneur de Bourgoigne pour s'en ayder pour le Roy en la necessité qui estoit à paier gens d'armes, appoinctié a esté par les presidens que maistre Oudart Baillet, Phelippe du Puiz et Thiebaut Tiessart, conseillers du Roy en Parlement, et ij des maistres de la Chambre des comptes aviseront sur ce qui se pourra faire par raison, et sera fait.

Cedit jour, après disner, je fu mandé de par monseigneur de Bourgoigne, et alay à luy à l'ostel de Bourbon, où me requist messire J. de Nielles, chevalier, chancellier de monseigneur le Dauphin, de par le Roy et de par monseigneur de Bourgoigne, present, et le prevost de Paris, le prevost des Marchans et pluseurs bourgoiz de Paris, monseigneur de S. Pol, le seigneur de la Viezville et pluseurs autres, que je declarasse par cedule où estoient les deposts de Parlement, je respondi que sur ce avoit esté appoinctié avant disner d'y aviser par aucuns commissaires, au contraire fu dit que c'estoit delay et que en la matiere l'en ne povoit plus attendre, toutevoie après pluseurs paroles *hinc inde*, je diz que, attendu mon office, nullement ne povoie faire ce que l'en me requeroit sans parler à messeigneurs les presidens, si fu envoié à eulx et ne peu avoir responce cedit jour, pour ce qu'il estoit tart, et ne se povoient bonnement assembler les seigneurs de Parlement pour l'eure.

Jeudi, v^e jour de novembre.

Sur la requeste faicte de par monseigneur de Bourgoigne pour le Roy pour avoir la declaration des deposts de Parlement pour les pranre, seurté bonne et suffisant donnée premierement à ceulx de qui l'en levera lesdiz deposts qui les ont en garde, il a semblé au Conseil que, attendue la necessité qui de present apert pour la guerre que l'en fait contre la ville de Paris et autrement, je puiz bien bailler ladicte declaration, pourveu que je retiegne les cedules des obligations de ceulx qui ont lesdiz deposts et qu'il ayent suffisant seurté de ravoir l'argent qu'il bailleront. Et pour ce assez tost après portay par cedule la declaration desdiz deposts et baillay à mondit seigneur de Bourgoigne, montans que bons que mauvaiz à environ iiij mil escus, retenues devers la Court les cedules des obligations d'iceulx depos.

Cedit jour, messire Simon de Bourmont, chevalier, s'est opposé et oppose à l'enterinement des lettres obtenues par messire Charles de Villiers de l'office de bailli de Troyes, et a requiz que toutes informations faictes ou à faire contre lui cessent, attendu qu'il est prest de respondre à ce que l'en voudra demander ou dire contre lui, ce qui lui est octroyé.

Cedit jour, ont esté commiz à aler avec le prevost des Marchans et autres de la ville de Paris devers le duc de Bourgoigne maistre Phelippe du Puiz, Jaques du Gard, Guillaume de Besze et Giles de Clamecy, et si a esté ordonné que les noms des gens du corps de Parlement seront baillez auxdiz de ladicte ville pour aviser ce qui sera à faire de la taille mise suz par ladicte ville et au prouffit d'icelle pour sa garde et defense.

Venredi, vj[e] jour de novembre.

Fu offert aux bourgoiz de Paris, pour la portion contingent et touchant ceulx du Parlement pour la taille de la ville de Paris, v[c] frans par les presidens, et lesdiz de la Ville ont respondu qu'il en parleront ensemble et rapporteront aux presidens.

Item, quant à tenir le Parlement, il se continuera à l'ordonnance du Grant Conseil, et de ce sera parlé au Chancellier; mais quant à venir conseiller en la Chambre, les seigneurs y viendront le plustost que bonnement se pourra faire.

Samedi, vij[e] jour de novembre.

Fu receu par les presidens en office de grant pannetier de France messire Anthoinne de Craon ou lieu du seigneur de la Roche[1], qui est alé de vie à trespas, et a fait le serment acoustumé.

Cedit jour, ont esté leues certeinnes lettres de revocation des dons fais ou à faire des confiscations ou forfaictures de ceulx qui font guerre contre la defense du Roy pour le duc d'Orleans, lesquelles lettres sont enregistrées ou livre des Ordonnances[2].

Lundi, ix[e] jour de novembre.

Fu la besoigne à Saint Cloud lez Paris, où morurent plus de vj à viij[c] des gens d'armes qui estoient venu contre la bonne ville de Paris, et po ou nulx y morurent des gens de par deçà[3].

Conseil, XIII (X[1a] 1479), fol. 174.

Juedi, xij[e] jour de novembre.

Tint le Parlement messire Arnault de Corbye, che-

1. Gui V, sire de la Rocheguyon, vicomte de Roncheville, chambellan du Roi, occupa depuis le 30 avril 1396 jusqu'à sa mort le poste de grand panetier de France.

2. Ces lettres, portant révocation des dons de toutes confiscations et forfaitures, à l'exception de ceux faits en faveur de la Reine et des enfants de France, sont du 2 novembre 1411 (X[1a] 8602, fol. 244 r°).

3. Ce passage est reproduit en note par M. Douët d'Arcq dans la chronique de Monstrelet (t. II, p. 208). Il s'agit de l'attaque et de la prise par les Parisiens, joints aux gens du duc de Bourgogne, de la ville et du pont de Saint-Cloud, qu'occupaient les partisans du duc d'Orléans, lesquels furent complètement défaits; d'après le *Religieux de Saint-Denis,* t. IV, p. 561, il périt 900 chevaliers ou écuyers du parti d'Orléans, et il n'y eut que sept ou huit morts du côté des Bourguignons.

valier, chancellier de France, presens les evesques
d'Amiens et de Tournay, messire H. de Marle,
maistres R. Mauger et J. du Drac, presidens en
Parlement, maistre Eustace de l'Aitre, president en
la Chambre des Comptes, maistres J. de Marle et
H. de Savoisy, maistres des Requestes de l'ostel du
Roy, maistres N. d'Orgemont, Phelippe de Boisgillon,
maistres en la Chambre des Comptes, maistres Gaillart Petit Sayne, J. de Saint Verain et autres pluseurs
jusques au nombre de xxxiij des Chambres de Parlement, et furent leues les ordonnances touchant chascun estat de ceulx de Parlement en son endroit et par
la forme acoustumée enregistrée en pluseurs années
cy devent, et furent faiz les sermens acoustumez.

Item, fu leue la minue d'une lettre touchant la pro-
rogation du Parlement quant aux Plaidoiries et de
l'assignation des jours de ce Parlement, corrigée et
alongée pour l'empeschement des guerres et gens
d'armes qui sont en ce royaume, et par especial en
ces marches de France, de gens de tous païz, tant
d'Angleterre, de Gascoigne, de Savoie, de Lorreinne,
de Breteigne que des autres païz de France, laquelle
lettre est devers les registres de l'enregistreur des
presentations de ceans [1].

Et cedit jour, fu ordonné que, pour la necessité qui
est de present en ce royaume d'argent avoir pour
paier gens d'armes qui estoient icy pour bouter hors
pluseurs gens d'armes faisant guerre à la ville de Paris
et en pluseurs lieux de ce royaume, combien qu'il se
deissent guerroier le duc de Bourgoigne, en poursuiant

---

1. Ces registres de présentations n'existent plus de longue date.

la mort du feu duc d'Orleans, frere germain du Roy, qu'il avoit fait tuer en ladicte ville de Paris, et pour lesquelles gens d'armes l'en ne povoit ne n'osoit apporter les finances du Roy à Paris, et autres causes contenues en certeinnes lettres apportées en la Court par maistre Guillaume Le Clerc, commissaire ordonné sur les finances de ce royaume, l'an baillera les cedules des deposts qui sont ceans pour ayder au Roy par maniere d'emprunt de la finance desdiz deposts, laquelle sera rendue des premiers deniers qui seront apportez pour le Roy à Paris des aydes. Et pareillement a esté ordonné des deposts estans aux Requestes du Palaiz.

Item, a esté ordonné que, pour les empeschemens qui sont en ce royaume et par especial entour Paris et es païz du bailliage de Vermendois et environ, et decy là, l'en ne plaidera decy au iiij[e] jour de Vermendois ordinairement ceans, se ce n'estoit en cas de necessité ou du consentement des parties qui fussent prestes d'aucunes causes, mais l'en conseillera chascun jour, et ne sera aucun tenu de soy presenter des jours de Vermendois decy audit jour quatriesme.

Conseil, XIII (X^{ta} 1479), fol. 179 r°.

Venredi, xiij[e] jour de novembre.

Cedit jour, ont esté baillées les cedules des deposts de ceans par l'ordonnance faicte ceans en la presence de monseigneur le Chancellier, comme apert par le registre du xij[e] de ce moiz, à J. de Precy, tresorier des guerres, qui a promis de les rendre, comme apert par sa cedule signée de sa main, en laquelle cedule sont inventoriées lesdictes cedules.

Samedi, xiiij[e] jour de novembre.

Cedit jour, le prevost des Marchans et pluseurs
bourgoiz de Paris sont venus en la Chambre, et sur
ce que autrefoiz avoient esté requiz par les presidens
et seigneurs de ceans nagueres que à l'ayde que requeroit et metoit sus la ville de Paris des habitans de
Paris, pour la necessité qu'elle avoit eue et avoit pour
soy garder des invasions, assaulx, pilleries et roberies, occisions et autres violences que faisoient les gens
des ducs d'Orleans, de Bourbon, les contes d'Alençon,
de Vertus, d'Armignac, messire Charles d'Alebret,
conestable de France, et pluseurs autres leurs adherens et complices contre icelle ville et les habitans, qui
par aucun temps aussy avoient occupé et tenu de force
la ville de Saint Deniz, et le pont et la ville de Saint
Cloud, lequel pont leur avoit livré un appellé Colinet
de Puiseux[1] qui en avoit la garde, et qui pour ce et
aucuns de ses complices ont esté decapitez et ledit Colinet esquartelé, ilz ne voulsissent point les gens et serviteurs du Roy nostre Sire en son Parlement imposer
à taille par especial avec les autres habitans de ladicte
ville, mais l'estat, la charge et les petis gages d'iceulx
considerez, se voulsissent passer pour aucune courtoise somme que lesdiz gens de Parlement, comprins
les presidens, conseillers, graphiers, notaires et huissiers, tous faisans le nombre de cent et une personnes,
feroient, donroient et paieroient à ladicte ville. Ont ce
accordé, comme autrefois l'avoient accordé, et après

1. V. le récit de l'exécution de Colinet de Puisieux dans le *Journal d'un bourgeois de Paris,* p. 17, et dans le *Religieux de Saint-
Denis,* t. V, p. 567.

po de paroles ont eu iceulx prevost et bourgoiz aggreable, et sont contens que ladicte Court soit quitte parmi la somme de mil libvres tournois, et que ladicte somme soit preste dedans lundi prouchain *inclusivè*. Si a esté divisée et assignée ladicte somme de mil libvres tournois entre eulx et par eulx par la maniere qui s'ensuit :

C'est assavoir, que le premier president en paiera xl libvres parisis, chascun des autres iij presidens xx libvres parisis, chascun des seigneurs clers c solz parisis, chascun des seigneurs laiz x libvres parisis, chascun des graphiers et notaires d'icelle Court viij libvres parisis, et chascun des huissiers viij libvres parisis, hors J. Maignier, Anguerran de la Porte, Adam des Vignes et Jaques de Buymont qui ne paieront chascun, attendue leur petite faculté, que vj libvres parisis, et maistres J. Gerart et J. Genciens, conseillers laiz ceans receuz de nouvel et qui ancores n'avoient receu gages ceans ne paieront que x libvres eulx ij, et les autres x libvres qu'il eussent deu par ladicte assignation paieront à la chappelle de la sale, et par ce demourront quittes des x libvres qu'il y devoient pour leur entrée. Conseil, XIII (X¹ᵃ 1479), fol. 179 rº.

Lundi, xvjᵉ jour de novembre.

Cedit jour, messire Renault de Montjan, chevalier, a esté receu en bailli de Touraine par provision et *quousque*, et pourveu qu'il comperra aux plaidoiries prouchaines de Vermendois pour respondre à ce que l'en voudra proposer contre lui.

Jeudi, xixᵉ jour de novembre.

Ce jour, J. de Neuvy, escuier, a esté receu en bailly

de Montargy, de Cepoy et des ressors et exemptions
d'Orleans, ou lieu de Loiz de Giroles, par provision et
par la maniere des autres bailliz dessus enregistrez.

J. de Merlemont, escuier, a esté receu bailly de
Valoiz ou lieu de messire Guillaume de Senliz, chevalier, par avant bailly par provision, et par la maniere
dessus enregistrée pour·autres.

Maistre Guillaume Carroble a fait le serment acoustumé à faire ceans par les maistres des Requestes de
l'Ostel à leur entrée ou lieu de maistre Raoul Le Sage[1],
par avant maistre des Requestes de l'Ostel, auquel,
pour ce qu'il est absent et n'a pas esté oy sur ce que
le Roy l'a deschargé dudit office pour certeinnes causes
contenues es lettres dudit Carroble et sur sa reception
à la Court reservé, present ledit Carroble qui à ce s'est
consenti et l'a eu aggreable, de le oïr en ses causes
d'opposition, s'aucunes en a ledit Sage à dire, quant
il sera retourné, ou toutes foiz que bon lui semblera,
et lui faire justice. '

Venredi, xxe jour de novembre.

Cedit jour, Anthoinne des Essars[2] a esté receu concierge du Palaiz ou lieu de Tiebaut de Meseray et a fait
le serment acoustumé, pourveu que se ledit de Meseray se vient opposer et weille estre oïz, l'en le orra et
ly fera l'en justice.

Conseil, XIII (X^{1a} 1479), fol. 180-181.

1. En regard du nom de Raoul Le Sage, le greffier a ajouté dans
la marge : *Recuperavit officium suum ipse Radulphus.* Raoul Le
Sage avait obtenu cet office grâce à l'appui d'Isabeau de Bavière
(cf. Blanchard, *Généalogies des maistres des Requestes de l'Ostel,* p. 93).

2. V. dans le *Journal d'un bourgeois de Paris,* pp. 36, 39, les
notes relatives à Antoine des Essarts et à l'office de concierge du
Palais.

Samedi, xxj[e] jour de novembre.

La Court a ordonné, que pour ce que l'en disoit que le Roy avoit donné les biens de maistre Hugues de Guinghan[1] pour ce que tenoit la partie du duc d'Orleans et ly estoit favorable, et y estoit en garnison ou s'efforçoit d'y estre le chevalier du guet à Paris[2], dont la femme dudit Guinghan avoit appellé, que inventoire desdiz biens se fera, presens les parties, et seront mis iceulx biens en main seure de par le Roy, *quousque*, et seront les parties oyes au Vermendois prouchain. Audit inventoire faire est commiz maistre J. du Boiz, graphier criminel, et J. Dauviller, huissier, et chascun d'eulx, et ce fait, se partiront ceulx qui sont en l'ostel dudit Guinghan.

Matinées, VII (X[1a] 4789), fol. 205 r°.

Ce samedi, xxj[e] jour, fu receu J. d'Ormoy, escuier, bailly de Meaulx, ou lieu de Bureau du Mesnil qui l'estoit par provision, et pour ce que en Parlement estoit procès pour ledit bailliage entre Jaques d'Orleans, par avant bailly, d'une part, et messire Esclabot de Montmorancy, et estoient appoincté en droit, a esté dit audit d'Ourmoy que l'en le recevoit, sauf et reservé à faire droit aux parties oudit procès.

Conseil, XIII (X[1a] 1479), fol. 181 v°.

Mardi, xxiiij[e] jour de novembre.

Ce jour, maistre Guillaume Carroble s'oppose à ce

1. Hugues de Guingant, secrétaire et garde des chartes du duc de Touraine, devint maître des comptes en 1403, au lieu et place de François Chanteprime, et conserva ces fonctions jusqu'au 14 juillet 1410.

2. Vraisemblablement Florent d'Encre, chambellan de Jean sans Peur, qui, dès 1409, est cité comme chevalier du guet.

que les lettres royaulx de maistre Charles des Marès, obtenues pour l'office de maistre des Requestes ou lieu de maistre Raoul Le Sage, ne soient enterinées *ipso inaudito*.   Matinées, VII (X¹ᵃ 4789), fol. 205 v°.

Lundi, premier jour de decembre.

Messeigneurs maistre Robert Mauger, president, Gaillart Petit Sayne, Pierre Le Fevre et Pierre Buffiere, conseillers du Roy ceans et commissaires ordonnez d'aler parler au cardinal de Pisse[1] estans à Paris, qui s'estoit chargié et offert d'escripre au Pape que voulsist tenir les seigneurs de ceans, graphier et notaire frans et quittes du dixiesme imposé sur le clargié de France qu'il avoient refusé à paier, pretendens en estre quittes par previlege, considerées certeinnes lettres royaulx enregistrées ou livre des Ordonnances[2]. Et pour ce leur avoit donné delay et surseance icellui cardinal dès aoust derrain passé jusques au Noël prouchain venant, s'il avoit escript et oy nouvelles dudit Saint Pere, et ou cas que non, qu'il voulsist proroguer la souffrance ou surseance, sans ce que iceulx seigneurs, graphier et notaire dessusdiz en cheussent en sentence d'excommeniement. Si ont relaté à la Court que ledit cardinal a offert et donné delay et surseance jusques à Pasques prouchain aux dessusdiz de

---

1. Adhémar Alamanno, archevêque de Pise, fut envoyé en 1411 comme légat en France par le pape Jean XXIII, qui le créa cardinal le 6 juin de la même année ; il occupa le poste de légat en Aragon sous le pontificat de Martin V.

2. Ces lettres de Charles VI portant exemption de tous décimes en faveur des membres du Parlement, tant conseillers que notaires et greffiers, possesseurs de bénéfices ecclésiastiques, sont du 5 juillet 1411 (Ordonnances, X¹ᵃ 8602, fol. 240 v°).

paier aucune chose dudit dixiesme, sans ce que pour defaut de non paier ilz encourrent sentence d'excommeniement.

Ce jour, m'a esté bailliée la quittance faicte à messeigneurs et autres de la Court de la taille ou subside fait à la bonne ville de Paris, quant à la part ou portion contingent iceulx de la Court, faicte par André d'Espernon, changeur et commiz à lever icellui subside, dont la teneur s'ensuit :

Sachent tuit que je Andry d'Espernon, changeur, commiz à recevoir l'ayde nagueres liberaument octroyé au Roy nostre Sire par les bourgois et habitans de la ville de Paris, confesse avoir eu et receu de Pierre Dailly, commiz par messeigneurs de Parlement à recevoir l'ayde que mesdis seigneurs graphiers, notaires et huissiers de la Court de Parlement ont donné liberaument comptans à ladicte ville de Paris la somme de mil libvres tournois pour convertir es necessitez, fortifications et affaires d'icelle ville, pourveu que ce ne porte prejudice à ladicte court de Parlement, ores ne pour le temps avenir ; de laquelle somme de mil libvres tournois je me tien à bien content et paié, et en quicte ladicte Court de Parlement, ledit Pierre Dailly et tous autres, tesmoing mon seing manuel cy miz, le xxvij^e jour de novembre, l'an mil CCCC et unze.

Signé : A. D'ESPERNON.

Conseil, XIII (X^{ta} 1479), fol. 182 v°.

Mercredi, ij^e jour de decembre.

Comme procès fust pendens ceans en la Court de Parlement entre maistre Pierre de Villers, d'une part, et maistre J. Aguenin, d'autre part, pour raison de l'office de conseiller du Roy en Chastellet que soloit tenir maistre Pierre Jehan, ouquel lesdictes parties ont esté appoinctées en fais contraires, et pareillement entre ledit Haguenin, d'une part, et maistre Pierre La

Gode, d'autre part, pour cause dudit office, et eussent
esté appoinctées contraires, finablement, pour et après
ce que lesdiz Villers et Gode ont dit estre suffisau-
ment informé le don fait audit Haguenin avoir esté
pur et simple, ilz ont renuncié audit procès et aux
fais par eulx proposez, et pour ce la Court a adjugié
et adjuge ledit office audit Haguenin et sans despens,
hinc inde.

Matinées, VII (X¹ᵃ 4789), fol. 205 vᵒ.

Lundi, vjᵉ jour de decembre.

Cedit jour, fu receu par provision et *quousque*
J. Cantepyé bailly de Saint Sauveur Landelin ou lieu
de J. Davy, pourveu que se le procureur du Roy ou
autres wellent aucune chose proposer ou dire contre,
seront oïz et leur sera fait droit.

Conseil, XIII (X¹ᵃ 1479), fol. 183 vᵒ.

Jeudi, xᵉ jour de decembre.

La Court de Parlement a eu et receu de Alexandre
Le Boursier, receveur general des aydes ordenez pour
la guerre, seze descharges de lui données le vᵉ jour
de ce present moiz de decembre, montans à la somme
de xvᵐ libvres tournois, levées icelles descharges sur
pluseurs receveurs et grenetiers desdiz aydes, faisans
mention par maistre Nycaise Bougis, secretaire du
Roy nostre Sire, pour les gages de messeigneurs de
Parlement de ceste presente année[1], commençant le

---

1. On voit par le compte du Trésor pour les années 1407-1408
(Archives nationales, KK 16) que les conseillers clercs recevaient
5 sols parisis par jour, tandis que les conseillers lais touchaient
10 sols; dans le cours du xivᵉ siècle, les gages furent augmentés
et portés à 10 sols pour les clercs et 15 sols pour les lais. En 1498,

premier jour d'octobre derrain passé, dont ledit Alexandre a eu mandement du Roy nostredit Seigneur, donné le xxvj[e] de novembre derrain passé, verifié par les commissaires ordonnez sur le fait des finances desdiz aides. Et de ce lui faut avoir quittance dudit maistre Nycaise selon ledit mandement d'icelle somme, laquelle quittance ladicte Court fera bailler audit Alixandre par ledit maistre Nycaise de ladicte somme de xv[m] libvres, ou lui rendre lesdictes descharges ou ladicte somme.

Matinées, VII (X[1a] 4789), fol. 205 v°.

Mercredi, xxxe jour de decembre.

Ce jour, a esté receu le sire d'Ivoy en office de bailly de Coustantin ou lieu de messire Robert de Peletot, chevalier, sauf l'opposition de ceulx qui se vouldront opposer, et a fait le serment accoustumé.

Conseil, XIII (X[1a] 1479), fol. 186 r°.

Jeudi derrain jour de decembre.

Ce jour, a esté receu messire Amé de Choisel, chevalier, en office de bailly de Chaumont ou lieu de Jehan d'Aunoy, et a fait le serment acoustumé, nonobstant qu'il n'eust pas ses lettres, car elles sont au païz, comme il dit, sauf l'opposition de ceulx qui se vouldront opposer.

Item, cedit jour, Anthoinne des Essars[1] a esté receu

---

il y eut un accroissement notable; on alloua aux présidents de la cour 51 sols au lieu de 41 par jour, aux conseillers clercs 15 sols et aux lais 10 sols; les greffiers civil et criminel obtinrent le même gage que les conseillers lais.

1. En regard du nom d'Antoine des Essars, le greffier a ajouté à la marge : *Duravit in officio uno anno cum uno vel duobus mensibus.*

en office de concierge du Palaiz royal à Paris ou lieu
de Thiebaut de Meseray, vacant par la resignation
dudit Thibaut faicte par son procureur devant le Roy,
comme apert par lettres, et a fait le serment acoustumé.

Conseil, XIII (X^{1a} 1479), fol. 186 v°.

1412.

Jeudi, vij^e jour de janvier.

Vint visiter et tint le Parlement monseigneur le Dauphin, filz du Roy, Dauphin de Vienne et duc de
Guienne, aagié de xv ans ou environ, et sist comme
lieutenant du Roy nostre Sire son pere, assistens et
assidens les duc de Bourgoigne, le conte de Nevers,
son frere, messire Pierre de Navarre, leur cousin germain, et eulx cousins germains du Roy, messire Loiz,
duc en Baviere, frere de la Royne, le conte de Vau-
demont, les evesques d'Amiens et de Tournay, presens le Chancellier, iij presidens et les seigneurs des
Chambres et pluseurs autres seigneurs et barons. Et
sist mondit seigneur le Dauphin tout seul ou haut siege
des clers, comme en la place du secont president, son
siege affaitié et paré comme une chaiere, et dessus sa
teste un petit ciel, et à l'autre hault siege des laiz
sidrent lesdiz seigneurs duc, contes et autres du linage
du Roy et lesdiz prelas, et es bas sieges, c'est assavoir
du ranc des clers, le Chancellier, presidens et autres
conseilliers dudit Seigneur, en l'autre banc bas le
chancellier de Guienne et autres conseilliers conse-
quaument, et moy à l'endroit des piez de mondit seigneur de Guienne, c'est assavoir, mon gros carreau à
enregistrer aux jours de Plaidoiries miz sus le mar-

chepiet de mon siege et moy assiz dessus. Et print pour theme monseigneur le premier president[1] la parole[2].

En disant que, comme la cité de Romme avoit esté non pas seulement edifiée de edifices, mais fondée pour faire justice de cent vaillans hommes appellez senateurs, aussy avoit esté ceste Court ordonnée et establie pour faire justice par cent personnes qui font le Parlement, c'est assavoir, xij pers, vj prelas et vj laiz, viij maistres des Requestes de l'Ostel, et le remenant estoit en iij chambres, c'est assavoir, vj en la chambre des Requestes du Palaiz, xv clers et xv laiz en la Grant Chambre et xxiiij laiz en la chambre des Enquestes et xvj clers, qui font en nombre c personnes ordonnées pour la justice capital de ce royaume. Avecques ce a en ceste Court advocas et procureurs ordonnez pour poursuir, demener et defendre les causes, qui chascun an font les sermens acoustumez. Vray est que, pour les turbations et empeschemens qui ont esté et sont en ce royaume, notoirement ont esté depuiz aoust jusques à cy empeschées les Plaidoiries; toutevoie, pour le bien universal de ce royaume, a esté advisié qu'il estoit bon que l'en plaidoiast ceans, afin que justice soit faicte, par laquelle tous biens se soustiennent et par le defaut de laquelle tout bien se diminue et se degaste, si comme dit *Cyprianus*. Et pour ce la Court supplie à mondit seigneur le Dauphin et auxdiz autres seigneurs qu'ilz tiegnent la main à la justice et qu'ilz facent publier que

1. Le premier président du Parlement était à cette époque Henri de Marle.
2. Le texte du thème est resté en blanc.

leur entention est que justice soit faicte et exercée et que icelle wellent conserver et garder, car po de chose seroit de faire arrest ou jugemens, *nisi essent qui ea tuerentur*. Oultre a requiz, que pour ce que l'en puet reporter au Roy ou aultres seigneurs pluseurs paroles sinistres de ceulx qui sont es offices de justice, que s'aucune parole sinistre est dicte auxdiz seigneurs de aucun desdiz officiers, que foy ne soit faicte à telx rapporteurs sans oïr la personne contre qui sera telle parole dicte. *Tertio*, a requiz qu'il soit commendé au prevost de Paris et aux bailliz royaulx qu'ilz obeissent à la Court, afin que justice soit faicte, afin que l'en puist dire : *Ambulavimus per tenebras, nunc per vias justicie [in] luce ambulamus*.

Ce fait, le Chancellier pour mondit seigneur le Dauphin et les autres seigneurs a respondu que lesdiz seigneurs prient à la Court qu'elle face justice, et en ce faisant advoeront et advoent la Court, et osteront de tout leur povoir les empeschemens, et averont la Court tousjours pour recommendée et ly ayderont de tout leur povoir, et quant aux sinistres rappors n'en croiront rien jusques à ce que ceulx à qui touchera soient oïz, et est prest ledit seigneur d'ayder la Court et les supposts d'icelle et de les recommender au Roy, quant mestier sera, et sera mandé par lettres patentes à tous juges qu'ilz obeissent à la Court.

Après ce a volu mondit seigneur le Dauphin que icelle Court commençast ses Plaidoiries selon son ordinaire qui estoit des causes de Vermendoiz, si fu commencée la cause qui s'ensuist, presens lesdiz seigneurs, en la maniere dessusdicte par maistre Guillaume Intrant, advocat pour les appellans, et defendu au contraire par maistre J. Jouvenel, advocat du Roy nostre Sire, pour lui et pour les intimez[1].

Matinées, VII (X^{1a} 4789), fol. 206 v°.

Samedi, ixe jour de janvier.

Sur certeinne requeste faicte par les sergens de Thoulouse contre les capitoulx de Tholouse pour declarer un mot, c'est assavoir, *pro defensione patrie*, contenu en certeinnes lettres baillées par lesdictes parties, la Court a dit qu'elle n'y declarera rien, mais procederont les parties sur leur principal, se bon leur semble[2].

Conseil, XIII (X^{1a} 1479), fol. 187 v°.

Lundi, xj^e jour de janvier.

La Court a enjoinct et commendé à maistre Guillaume Le Tur, advocat, et Jaques Le Fer qu'il soient pour conseil avecques messire Guillaume Polon, prestre, à l'encontre de l'Université de Paris.

Matinées, VII (X^{1a} 4789), fol. 208 v°.

Jeudi, xiiij^e jour de janvier.

Charles de Breuvers, qui ou lieu de messire Anguerran de Marcognet avoit esté receu par provision et *quousque* bailli de Meleun, pourveu qu'il comparroit à ces jours en personne ceans pour respondre à ce que l'en voudroit demander, est comparu et a requiz estre receu simplement et absolument, si lui a la Court

---

1. Il s'agit d'un appel du bailliage de Vermandois par Jacques et Salomon de Montigny contre J. Louchart, bourgeois de Saint-Quentin, et le procureur du Roi, au sujet du payement d'un apport dotal. La Court, « pour la reverence de mons^r le Dauphin qui y a fait sa clemence, » admit les lettres produites par les appelants, lettres dont le texte se trouve dans les Jugés (X^{1a} 59, fol. 7 v°), et renvoya les parties devant le bailli de Vermandois.

2. Ce procès était déjà engagé en 1406 (V. X^{1a} 1478, fol. 281 r°).

respondu qu'elle ne lui demende rien, et qu'il s'en
voist, et se aucune chose aucun ly welt demander, la
Court le mandera.

Matinées, VII (X¹ᵃ 4789), fol. 210 rᵒ.

Samedi, xvjᵉ jour de janvier.

Pierre Roussel, escuier, lieutenant du chevalier du
guet, s'est opposé et oppose que nul ne soit receu en
bailly de Esvreux sans le oïr es causes de son opposition.

Matinées, VII (X¹ᵃ 4789), fol. 211 vᵒ.

Mercredi, xxᵉ jour de janvier.

Cedit jour, a esté deliberé et ordonné ceans que,
pour ce que pluseurs avoiént appellé ceans et avoient
causes d'excès et d'attemptas contre aucuns capi-
tainnes et autres officiers du Roy nostre Sire, desquelles causes n'enduroit ancores à cognoistre la Court,
obstans certeinnes lettres passées par le Roy, presens
ij chevaliers, par lesquelles le Roy voloit avoir la cognoiscence des causes touchans les Aurelnoiz et Armi-
gnois, qui estoient impeditives de justice, aucuns de
messeigneurs de ceans iroient devers le chancellier de
Bourgoigne, les autres devers le chancellier de Guienne,
les autres devers le Roy Loiz, autres devers monseigneur le Dauphin, autres devers le prevost de Paris,
pour sentir de l'entention de nosseigneurs de France,
afin que s'il n'y avoit nouvel empeschement tel que la
Court ne peust franchement parler au Roy et à nosseigneurs, afin de faire liberalment et sans empeschement justice, la Court alast en bon nombre devers le
Roy, accompaignée d'aucuns preudommes de l'Université et bourgoiz de la Ville, monstrer l'auctorité et

bien de ceste Court pour l'onneur de la couronne et
le bien des subgiez, et que du bon plaisir du Roy
ne fussent point empeschiez que de quelzconques
causes d'appeaux et d'attemptas, qui est l'ordinaire de
la Court, ilz ne cogneuscent et feissent justice, comme
il appartient [1].

Conseil, VIII (X[1a] 1479), fol. 188 r°.

Venredi, xxixe jour de janvier.

Cedit jour, les ij Chambres assemblées, a esté deliberé que, informée la Court se certeinne lettre envoiée
de Romme par deça cancellée, qui estoit au dammage
et deshonneur du Roy et de sa Court, laquelle est
devers le graphier, estoit de la main du cardinal de
Pise, ou non, seroit demain proposé par l'un des advocas du Roy, au conseil de l'Eglise qui se tenoit en ce
Palaiz royal, contre ledit cardinal publiquement, contre
la teneur de ladicte lettre et ledit cardinal, ou cas que
l'averoit faicte, à l'onneur du Roy et de sa Court, et
selon les ordonnances royaulx et observances et usages,
en requerant icelles estre gardées.

Conseil, XIII (X[1a] 1479), fol. 189 r°.

Venredi, xij[e] jour de fevrier.

Pour ce que la Court a trouvé que au jour d'ui, entre
vij et viij heures, n'avoit à l'uiz de la Chambre aucun
huissier qui servist, jà soit ce que chascun mois doient
estre vj desdiz huissiers presens ceans à servir selon
les ordonnances, et que autrefoiz et nagueres ayent
lesdiz huissiers ou aucuns d'eulx, et par especial ceulx
qui pour lors estoient en leurs moiz, puni pour sem-

---

1. Ce paragraphe est imprimé dans Douët d'Arcq, *Choix de
pièces inédites relatives au règne de Charles VI*, t. I, p. 347.

blable cas et defaut, la Court a ordonné que les huissiers qui derrainnement avoient esté condempnez à l'amender, se executez ne furent, seront executez, c'est assavoir, Raoul de Guerges, Anguerran de la Porte, Adam des Vignes, Aleaume Cachemarée, Thomas Raart et Simon Fourcaut, pourveu que, s'aucuns d'eulx avoient excusation legitime, ne seront pas executez. Et ceulx qui de present en ce mois de fevrier sont trouvez defaillans, c'est assavoir, Guillaume de Buymont, Guillaume de l'Espine, J. Dauvillier, Nycolas Romain, Pierre Belle et J. Mainsnier, qui cedit mois devoient servir, la premiere fois que faulte feront, lesdiz huissiers seront puniz, et si paieront les dessus nommez qui sont à leur moiz xl solz, dont pour ce present defaut, dont seront executez sans deport, pourveu comme dessus d'avoir pour excusez ceulx qui sont excusables. Et ceste execution à faire a esté commandée et enjoincte à Robert Chaurre, huissier et appelleur des causes de la Court de ceans[1].

Matinées, VII (X^{1a} 4789), fol. 221 v°.

Samedi, xiij^e jour de fevrier.

Cedit jour, après disner, en la Tournelle criminelle, par xviij ou xx des seigneurs de ceans à ce deputez de par la Court, c'est assavoir, messire H. de Marle, maistre S. de Nanterre, presidens, maistres G. de Villers, J. de Vitry, G. Ponce, m. du Boz, N. Fraillon, J. Charton, E. Geffron, m. J. Mangin, G. de Besze, J. Romain, O. Gencien, J. Gencien, G. de Seriz, T.

1. Cette décision du Parlement n'est point mentionnée dans l'étude de notre confrère M. Aubert, sur les *Huissiers au Parlement de Paris* (Bibl. de l'École des chartes, année 1886, p. 377).

Tiessart et autres, a esté deliberé que l'un des advocas du Roy proposeroit ou Conseil du Roy en sa presence contre le cardinal de Pise et certeinnes lettres closes qu'il avoit envoiées à Romme contre la Court de ceans et l'onneur et droiz royaulx, en insistant principaument sur la derrainne clause d'icelles lettres, laquelle touche principaument le Roy, et ce seroit signifié au Chancellier pour avoir audience à tel jour que plairoit au Roy et qu'il verroit à faire.

S'ensuit la teneur desdictes lettres :

Venerabili viro, domino Francisco de Montepoliciano, secretario domini nostri Pape, amico carissimo : Venerabilis vir, amice carissime, placeat caute advisare dominum nostrum quod isti de Curia Parlamenti Regis volunt eximi a decima seu subsidio, dicentes se habere privilegium apostolicum, quod tamen non ostendunt, nec credo quod ostendere possent, sed tamen de facto cessant a solutione, et persistunt in censuris, et ex alia parte querunt prerogativas, datas et beneficia vacantia, que omnia quo ad subsidia Ecclesie Romane sunt perdita. Et Deus scit quantum ecclesiastice jurisdictionis quotidie usurpant, de omnibus causis ecclesiasticis possessoriis indistincte cognoscunt inter personas ecclesiasticas, religiosas, abbates, episcopos ac etiam cardinales, et totum procedit a clericis qui sunt in illa Curia. Honestetis me. Datum Parisius, die xij[a] augusti.

A. Pisanus, in cardinalem electus.

Conseil, XIII (X[1a] 1479), fol. 190 v°.

Mardi, xvj[e] jour de fevrier.

Je, Nycolas de Baye, graphier de Parlement, qui avoie esté nommé executeur du testament de maistre J. de Vendieres, advocat du Roy nostre Sire à Provins, par icellui Vendieres, proteste que quant à conseiller le fait de ladicte execution et au bien d'icelle m'emploieray et ferè le miex que je pourrè, mais quant à recepte ne mise, ne en rendre compte, ne quant à ce en estre chargié ne me weil aucunement meller, car aussy ne pourroye je, tout consideré.

Matinées, VII (X^{ia} 4789), fol. 224 r°.

Jeudi, xviij^e jour de fevrier.

Cedit jour, à l'eure de ix heures, se leverent ij de messeigneurs les presidens, c'est assavoir, messire H. de Marle et maistre S. de Nanterre et xij de messeigneurs de la Court, qui alerent au Conseil à S. Pol, et avecques eulx les procureur general et les advocas du Roy et moy. Et audit Conseil, presens le Roy nostre Sire, le Roy de Sicile, le Dauphin, ainsné filz dudit seigneur, les duc de Bourgoigne, conte de Mortain, conte de Nevers, messire Loiz, duc en Baviere, le cardinal de Pise, legat du Pape, le Chancellier de France, messire Nycole de Robertis, chevalier, legat du Pape, les evesques d'Amiens et d'Aucerre, les chancelliers de Bourgoigne et du Dauphiné et pluseurs autres barons, chevaliers et seigneurs. Proposa oudit Conseil maistre J. Perier, chanoinne de Chartres, advocat du Roy, contre ledit cardinal à l'occasion de certeinnes lettres closes qu'avoit envoiées ledit cardinal en court de Romme, à la deshonneur et dammage du Roy nostredit Seigneur et de sa Court, dont la teneur est contenue ou livre du Conseil, sur le xiij^e jour de ce moiz present de fevrier, combien que la Court s'atendist que ledit cardinal eust escript affectueusement au Pape, en la recommendant singulierement, si comme il avoit promis à ladicte Court, tendens ledit advocat à fin, que comme la cause fust du Roy et que Sa Magesté et les drois royaulx par lesdictes lettres fussent pleciez, au moins de les blessier se fust efforcié ledit cardinal, que le Roy y remediast par reparation telle qu'il apartendroit et que seroit advisié par lui et par son Conseil.

Et pour ce que ledit cardinal de Pise estoit Lombart ou Italien, et ne savoit langue françoise, respondi en latin ce que s'ensuist :

« Proposuit in primo pro excusatione lingue quod nesciebat linguam gallicam, quod sibi damno et prejudicio adesse videbat, eo quod proposita per dictum advocatum et sibi objecta ad plenum intelligere nequiverat. Rogabat tamen Cancellarium quod dicenda per eum in sui excusationem attenderet, protestans quod dicturus nichil esset cum intentione ledendi regiam majestatem, optabat siquidem potius mortem quàm contra eamdem majestatem aliquid dicere vel facere vellet. Veniens autem ad materiam agitatam super predictis suis litteris missis, prout proposuerat dictus advocatus, stupebat quamplurimum super his que adversùs eum proponi audierat, trepidans primo, sed quia sentiebat conscientiam suam puram ac nitidam, trepidatio ipsa quam habuerat successivè magis ac magis, dum procedebat, audiendo cessaverat, quia quicquid contra eum objectum fuerat deliquisse aut defecisse non credebat, sed excusationem potius habere quam accusationem sustinere, quam quidem accusationem domini de Curia Parlamenti potius coram eis quam coram Rege, ipso vocato vel mandato, expressisse debuissent. Veniens tamen consequenter ad propositam rem, et sperans quod ego grapharius, qui jussus supradictas litteras de verbo ad verbum copiaveram et responsa hec coram Rege regestro mandabam et redigebam, fideliter exemplassem copiam ipsarum suarum

litterarum cum originali, quod sibi ex precepto illico
exhibui, eidem copiam tradendo, non miretur, inquit
ipse, aliquis super dicendis, quia improvisus veni ad
excusationem, predicti vero domini de Curia Parlamenti provisi ad accusationem processerunt. Veritas
est quod dicti domini, quo ad primum punctum ipsarum litterarum, requisiti solvere subsidium per Papam
clero Francie nuper impositum, prout alii regni clerici
tenentur, responderunt se esse exemptos; super qua
exemptione voluerat informari, interrogatique collec-
tores Senonenses et Rothomagenses responderant nun-
quam practicatum extitisse, neque eos intellexisse quod
clerici dicte Curie exempti essent, sed solum illi de
camera Compotorum. Super quibus magister Henricus
de Savoisy[1], qui se super receptione cujusdam subsi-
dii papalis gesserat, sibi responderat quod dicti de
Curia pro ultimo subsidio imposito solverant, nec super
hoc difficultatem fecerant, que eisdem de Curia narra-
verat, ab ipsis requirendo quod, si privilegium haberent, ostendere vellent, quod ei carum plurimum foret,
eosdem enim nollet gravare, nec sua jura supprimere,
immo sustinere et eisdem complacere, quod ostende-
rat satis, dum erat referendarius in romana curia, qui
etiam supplicaverat ac pro posse procuraverat ut eisdem bona concederetur data. Et nichilominus privilegium quod allegabant ostendere noluerant, persisten-
tes in suis verbis et dicentes Regem sua privilegia
ostendere non consuevisse, quod mirandum erat,

---

1. Henri de Savoisy, alors maître des Requêtes de l'Hôtel,
était un personnage important dans l'ordre ecclésiastique; doyen
de l'église de Langres, il devint en 1415 archevêque de Sens;
en novembre 1412, il fut nommé président de la Cour des aides.

attento jure, quo quis allegans privilegium de illo fidem facere debebat, non enim credere poterat quod aliquis a Rege, se aliquo volens juvare privilegio, ad illud exhibendum non teneatur, in quo perseverabant. Nec eisdem a dicto subsidio absolvi sufficiebat, sed ultra hoc, quo ad aliam dictarum litterarum clausulam, prerogativas date petebant, quod contrarietatem dictorum dominorum implicare videbatur, cum ipsi beneficia peterent et de beneficiis subsidiari curie Romane non vellent, immo, neque privilegium, quod se habere pretendebant de non subsidiando, exhibere renuerent, et nichilominus se scriptum ire obtulit. Potest esse quod scripsit cuidam suo amico quod caute advisaret dominum nostrum, etc., eo quod nolebat quod publicaretur (*sic*) eos esse excommunicatos maxime in curia romana, sed quod Papa advisaretur de his qui sunt sibi obedientes et qui sunt renitentes, volentes eximi a subsidio, prout sunt illi de dicta Curia, nolentes privilegium suum edere, licet vellent quod coram eis allegantes privilegium illud ostenderent, secus diceret si pro Rege esset, si enim ostendere dictum suum privilegium cessaret questio, sed quia de facto cessant, in censuris persistere videntur, que est alia litterarum predictarum clausula. Super quo dicebat proponentem contra ipsum duplicitatem intulisse, cum nulla tamen esset, distinctis temporibus, eo quod data litterarum predictarum precedebat datam relaxationis et dilationis predictis de Curia date et facte, mirari enim se quamplurimum dicebat quod ipsi de censuris non curare viderentur, et imo ante dictam dilationem eis datam illud potuerat dicere vel scribere, ac etiam quod quererent prerogativas, data et beneficia, scripserat enim

quod cum ipsi familiares Regis reputari deberent, quod
saltem data Regis eisdem concedi debebat, sed quod
anteferri haberent, prout tempore illius de Luna [1], eis
sibi videbatur denegandum esse, immo etiam eisdem
dari beneficia vacantia ex quo se a dicto subsidio eximi
volebant, et respectu horum potuit dicere, que sunt
perdita, quo ad illam clausulam, quod non palam sed
clam dixit illis etiam qui ad eum per Curiam missi
fuerant. Quo vero ad clausulam litterarum premissa-
rum : et Deus scit quantum jurisdictionis, etc., que
dictum proponentem maxime urgere videtur, protes-
tatur quod non intendit contra regiam majestatem,
neque in ipsius prejudicium aliquid dicere. Nescit
enim quod sit in regio privilegio aut quale sit, scit
tamen quod dicta Curia cognoscit de causis unde ratio
reddi possit non videt, et super his erat intentionis
mentionem facere coram Rege, priusquam recederet.
Querebat qua ratione Curia de provincialatu inter duos
Mendicantes invicem contendentes, in quo non erat
possessio, nec aliquid proprii, sed negotium et res
mere spirituales, poterat, prout fecerat, cognoscere,
qualiter etiam de jurisdictione archidiaconatus cujusdam inter cardinalem quemdam et archiepiscopum
Remensem, de quo in eadem Curia contendebatur,
cum persone sint mere ecclesiastice, et quomodo possessio rei mere spiritualis potest esse temporalis non
videtur ratio, immo etiam de possessione beneficiorum non videtur Curia posse cognitionem tenere, non
enim ratione personarum, ut clarum est, nec ratione
rei, quia beneficium est res spiritualis. Et quanquam

1. Allusion à Benoît XIII (Pierre de la Lune).

lex dicat quod possessio plurimum habet facti, non tamen est merum factum, sed jus, quia jus est genus quo possessio describitur ac diffinitur, et non per factum, quod non est ipsius genus, et imo non credit quod hujusmodi cognitio in judicio laycum cadere possit. Et quicquid sit, ad partem tamen et clam dixit seu scripsit, ut super hoc advisaretur Papa, et idcirco Curia potius sibi injuriatur, litteras privatas, que sunt sue et nullius alterius, producendo. Debuerant enim ad eum mittere, et super his eisdem satisfecisset, aliàs aures Regis pulsare potuissent, quod non fecerunt, sed, ipso insperato et improviso, subito prosilierunt contra ipsum ad Regem eum accusando, in quo sibi injuriati fuerunt. Quamvis nichil offendisset nec vellet etiam usque ad mortem ostendere, quare supplicabat quod Rex super his deliberaret que sue discretioni remittebat, si quoquo modo offenderat, protestans de corrigendo verba sua predicta, si magis improvide quam decebat ea dixerat seu protulerat. »

Messire H. de Marle, premier president, dit que le cardinal confesse qu'il a escripte ou envoiée ladicte lettre qu'il glose, bien est vray que la Court envoya devers lui bien humblement, comme à legat ou message du S. Pere, car elle le voudroit reverer, et si a eu tousjours grant peinne de servir l'Eglise, et mesme es temps des subtraction et neutralité derrainnes, et pour ce semble que l'en doit avoir grant faveur et regart à icelle Court, et pour ce ly supplierent aucunes choses, et il respondit qu'il feroit tout ce que pourroit et rescriproit au S. Pere, et de ce confians furent tous esbahiz quant virent ce qu'avoit escript, qu'il ont celé et gardé le plus secretement qu'ont peu ; mais pour ce que

regardoit l'onneur du Roy et leur conscience, et pour
ce que par delà avoit esté sceu et publié ce que escript
estoit, ont volu adviser de ce le Roy à qui il touche
principaument, car il y sont tenus, si en fera le Roy
ce que bon ly semblera. Mais, quant à ce que le cardinal s'esbahit comment la Court a cogneu *de provincialatu*, etc., dit que la cause fu introduite en la Court
au temps de la neutralité non pas par eulx, mais par
les parties, et par telle maniere que la Court en povoit
cognoistre, et vit que cordeliers se combatoient pour
cause de ce provincialité, furent oïz et, information faicte
par l'un des seigneurs de la Court, elle bailla l'estat à
l'une des parties sans autre chose dire et pour cause.
Quant au provincial des Jacobins de Tholouse, c'estoit
une complainte en cas de nouvelleté, l'un des conten-
dens moru, le plait pendent, et qui avoit osté ou fait
oster les lettres et tiltres de l'autre, comme il mainte-
noit, onques puiz la Court n'en volt cognoistre. Quant
au debat et procès d'entre le cardinal de Saluces,
d'une part, et l'arcevesque de Reins[1], c'est pour le
debat des fruis de l'arcediacre, sur quoy furent passez
accors en la Court, dont puet trop bien cognoistre. Si
a dit finablement ledit president en concluant qu'il

---

1. Un arrêt du 19 mars 1412 donna gain de cause au cardinal
de Saluces et le maintint en possession des revenus de l'archi-
diaconé, mais Simon de Cramant, archevêque de Reims, ayant
obtenu par lettres du 15 août, données à Auxerre, provision pour
son état, la réparation des édifices de son archevêché et le payement de ses créanciers, le Parlement, par mandement du 20 septembre 1412, ordonna à l'un de ses huissiers, Cachemarée, de sur-
seoir à l'exécution de l'arrêt et de laisser les choses au point où
elles se trouvaient au moment de l'obtention des lettres (Conseil,
X[1a] 1479, fol. 195, 216; Jugés, X[1a] 59, fol. 75 v°).

plaise à l'excusation de la Court rescripre au Pape sur les choses dessusdictes et contre lesdictes lettres. *Tandem* le Roy en personne que sur les choses proposées avera advis avecques son Conseil à un autre jour.

Matinées, VII (X¹ª 4789), fol. 225-226.

Venredi, xix° jour de fevrier, après disner,
au Conseil en la Tournelle criminelle.

A esté deliberé au regart du plaidoié fait jeudi devant le Roy ou du propos touchant le cardinal de Pise : Premierement, que le privilege des clers du Roy de non paier dixiesme et autres subsides au Pape soit quiz es chartres du Roy.

Item, que l'en voise devers le Roy et lui die l'en comment ledit cardinal a failli par les lettres closes touchées cy dessus le xiij° de ce moiz, lesquelles il envoya à Romme.

Item, que pour ce soit defendu audit cardinal qu'il ne dye plus, ne ne publie que le Roy et ses juges, et par especial la Court, ne puissent cognoistre des causes possessoires des benefices, car il en puet et doit cognoistre.

Item, sera requiz et supplié au Roy qu'il escripve au Pape et au college des cardinaulx sur ce, et qu'ilz ne croient point aux lettres dudit cardinal de Pise, et que le Pape pourvoie très especiaument aux gens de Parlement de bonnes dates et prerogatives, car ilz sont les plus especiaulx clers du Roy et sont dignes de grans prerogatives et franchises, et ainsi leur ont acoustumé de pourveoir les predecesseurs Papes.

Conseil, XIII (X¹ª 1479), fol. 191 r°.

Samedi, xxvij[e] jour de fevrier.

Maistre J. Virgile, procureur de maistre J. de Nourry, maistre des Requestes de l'Ostel du Roy nostre Sire, s'est opposé et oppose au don que se dit avoir maistre Guillaume de Craon, ou autres quelxconques, dudit office et à leur institution en icellui office.

Matinées, VII (X^{1a} 4789), fol. 231 r°.

Mardi, premier jour de mars.

Ce jour, maistre J. de la Marche, conseiller du Roy ceans, s'est opposé et oppose que nul ne soit receu en son lieu ceans sans le oïr avant.

Matinées, VII (X^{1a} 4789), fol. 232 v°.

Mercredi, ixe jour de mars.

Au jour d'ui, a esté receu maistre J. de la Marche comme maistre des Requestes de l'Ostel du Roy[1], ou lieu que tenoit maistre Pierre de l'Esclat[2], que l'en dit estre avecques les ducs de Berri, d'Orleans, de Bourbon et autres qui se sont rendus rebelles au Roy, et s'est ledit de la Marche protesté de retourner en l'office qu'il avoit en la Chambre des Enquestes, ou ces que ledit office de maistre des Requestes lui seroit evincé.

Conseil, XIII (X^{1a} 1479), fol. 194 r°.

1. Jean de la Marche, originaire de Varzy dans l'Auxerrois, figure en effet parmi les maîtres des Requêtes de l'Hôtel en 1412 ; il devint peu après conseiller au Parlement et visiteur des lettres de la Chancellerie. Son testament, en date du 30 novembre 1418, fait partie du registre des Testaments présentés au Parlement (X^{1a} 9807, fol. 510 r°) ; il fut inhumé à Paris dans la nef de l'église des Jacobins (cf. Blanchard, *Généalogies des maistres des Requestes de l'Hostel,* p. 87).

2. V. dans le *Journal d'un bourgeois de Paris,* p. 94, la note consacrée à Pierre de l'Esclat qui périt dans les massacres de 1418.

Jeudi, x[e] jour de mars.

Messire Philibert, s[r] de Boffremont, a requiz ceans et protesté que certain arrest jugié et non pronuncié, comme il dit, d'entre les habitans de Nuefchastel, en Lorreinne, et le procureur du Roy, d'une part, et le duc de Lorreinne, d'autre part[1], ne ly prejudicie ne aux drois qu'il a en ladicte ville, dont il se dit seigneur pour la tierce partie, et a requiz ce estre enregistré.

Venredi, xj[e] jour de mars.

Ce jour, s'est opposé maistre J. de la Marche à ce que l'en ne face election de l'office qu'il avoit ceans aux Enquestes, combien qu'il soit receu maistre des Requestes de l'Ostel, ouquel office des Requestes l'en ly met controverse.

Matinées, VII (X¹ᵃ 4789), fol. 238 v°.

Mercredi, xvj[e] jour de mars.

Vincent Jamme, du consentement de J. Bonnivant, escuier, huissier d'armes du Roy et commiz à pranre les fauteurs de Pierre de Lune par l'ordonnance des commissaires à ce deputez, c'est assavoir, de maistre J. Mangin et T. Tiessart, lequel Vincent estoit prisonnier, est miz à pleinne delivrance.

Matinées, VII (X¹ᵃ 4789), fol. 242 r°.

Samedi, xixe jour de mars.

Ce jour, maistre J. Virgile, procureur du seigneur de Croy, s'est opposé et oppose au don que l'en dit avoir esté fait par le Roy nostre Sire à messire J. de Craon, seigneur de la Suze, chevalier, et aultres

---

1. L'arrêt en question fut prononcé le 1er août suivant.

quelxconques, de l'office de grant boutiller de France[1],
et à l'execution et enterinement des lettres qui sur ce
auroient esté ou seroient faictes.

Matinées, VII (X^{1a} 4789), fol. 243 v°.

Mercredi, xxiij° jour de mars.

Sur certeinne requestes et debas et contens entre
l'abbesse du Tresor Nostre-Dame[2], d'une part, et le
couvent, d'autre part, à cause de quoy avoient esté
commiz à soy informer et pourvoir maistre Simon de
Nanterre, president, et J. de Quatremares, conseiller
du Roy ceans et president des Requestes du Palaiz, la
relation desquelx oye, eust esté levée la main du Roy
mise au temporel d'icelle eglise, et eust esté enjoint à
l'abbé de Cisteaux, pere abbé, qui pour ce, à un jour

---

1. La charge de grand bouteiller de France était vacante par
suite de l'élévation de Waleran de Luxembourg, comte de Saint-
Pol, à la dignité de connétable de France; le duc de Bourgogne
la fit donner à Jean de Croy, seigneur de Renty, son chambellan,
qui fut tué à la bataille d'Azincourt. Quant à Jean de Craon, il
ne devint grand échanson de France qu'en 1413. (Cf. le *Religieux
de Saint-Denis*, t. IV, p. 603.)

2. Maline du Chemin était déjà en 1407 abbesse de l'abbaye du
Trésor, fondée en 1228 dans le diocèse de Rouen; les débats du
procès dont est question avaient révélé de graves désordres et
motivé une enquête à la suite de laquelle le Parlement chargea
l'un de ses huissiers, Guillaume de l'Épine, d'administrer le temporel de l'abbaye et de pourvoir au service divin, ainsi qu'à
l'entretien des religieuses. Le 18 janvier 1412, la Cour, sur la
demande de l'abbé de Cîteaux, qui voulait se rendre compte de
l'état du monastère, leva la mainmise du temporel (Jugés, X^{1a} 59,
fol. 4 v°). Dans un chapitre général de l'ordre de Cîteaux, tenu
en 1413, fut agitée la question de la déposition de Maline du
Chemin et de son remplacement par Agnès de la Porte, mais ce
projet n'eut pas de suite, car on voit en 1416 Maline du Chemin
toujours en possession de son abbaye.

passé, comparu ceans personelment, que tant à l'espirituel que au temporel pourveust, selon leurs status et
regles de leur religion bien et convenablement; sur
quoy eust esté ledit abbé et avecques lui l'abbé de
Chaaliz en personne audit lieu, et eussent miz peinne
à remedier et pourvoir à ce que dit est, comme ilz ont
relaté au jour d'ui ceans, finablement qu'ilz ne voient
aucun remede à remettre sus ladicte ecclise en estat
convenable de religion, tant que les religieuses
demourront ceans. Pour quoy ont advisié que, s'il
plaisoit au Roy et à sa Court que ledit monastere de
fames fust converti en couvent d'ommes, seroit le
miex, n'autrement ne voient que l'en y puisse remedier, attendues les grans fautes qui, dès à xl ans, ont
acoustumé d'estre leans. Pour quoy a respondu la
Court audit religieux abbé de Cisteaux et aussy abbez
de Clervaux et de Chaaliz que poursuyent devers le
Roy leur adviz et deliberation, et devers le Pape, et
qu'il plait trop bien à la Court, et y fera du miex
qu'elle pourra au proufit et honneur de Dieu et de
l'Eglise.

Conseil, XIII (X¹ᵃ 1479), fol. 195 v°.

Venredi, viij° jour d'avril.

Ce jour, J. Pingué, procureur de maistre J. Tarenne,
conseiller du Roy nostre Sire ceans, s'oppose que
aucun ne soit receu en l'office dudit Tarenne sans
le oïr.

Matinées, VII (X¹ᵃ 4789), fol. 249 v°.

Mardi, xij° jour d'avril.

Furent au Conseil messire H. de Marle, maistre
R. Mauger et S. de Nanterre, presidens, maistre J. du
Drac, president ceans, m. Eustace de Laitre, president

es Comptes, m. N. d'Orgemont, m. G. Le Clerc, commissaires et juges des rebellions faictes au Roy avecques pluseurs autres :

A conseiller l'enterinement de certeinnes lettres presentées par maistre J. Tarenne, conseiller du Roy ceans en la Chambre des Enquestes, par lesquelles le Roy lui restituoit son office de conseiller, dont avoit esté privé par les commissaires deputez à cognoistre des rebellions et inobeyssances faictes au Roy nostredit Seigneur, et si avoit esté defendu audit Tarenne qu'il ne demourast à Paris ne deça la riviere de Somme, de cy à ij ans, ce que le Roy lui remetoit.

Appoinctié a esté que lesdictes lettres, quant à aucuns moz qui y sont moins honorables auxdiz commissaires, seront corrigées, et ce fait, dès maintenant la Court a obtemperé auxdictes lettres presentées par ledit Tarenne, pourveu qu'il ne exercera sondit office de cy à la Saint Jehan Baptiste prouchain venant.

Mercredi, xiij[e] jour d'avril.

Sur le debat d'entre le sire de la Suze, d'une part, et le s[r] de Croy, d'autre part, pour l'office de la grant bouteillerie de France, sur quoy le Roy avoit fait certeinne declaration contenue en certeinnes lettres au jour d'ui presentées ceans, ledit de la Suze interrogué s'il voloit aucune chose dire au contraire, a dit que dudit office ne se voloit plus empescher, puiz qu'il plaisoit au Roy, et s'en est deporté et deporte, ce qu'a la Court commandé estre enregistré.

Conseil, XIII (X[1a] 1479), fol. 197.

Samedi, xxiij[e] jour d'avril.

Cedit jour, a esté deliberé par la Court que maistre

J. André, qui a esté, par consentement de toute la Court, esleu pour aler à Romme porter le roole d'icelle Court, poursuira par delà roole de competent date et prerogatives, si convenables et proufitables que pourra, ou nominations, selon ce qu'il verra par delà, *ex eventu et circumstanciis temporum*, etc. à faire.

Conseil, XIII (X^{1a} 1479), fol. 199 v°.

Lundi, xxve jour d'avril.

Au jour d'ui, après disner, par devant maistre Simon de Nanterre, president, et O. Gencien, conseillers du Roy nostre Sire, commissaires ordonnez par la Court, entre messire H. de Marle, premier president ceans, et J. Le Mercier, defaut est octroyé audit messire Henry contre ledit Mercier, adjourné à hui, suffisamment appellé par Guillaume Tascher, huissier de ceans, et en la presence de maistre J. Hoiguart, procureur dudit Mercier.

Matinées, VII (X^{1a} 4789), fol. 260 v°.

Jeudi, xxviij^e jour d'avril.

La Court a remis à lundi prouchain la cause d'entre Pierre L'Escot, d'une part, et J. Leonart, d'autre, qui estoit et est pour l'office de premier vallet des coursiers du Roy, dont l'en plaidoit devent les maistres d'Ostel d'icellui S^r, et dont les escuiers d'escuierie requeroient le renvoy devant eulx, et pour ce ont les maistres des Requestes de l'Ostel du Roy et le procureur du Roy ilecques fait venir la cause ceans[1].

---

1. Une note marginale renvoie au 9 mai ; à cette date, dans le même registre, se trouvent en effet les Plaidoiries de cette affaire : Pierre Lescot revendiquait l'office de varlet des coursiers du Roi, qui lui avait été donné par le Roi après le décès du s^r Hurlin (Matinées, X^{1a} 4789, fol. 270 r°).

Et a dit la Court en hault que n'est pas son entention d'approuver en rien telles jurisditions de maistres
d'ostelx, ne d'escuiers d'escuierie, ne d'autres semblables, pour quelques jugemens qu'il eussent fais,
ores ou ou temps passé.

Matinées, VII (X^{1a} 4789), fol. 263 r°.

Mercredi, iiij^e jour de may.

La Court a dit au jour d'ui au vicaire du tresorier
de la Saincte Chappelle que son entention n'est pas
que messire Pierre Gautier, chappellain de ladicte
Saincte Chappelle, demoure en la maison de maistre
J. Charreton, chanoine de ladicte Chappelle et conseiller du Roy ceans, et lequel Gautier la Court dès hier
avoit envoié en prison ou Chastellet, information precedent faicte sur pluseurs injures qu'avoit dictes et
faictes audit Charreton, son maistre, et lequel a rendu
icelle Court audit tresorier pour le punir comme il
apartendra, que ledit Gautier demeure plus en l'ostel
dudit Charreton.

Cedit jour, ont esté visité procès en la Chambre
des Enquestes, esquelx estoient parti mess. des Enquestes.

Conseil, XIII (X^{1a} 1479), fol. 200 v°.

Jeudi, v^e jour de may.

La Court a retenue la cognoisçance de la cause
d'entre Pierre L'Escot, d'une part, et Jehan Lyonart,
d'autre part, qui estoit et est de l'office de maistre
vallet des grans chevaulx du Roy, sans le prejudice de
l'Escuierie et des maistres d'Ostel et des Requestes de
l'Ostel.

Matinées, VII (X^{1a} 4789), fol. 269 r°.

Lundi, ixe jour de may.

Pour ce que, par information faicte à l'encontre de
maistre Nycolas Raoulin, advocat assez juesne ceans,
à la requeste de Lorens des Bordes, icelluy Nycolas a
esté trouvé coulpable de pluseurs cas usuraires, la
Court a ordonné que, selon les informations, propo-
sera venredi prouchain publiement le procureur du
Roy et ledit Laurens contre ledit Nycolas sur lesdiz
cas, et defent audit Lorens la Court que, sur les cas
qui lui touchent, ne pacisce ne n'accorde avec ledit
Nycolas, et se accordé a, la Court ne tient ne ne tendra ledit accort jusques à ce que autrement en sera
ordonné, et ce sera signifié audit Lorens[1].

Conseil, XIII (X^{1a} 1479), fol. 201 r°.

Ce jour, la Court s'est levée entre ix et x heures
pour l'onneur de la feste de la translation de saint
Nycolas et aussy de la messe solempnele de la confra-
rie de saint Nycolas, qui se dit en la sale de ceans[2].

Matinées, VII (X^{1a} 4789), fol. 270 r°.

Samedi, xiiij^e jour de may.

Cedit jour, a esté ordonné, la relation de maistre
T. Tiessart et Règnaut de Sens, commissaires à oïr le
debat d'entre messire Guy Gourle, chevalier, et dame
J. de Paillart, sa femme, oye, que la moitié de la somme
de iij^c L mars de vaisselle, qui monte à la somme de
xiiij^c libvres tournois qui estoit adjugée par arrest de

---

1. En marge se trouve cette remarque de la main du greffier :
Nichil effectus secutum est.

2. C'était à cette date que les clercs de la Basoche plantaient
leur mai et représentaient leurs jeux et farces.

ceans à ladicte dame pour emploier en rente pour son doaire, selon la forme du contract de son mariage, sera baillé en garde à maistre Guillaume de Saulx, jusques à ce que autrement en sera ordonné[1].

Lundi, xvj[e] jour de may.

Cedit jour, a esté rendue l'obligation de la somme de xiiij[c] libvres, dont mention est faicte ou jour de samedi derrain passé, à Bureau de Dampmartin, qui, par icelle, estoit obligié à ladicte somme, parce qu'il a paié et rendu ladicte somme en la main de Adam des Vignes, huissier, qui l'a mise en depost devers maistre Guillaume de Saulx, conseiller de ceans, par l'ordonnance de la Court, hors xx libvres qui ont esté baillées à madame de Passy, qui a poursui ledit arrest, comme m'a relaté ledit huissier.

Conseil, XIII (X[1a] 1479), fol. 201 v°.

Venredi, xxe jour de may.

Ce jour, a esté deliberé que certeinnes lettres closes, dont la copie est avecques les lettres qu'a à diverses fois envoiées le duc d'Orleans à la Court, et lesquelles

1. Guy Gourle, premier écuyer de Louis, duc d'Orléans, avait été gratifié à l'occasion de son mariage avec Jeanne de Dormans, dame de Paillard, d'une somme de quatre mille francs d'or, garantie par le dépôt d'une certaine quantité de vaisselle d'or et d'argent entre les mains d'André du Moulin, changeur; mais il se trouva compromis dans la rébellion du duc d'Orléans et vit ses biens confisqués. André du Moulin ayant vendu ou engagé partie de cette vaisselle à des marchands lombards qui la firent fondre, Jeanne de Paillard exerça une revendication contre l'un d'eux, et, par arrêt du 30 mars 1411, obtint la moitié de la somme représentant la valeur de cette vaisselle, montant à 2,800 livres (Jugés, X[1a] 59, fol. 112 r°).

lettres sont de la date du xje de may, par l'adviz de monseigneur le Chancellier seroient leues. Et pour ce que une povre femme de village du païz de Dunois les avoit apportées à la requeste d'aucuns sergens de la garnison de Chasteaudun pour ledit d'Orleans, en esperance de ravoir son mari qui estoit prisonnier en ladicte garnison, demandoit certification de les avoir baillées à la Court, il a esté advisié qu'elle n'averoit point de response, ne de certification par escript, et s'en alast comme estoit venue, se elle voloit[1].

Conseil, XIII (X^{1a} 1479), fol. 202 vo.

Lundy, xxiije jour de may.

Sur ce que par un bon homme rural et ancien, prisonnier en la garnison de Yenville en Beaulce[2] tenens le parti du duc d'Orleans, avoient esté apportées lettres toutes pareilles à celles dont est faicte mention ou xxe jour de ce moiz, en esperance qu'il gaignast par ce sa rançon ou partie, a esté deliberé que lesdictes lettres seroient leues et renvoiées au Roy avecques les premieres, en son ost[3], et lui seroit ou à son Conseil estant avec lui rescript que plus ne recevroit la Court aucunes lettres du duc d'Orleans, sinon par son ordonnance et volenté. Et si a esté envoié le messager ou porteur ou

---

1. Le greffier a ajouté cette note en marge : *Littera originalis missa remissa est Regi*.

2. Le *Religieux de Saint-Denis* (t. IV, p. 623) mentionne avec détails les excès et actes de cruauté commis par les partisans du duc d'Orléans qui occupaient les places de la Beauce, entre autres Toury et Janville.

3. Charles VI était parti dès le début du mois de mai pour l'expédition dirigée contre Bourges et devait se trouver à Sens ou à la Charité ; d'après plusieurs actes du Trésor des chartes, il était dans cette seconde ville à la date du 26 mai.

Chastellet, jusques à ce que ladicte Court averoit response du Roy, ou que autrement en seroit ordonné. Et
pour ce ay fait lettres pour envoier audit Conseil, qui ont
esté leues à monseigneur le Chancellier en la presence
de maistre R. Mauger, president, et iiij autres de messeigneurs de la Court, dont la copie est avec la copie
desdictes lettres et autres devers la Court[1].

Conseil, XIII (X¹ᵃ 1479), fol. 203 rº.

Lundi, xxxᵉ jour de may.

Curia vacat, pour ce que les seigneurs de ceans,
des Requestes du Palaiz et des Comptes, advocas et
procureurs, ont accompaignié la procession des seigneurs de la Saincte Chappelle, que les Jacobins,
Carmes et Bernardins, tous nuz piez, ont porté la
vraie croix en alant par la rue Saint Deniz à Saint
Martin des Champs, où a esté dicte une moult solen-
nel messe, et sont revenu par la rue Saint Martin à
ladicte Saincte Chappelle[2]. Ceste procession pour la
prosperité du royaume, où il a grans divisions et
guerrcs, et aussy pour la prosperité et santé du Roy
nostre Sire, qui, accompaignié de son ainsné filz et
du duc de Bourgoigne, est en expedition ou païz de
Berry, comme l'en dit, contre le duc de Berry, son
oncle, les duc d'Orleans, son filz et nepveu, conte de
Vertus, son nepveu et frere dudit d'Orleans, le duc de
Bourbon, son cousin germain, le conte d'Alençon, le
conte d'Armignac et autres.

Matinées, VII (X¹ᵃ 4789), fol. 278 vº.

1. Ces deux paragraphes ont été reproduits par Douët d'Arcq
dans son *Choix de pièces inédites relatives au règne de Charles VI,*
t. I, p. 348.
2. V. dans le *Journal d'un bourgeois de Paris,* p. 20-23, la rela-

Mercredi, premier jour de juin.

Ce jour, messire Henry de Marle, maistre R. Mauger et maistre Pierre Le Fevre, conseiller du Roy ceans, ont esté ou college de Dormans avant disner pour le visiter, moy present[1].

Conseil, XIII (X[1a] 1479), fol. 203 v°.

Venredi, iij[e] jour de juin.

Curia vacat, pour ce qu'elle est alée à la procession general qui s'est faicte du clergié de Nostre Dame de Paris à Saincte Genevieve, le clergié nuz piez et pluseurs bourgois et bourgoises de Paris aussy nuz piez, et a l'en alé querir *corpus Domini* à S. Jehan en Greve, ouquel fu fait le miracle des Billettes, comme l'en dit, et puiz fu porté à Nostre Dame, et l'atendi la Court à la porte du Palaiz, et de là à Nostre Dame, et de Nostre Dame à Saincte Genevieve[2].

Conseil, XIII (X[1a] 1479), fol. 203 v°.

Lundi, vj[e] jour de juin.

Hic subito, et nullis aut paucis indiciis previis, insonuit tonitru horridius quàm unquam auditum fuerit hominum memoria[3].

Matinées, VII (X[1a] 4789), fol. 281 r°.

tion circonstanciée des processions qui eurent lieu à Paris de la fin de mai à la fin de juin.

1. Le Parlement avait le droit de conférer les bourses du collège de Dormans et de vérifier les comptes; c'était le premier président, assisté d'un conseiller, qui généralement s'acquittait de cette mission.

2. Cette mention se retrouve à peu près dans les mêmes termes, mais moins développée dans le registre VII des Matinées (X[1a] 4789, fol. 280); elle a déjà été signalée dans le *Journal d'un bourgeois de Paris,* p. 20.

3. Nicolas de Baye a noté le fait en question en marge d'une

Mardi, vij⁰ jour de juin.

Cedit jour, la Court a renvoié la cause d'entre
Thommin le Taillendier, marchant, et le procureur du
Roy, demandeur, d'une part, et Girart d'Esquay,
escuier, soy disant bailli de Caen, Cardin Le Sesne,
Raoulin Massue, Jaquet Dornay, Thomas Regnouart,
Colin Regnouart et Olivier Hervé, defendeurs et adjornez à comparoir en personne, d'autre part, par devant
les commissaires ordonnez à cognoistre des inobeyssances et rebellions faictes au Roy par pluseurs de ce
royaume[1], pour ce que ladicte cause touchoit la
matiere sur quoy sont lesdiz commissaires ordonnez.

Matinées, VII (X¹ᵃ 4789), fol. 283 rᵒ.

Mercredi, viij⁰ jour de juin.

Cedit jour, maistre J. de la Marche, conseiller du
Roy en la Chambre des Enquestes, que l'en disoit
avoir l'office de maistre des Requestes de l'Ostel, ou
lieu de maistre Pierre de l'Esclat, combien que con-
tencieux entre ly et maistre Hugues de Cayeu, prevost
de S. Omer, et pour ce se estoit autrefoiz ledit de la
Marche opposé que, en son lieu de conseiller ceans, ne
fust aucun receu sans le oïr, a esté requiz de soy
declarer de accepter ou l'un ou l'autre, pour pourveoir

appellation du bailli de Tournai, soutenue par Natalie de
Reminghes contre J. Parmantier et consorts; ce passage a été
reproduit dans le *Journal d'un bourgeois de Paris,* p. 22.

1. Voici en quels termes ironiques Juvénal des Ursins (coll.
Michaud, 1ʳᵉ série, t. II, p. 475) parle de ces commissaires royaux :
« En ce temps là furent ordonnez reformateurs et commissaires
contre ceux qu'on tenoit favoriser les Armagnacs, et ne falloit
guières faire informations, et suffisoit de dire : Cestuy là l'est. Les
riches estoient mis à finance par manière de rançon. »

oudit lieu de ceans *in casu*, a dit qu'il se rapportoit à ce que la Court en vouroit faire et ordonner, toutevoie protestoit comme autrefois de recouvrer son lieu de ceans *in casu* que *evinceretur locus* des Requestes de l'Ostel qu'avoit.

Venredi, xᵉ jour de juin.

Cedit jour, la Court s'est partie environ vij heures et est alée à la procession generale pour la paix du royaume et la prosperité du Roy qui est en armes, et son ayné filz avec luy, le duc de Bourgoigne et leurs gens, contre les ducs de Berry, d'Orleans, les contes de Vertus, le duc de Bourbon, les contes d'Alençon et pluseurs autres au païz de Berry; en laquelle procession sont alez nuz piez les gens d'eglise[1].

Conseil, XIII (X¹ᵃ 1479), fol. 204.

Mardi, xiiijᵉ jour de juin.

Entre J. Bosquet, le procureur du Roy et autres, d'une part, et J. Le Chin, le duc de Bourgoigne, le conte de Namur, d'autre part, pour ce que maistre J. Jouvenel, advocat du Roy, s'estoit levé pour plaider ceste cause que disoit toucher le Roy grandement, et toutevoie le procureur du Roy et maistre J. Perier, l'autre advocat du Roy, ne savoient que c'estoit, la Court a dit que les parties n'averont audience en ceste cause, jusques à ce que les gens du Roy averont fait leur collation en ceste cause.

Matinées, VII (X¹ᵃ 4789), fol. 287 rᵒ.

Mercredi, xvᵉ jour de juin.

Cedit jour, maistre Estienne des Portes, licencié en

---

1. Ce fait est simplement mentionné au registre des Matinées.

loiz, a esté receu conseiller du Roy en la Chambre des Enquestes ou lieu de maistre J. de la Marche, de nouvel maistre des Requestes de l'Ostel ou lieu de maistre Pierre de l'Esclat, que l'en disoit estre de la partie du duc d'Orleans et du duc de Berry, par vertu de certeinne election faicte en la Grant Chambre de Parlement appellée la Chambre des Enquestes, non pas par scrutine, mais *de communi consensu, singulorum votis et deliberatione exploratis*, mesme que monseigneur de Nevers en avoit prié la Court instamment.

Cedit jour, a fait moult grant froid et a [1] en pluies par pluseurs jours cy devant, ja soit que par avant avoit fait grant chaleur hative , qui estoit cheue par horribles tonnerres, qui se continuerent par demi jour tout entier ores à viij jours[2], dont sont venuz en pluseurs lieux et païz grans fulminacions sur les biens de terre et autrement. Et avecques ce sont en ce royaume en divers lieux mortalitez et epidimies, et par tout le royaume batailles et divisions plus que civiles à l'occasion de la mort du duc d'Orleans, frere germain du Roy et pere de monseigneur d'Orleans, qui à present est[3].

Conseil, XIII (X¹ᵃ 1479), fol. 204 v°.

---

1. Nous laissons en blanc quelques mots, tellement effacés dans le registre qu'ils sont pour ainsi dire illisibles.

2. Les intempéries dont parle Nicolas de Baye se firent également sentir dans le centre de la France, et l'armée royale devant Bourges en souffrit beaucoup. Juvénal des Ursins (coll. Michaud, 1ʳᵉ série, t. II, p. 476) dit à ce sujet : « Survint une merveilleuse tempeste de grands vents et grosse gresle qui abatit les tentes et fit plusieurs grands maux aux pays. »

3. Ce paragraphe se trouve analysé dans le *Journal d'un bourgeois de Paris,* p. 23.

Venredi, xvj[e] jour de juin.

Cedit jour et toute la nuit, a aussy fort venté que fist passé a x ans.

Conseil, XIII (X[1a] 1479), fol. 205 r°.

Mercredi, xxij[e] jour de juin.

Au Conseil. Est venu le recteur de l'Université de Paris en la Chambre, et a dit à messire Henry de Marle, premier president, en ma presence, que combien que à la requeste d'aucuns eussent esté empetrées lettres par lesquelles le Roy ordonnoit aucuns commissaires pour cognoistre des causes beneficiales, tant pendentes que à pendre en Parlement, touchant la subtraction ou neutralité[1], tant en cas de nouvelleté que autrement, et que telx causes fussent renvoiées par devent iceulx commissaires, à quoy pieça la Court eust respondu que, aux cas particuliers, la Court, oies les parties, fera droit, l'entention de ladicte Université estoit que la Court feist raison esdictes causes venues ou à venir, ceans nonobstant lesdictes lettres.

Cedit jour, s'est partie la Court à vij heures à matin

1. L'assemblée du clergé de France, réunie à Paris, avait décidé que la présentation aux bénéfices, « durant le temps de la neutralité, » se ferait par les soins de certains commissaires choisis dans son sein, savoir : le patriarche d'Alexandrie, les évêques de Paris, d'Évreux, de Tournay et l'abbé du Mont-Saint-Michel, investis de pleins pouvoirs à cet effet. Comme les provisions de bénéfices en faveur des suppôts de l'Université avaient donné lieu à de nombreuses contestations, déférées au Parlement et au Châtelet, l'Université obtint de l'autorité royale, le 17 octobre 1411, des lettres maintenant ses suppôts en possession des fruits et revenus en litige, et attribuant aux commissaires du clergé la connaissance des procès et débats soulevés par ces collations de bénéfices (Ordonnances, X[1a] 8602, fol. 246 v°).

pour aler à la procession generale qui va à S. Marcel
pour la paix et prosperité du Roy, qui est en expedition devant Bourges.

Conseil, XIII (X¹ᵃ 1479), fol. 205 rº.

Curia vacat pour les processions de la Saincte
Chappelle où elle a esté.

Matinées, VII (X¹ᵃ 4789), fol. 293 vº.

Lundi, iiijᵉ jour de juillet.

Au Conseil, pour ce que moult po de gens estoient
venues au Palaiz, tant de procureurs que d'autres, pour
les processions de la Saincte Chappelle qui estoient
alées à Saint Deniz, accompaignez de pluseurs colleges.

Matinées, VII (X¹ᵃ 4789), fol. 298 rº.

Au jour d'ui, sur ce que doubte estoit se l'abbé de
Saint Jehan des Vignes de Suessons povoit presenter,
par vertu de l'accort[1] pieça fait entre lui, d'une part,
et messire Guillaume de Dormans, lors evesque de
Meaulx, aux offices de maistre, procureur et soubz
maistre du college de Dormans, à occasion de ce que
ledit abbé avoit presenté un procureur ou lieu de
l'office de procureur dudit college qui vacoit[2], et
aucuns doubtoient que la pleinne disposition quant à
ce n'apartenist à la Court, veu icellui accort, dit m'a

---

1. L'accord en question, en date du 19 septembre 1388, est
mentionné au tome Iᵉʳ de notre Journal, page 142, note 2.

2. On voit par les comptes du collège de Beauvais (Archives
nationales, H 2785) que le procureur, auquel était confiée la ges-
tion financière du collège, était, dès 1400, Pierre Ancel, prêtre,
remplacé en 1412 par Pierre Derloit, qui ne resta guère qu'une
année en fonctions et eut pour successeur Regnault Pourcel.

esté que, à la presentation dudit abbé, je face et baille
au presenté sa collation[1].

Conseil, XIII (X¹ᵃ 1479), fol. 206 v°.

Lundi, xjᵉ jour de juillet.

Sur la requeste faicte par maistre Richart Coste et
baillée par escript avecques lettres de bannissement à
l'encontre de maistre Gontier Col, qui s'estoit rendu
fuitif et estoit, comme l'en disoit, avec mons. d'Orleans
ou ses adherens, et oy maistre J. Fourcaut, qui en la
cause avoit ja pieça occuppé pour ledit Gontier, lequel
Fourcaut a dit que pieça n'avoit occuppé pour ledit
Gontier, ne ne voloit occuper.

Dit a esté que la Court oste l'empeschement fait et
mis audit Coste pour cause des bourses de notaire, en
tant que touche ledit Gontier.

Conseil, XIII (X¹ᵃ 1479), fol. 207 v°.

Mercredi, xiijᵉ jour de juillet.

Ce jour, furent au Conseil, sur aucunes choses touchant le convoy de madame la Dauphine[2], que le Dauphin mandoit aler à lui, estant avec le Roy devant
Bourges.

Item, fu conseillié sur un procès où estoient parti
messʳˢ des Enquestes.

Conseil, XIII (X¹ᵃ 1479), fol. 207 v°.

Mardi, xixᵉ jour de juillet.

Ce jour, le prieur d'Abbeville a esté et est d'accort

---

1. A la marge se trouve cette rubrique : *Pro collegio de Dormano.*

2. Marguerite de Bourgogne, fille de Jean sans Peur, mariée
en 1409 à Louis, dauphin, duc de Guyenne, et restée veuve,
sans enfants, le 18 décembre 1415.

que damp Mahiu Ciffet, moisne claustrier du prieuré
d'Abbeville, qui, par vertu de certeinnes lettres
royaulx et à la requeste de l'abbé de Clugny, a esté
prins et amené en la Conciergerie du Palaiz et depuiz,
par l'ordonnance de la Court, soubz la main du Roy,
a esté mené prisonnier à S. Martin des Champs, soit
baillié, remiz et rendu audit mons. de Clugny ou à ses
gens et officiers, et que son procès lui soit fait, et soit
puni et corrigié par le prieur de S. Martin des Champs,
vicaire dudit mons. de Clugny.

Mercredi, xxᵉ jour de juillet.

La Court a vaqué pour la procession de la Saincte
Chappelle, qui, accompaignée de la Court et pluseurs
religieux et colleges de religieux de Paris, a esté piez
nuz à Saincte Katerine du Val des Escoliers, et y ont
esté portez la vraie croix et le chief de saint Loiz.

Matinées, VII (X¹ᵃ 4789), fol. 309 vᵒ.

Lundi, premier jour d'aoust.

Ce mesme jour, fu prononcié un arrest d'entre le
procureur du Roy et les habitans de Neufchastel en
Lorreine[1], par lequel a esté dit que la Court adjuge
auxdiz demandeurs contre lesdiz defaillans tel proufit
par vertu des quatre defaus, que la Court tient et
repute lesdiz defaillans pour conveincus et attains des
crimes et malefices à eulx imposez, et iceulx et chascun d'eulx, pour le tout, condempne à rendre et
mettre reaument et de fait en la main du Roy tous et
chascuns les prisonniers nommez ou proufit requiz

---

1. Les nom et qualité de la partie adverse, le duc de Lorraine,
sont restés en blanc.

desdiz defauz, c'est assavoir, Thierry Pourcelot, maistre Jaques Fourot, Lambelot Belpigne, J. Fourot, Aubriot Chifflot, Huin Chabaye bel, J. Pourcion, Willaume Pourcion, Guillemin Colinet, Thevenin dit le Grenetier, Mengin Chudel, Humblot Baveline, Mengin Roqueneuse, Mengin Racinette et J. Ourry, et à rendre tant à iceulx prisonniers comme auxdiz demandeurs en la qualité qu'ilz procedent, c'est assavoir, pour eulx et les autres habitans, tous leurs biens, de l'estimation desquelx iceulx prisonniers demandeurs et habitans en ladicte qualité seront creuz par leurs sermens, c'est assavoir, chascun pour tele portion que lui puet apartenir, jusques à la somme de L mil libvres tournoiz et au dessoubz pour eulx tous ensemble, et sera icelle somme de L mil, ou ce qui au dessoubz sera juré, levé et receu par certain commissaire qui en fera distribution à chascun selon ce qui lui en apartendra. En oultre, la Cour condempne lesdiz ducs de Lorreinne, Henry et Charlot de Dueilly, et chascun d'eulx pour le tout, à reintegrer et reparer la sauvegarde du Roy nostre Sire par eulx enfreincte en la personne de feu Guillaume Huel, et en icelle reintegrant à restablir icellui feu Guillaume Huel par figure à ses femme et enfans publiquement, et à fonder en l'eglise où il est enterré une chappellanie, douée de cinquante libvres tournois de rente annuelle et perpetuelle, admortie aux fraiz et despens d'iceulx duc, Henry et Charlot de Dueilly, de laquelle chappellanie la collation apartendra au Roy nostre Sire et à ses successeurs Roix de France de plain droit, et à asseoir à la femme et enfans, ou ayans cause dudit feu J. Huel, cent libvres tournois de rente annuelle à vie d'iceulx vefve et enfans ou ayans cause et du survivant d'eulx, et leur paier pour une foiz la somme de ij^m libvres tournois. Et, en oultre, la Court condempne tous lesdiz complices defaillans et chascun pour le tout envers lesdiz prisonniers et envers les dessus nommez Colart Belpigne, Colart Fourot et Henry Colinot, es noms qu'ilz procedent, c'est assavoir, pour eulx et les autres habitans, pour leur dammage et interests en la somme de vint mil libvres tournois. Et si condempne ledit duc à remettre en estat les neuvelletez et entreprises faictes audit lieu de Nuefchastel contre l'arrest pronuncié en Parlement contre icellui duc l'an mil III^c IIII^xx XI et l'execution d'icellui, lesquelles nouvelletez et entreprises la Court met au neant et exempte lesdis habitans de Nuefchastel et leurs successeurs, d'ores en avant à tousjours mais, de la jurisdiction, obeissance et subjection dudit duc de Lorreinne et de ses successeurs, et demourront iceulx habitans et leurs successeurs subgiez nuement du Roy nostre Sire et de ses successeurs. Et avec ce la Court declaire ledit duc, pour les desobeissances plus à plain contenues ou procès, estre encouru envers le Roy nostre Sire es peinnes de x mil mars d'argent, d'une part, et de x mil mars d'or, d'autre part ; toutes lesquelles sommes et adjudications seront prises, levées et executées sur lesdiz duc et autres complices par la maniere dessusdicte, premierement et devant quelcunque autre amende ou confiscation. Et si condempne la Court lesdiz duc et complices es despens desdiz Colart Fourot, Colart Belpigne et Henry Colinot, esdiz noms qu'il procedent, la taxation à la Court reservée. Et en oultre, par le moien du benefice du procureur du Roy, la Court condempne ledit duc pour pluseurs courses, pilleries, roberies, feux boutez et autres pluseurs grans et enormes crimes et deliz par lui, ses gens, subgiez et alliez commiz et perpetrez ou royaume environ ledit Nuefchastel depuiz xx ans en ça, à rendre et restituer aux singuliers d'icellui païz dommagiez à la cause dessusdicte leurs pertes et dommages, dont ledit procureur du Roy, lui sur ce informé, sera creu par son serment jusques à la somme de xl mil et au dessoubz, pour tous iceulx dammages, laquelle somme sera levée et distribuée à iceulx dammagiez par certain commissaire, c'est assavoir, à chascun ce qui lui en apartendra. Et en tant que touche le procureur du Roy pour les crimes, deliz, felonies et excès dessusdiz, la Court declare ledit duc et ses complices defaillans avoir commiz envers le Roy nostre Sire et à son proufit tous leurs fiefs et arrierfiefs qu'il ont ou royaume tenus du Roy par moien ou sans moien, et si les bannist du royaume, et confisque au Roy le demourant de tous leurs biens[1].

La pronunciation dudit arrest a esté delayée par long

---

1. Nicolas de Baye mentionne également dans le registre des Matinées, mais en quelques lignes, cet arrêt « moult notable » contre le duc de Lorraine et ses complices. On en trouvera la teneur complète au Criminel (X^{2a} 16, fol. 170 à 185). Il a été imprimé à Paris en 1634 chez Jacques Villery, sous le titre de : *Arrest du Parlement de Paris donné et rendu à la requeste du procureur du Roy contre Charles II, duc de Lorraine, et autres complices et accusez.* Comme le récit des énormes excès commis par le duc de Lorraine à l'égard des habitants de Neufchâteau, sévèrement réprimés par l'autorité royale, occupe une place importante dans l'histoire de la Lorraine, M. Digot a longuement analysé l'arrêt du 1er août 1412, avec de nombreuses citations dans le chapitre qu'il a consacré au duc Charles II (*Histoire de Lorraine,* t. II, p. 293 à 325).

temps pour la priere et contemplation d'aucuns grans seigneurs qui l'empeschoient devers le Roy et pour eschiver piz, comme aucuns disoient.

Conseil, XIII (X^{1a} 1479), fol. 209 r°.

Mercredi, iij^e jour d'aoust.

Cedit jour, a la Court receue lettres closes du Roy nostre Sire estant à Aucerre, et monseigneur le Dauphin, son ainsné filz, et autres seigneurs de son sanc estans avecques luy, comme l'en dit, desquelles lettres la teneur s'ensuit :

De par le Roy, nos amez et feaulx, comme pour reduire à nostre obeyssance aucuns de ceulx de nostre sang et linage et autres, qui, contre nous et les commandemens à eulx faiz de par nous par nos lettres patentes et autrement, avoient en nostre roiaume fait et commiz pluseurs entreprises à nostre grant desplaisir, nous, à grant compaignie de gens de guerre nous soions trais ou païz de Berry et jusques devant la ville de Bourges, où nous avons esté par aucun temps, comme vous savez assez, durant lequel, pour le bien de nostredit roiaume et relievemens de noz subgiez, nous ayons, par l'adviz de nostre trés cher et trés amé ainsné filz le duc de Guienne, Dauphin de Viennoiz, et autres de nostre sang et nostre Conseil, ordonné certeinnes choses qui, au plaisir de Dieu, seront à la paix et transquillité de nostredit royaume; pour lesquelles choses mettre en seurté, au bien de nous et de nostredit royaume et de tous nosdis subgiés, nous ayons ordonné et nous soyons disposé estre en nostre ville et cité d'Aucerre le xe jour d'aoust prouchain venant, auquel jour nous ayons fait convoquer grant nombre de ceulx de nostre sang et de nostre Conseil, prelas, nobles et notables personnes des bonnes villes de nostredit royaume, nous vous mandons et enjoignons expressement que, ces lettres veues, vous eslisiés entre vous vj notables personnes et un president de nostre Parlement, et iceulx deputez et envoiez par devers nous avecques et en la compaignie de nostre premier president d'icellui Parlement, audit jour et lieu d'Aucerre, auxquelx aussy, par ces

mesmes lettres, et à chascun d'eulx, nous mandons qu'ilz y
viegnent et y soient pour nous conseiller es choses dessusdictes ;
et gardez bien que en ce n'ait faulte.

Donné audit jour, d'Aucerre, le penultieme jour de juillet[1].

Signé : CHARLES.   FERRON.

Conseil, XIII (X¹ᵃ 1479), fol. 210 rº.

Venredi, vᵉ jour d'aoust.

La Court vaque ce matin, pour ce qu'elle est alée
par maniere de court à apporter le corps, de Saint
Antoinne hors Paris aux Chartreux, de messire Pierre
de Navarre, lequel estoit trespassé, comme l'en dit,
à Nevers au retour du voiage de Bourges où a esté le
Roy, et ouquel voiage ont esté mors pluseurs grans
seigneurs et autres, les uns par pestilence de grant
chaleur qui a esté, et secheresses et pourretures de
charoignes, les autres de grans mesaises et necessité,
les autres autrement[2].

Matinées, VII (X¹ᵃ 4789), fol. 317 vº.

Mardi, ixᵉ jour d'aoust.

Cedit jour, s'est levée la Court à ix heures pour
adviser à qui s'adressera l'executoire de l'arrest obtenu
pour le Roy et les habitans du Nuefchastel contre le
duc de Lorreinne, car le Roy a rescript d'Aucerre qui
voloit qu'il s'adressast au duc de Bar. Item, d'adviser

---

1. Ces lettres missives de Charles VI ont été reproduites par
Douët d'Arcq, *Choix de pièces inédites relatives au règne de
Charles VI,* t. I, p. 350.

2. Une mention analogue, donnant les noms des principaux
personnages qui succombèrent durant l'expédition de Bourges,
figure dans le registre du Conseil (X¹ᵃ 1479, fol. 210) ; elle a été
imprimée par Douët d'Arcq, dans son *Choix de pièces inédites
relatives au règne de. Charles VI,* t. I, p. 353.

sur certeinnes lettres venues du Roy au Chancellier et en son absence au Parlement pour faire cesser de cy à iij sepmainnes les excomuniemens publiés, passé a demi an, contre les ducs d'Orleans, de Bourbon, les contes d'Alençon, d'Armignac et autres, pour les entreprises et desobeyssances par eulx faictes ou prejudice du Roy et de son royaume, lesquelles excommunications se faisoient par vertu de certeinnes bulles du pape Urbain Quint par toutes les eglises parrochiaux de Paris et autres de ce royaume à cloches sonans et chandoilles estainctes[1].

Matinées, VII (X¹ᵃ 4789), fol. 319 v°.

Lundi, xijᵉ jour d'aoust.

Cedit jour, en especial, et les autres jours de ce moiz d'aoust et du mois de juillet derrain passé, ont esté si grans chaleurs et secheresses que onques fussent veues de memoire d'omme, et telement que, ledit jour xvᵉ, en issant des eglises ou maisons et à venir en rue, sembloit que l'en venist à la bouche d'un four chaut, tant estoit l'air eschaufé[2].

Matinées, VII (X¹ᵃ 4789), fol. 321 r°.

1. Cette excommunication avait été lancée le 13 novembre 1411 et publiée au parvis Notre-Dame par un frère mineur, en vertu des bulles que le pape Urbain V fulmina de 1364 à 1369 contre les Grandes Compagnies. (V. à ce sujet le *Journal d'un Bourgeois de Paris,* p. 16, note 2.) Juvénal des Ursins (p. 470) nous éclaire sur le rôle joué par l'Université de Paris qui répandit partout cet interdit, mais observe que ces bulles, s'adressant aux archevêques de Reims et de Sens et aux évêques de Paris et de Chartres, réputés armagnacs, ne furent suivies d'aucun effet.

2. Le *Journal d'un Bourgeois de Paris,* p. 25, parle également de cette température exceptionnelle et dit que « chascun estoit

Jeudi, xviij[e] jour d'aoust.

Ce jour, ay esté requiz de faire registre selon ce que a esté respondu à certeinne requeste baillée en Court par maistre Amblart de Murol, chanoinne de Paris[1], du xiij[e] de ce moiz, sur ce que s'ensuist, c'est assavoir :

Que environ janvier derrain passé, du jour ne me recors, pour la cause touchée cy après, maistre George Guy, prisonnier es prisons de monseigneur l'evesque de Paris pour occasion d'une calumpnieuse denunciation faicte à justice contre ledit maistre Amblart, et appellant du prevost de Paris à la Court de ceans, qui moult griefment estoit malade, se fit apporter en la sale du Palaiz devant l'uiz de la Chambre de Parlement, et me dit que, ou cas que l'en le voudroit envoier en l'Ostel Dieu, attendu sa maladie, il renunceroit à toutes appellations faictes en Parlement par lui, ce qui plut à la Court; mais pour ce que depuiz ne vint à ma notice que des prisons de monseigneur l'evesque eust esté porté audit Hostel Dieu, ou que ladicte condition fust purifiée, et que les procureurs des parties ne vindrent depuiz à moy, ce que devoient faire, ne fu point enregistré pour lors, ne depuiz jusques à ores que ledit Amblart est venu querir registre de ce que dit est.

Matinées, VII (X[1a] 4789), fol. 323 v°.

moult agrevé pour le grant chault qu'il faisoit; » aucune pluie ne tomba depuis la Saint-Jean jusqu'au commencement de septembre.

1. Amblard de Murol figure parmi les chanoines de Notre-Dame en 1397; il est encore mentionné dans les registres capitulaires au début de l'année 1416.

Samedi, xxvij^e jour d'aoust, au Conseil.

Ce jour, messire H. de Marle, president ceans, et vj autres des seigneurs de ceans qui estoient alé à Aucerre au mandement du Roy nostre Sire, retournez, ont relaté à la Court que sur le tractié de la paix d'entre le duc de Bourgoigne, d'une part, et les ducs d'Orleans et ses freres tant a esté procedé que en plain conseil où presidoit monseigneur le Dauphin audit lieu, presens les pers de France, les ducs de Berry, de Bourbon, de Bar et moult d'autres seigneurs du sanc royal, barons, chevaliers, escuiers et bourgoiz des bonnes villes, et ceulx qui envoiez y avoient esté de par l'Université de Paris, lesdiz seigneurs ont fait, promiz et juré solennelment, les Sains Évangiles et la croix touchés, paix entr'eulx selon la forme de certeinne cedule ilecques leue. Et pour ce que c'est moult grant grace de Dieu et moult grant joie à ce royaume, a esté ordonné que l'en chanteroit *Te Deum* par toutes les eglises. Si ont esté mandez l'official de Paris et le doien de chapitre pour ce mander aux eglises, et ainsy a esté fait. Et oultre a esté ordonné que, lundi prouchain, sera faicte procession generale où la Court sera.

Matinées, VII (X^{1a} 4789), fol. 328 v°.

Cedit jour, furent les seigneurs des ii Chambres assemblez en la Grant Chambre de Parlement pour oïr la relation de messire H. de Marle, premier president, et vi des autres seigneurs de ceans qui avoient esté envoiez à Aucerre de par la Court, au mandement du Roy nostre Sire pour le tractié faire de la paix d'entre les ducs d'Orleans et ses freres, d'une part, et de Bourgoigne, d'autre part. Si ont relaté à la Court que, le xxij^e de ce present moiz d'aoust, lesd. duc d'Orleans, le conte de Vertus et le duc de Bourgoigne, en la cité d'Aucerre, en plain Conseil où

presidoit monseigneur le Dauphin, ainsné filz du Roy, presens
les pers de France, les ducs de Berry, de Bourbon, de Bar et
pluseurs autres seigneurs du sanc royal, barons, chevaliers,
escuiers, bourgois des bonnes villes et les messages de l'Université de Paris, et conseilliers royaulx, tous en moult grant
nombre, lesdis seigneurs dessus nommez firent, promitrent et
jurerent solennelment, les sains Evangiles et la croix touchez,
paix entr'eulx selon la forme de certeinne cedule ilecques leue.
Et pour ce que ce vient de moult grant grace que Dieu a fait à
ce royaume, considerez les maulx qui à occasion de la guerre
desdiz seigneurs ont esté faiz depuis ii ans, à l'occasion de la
mort du feu duc d'Orleans, pere desd. duc d'Orleans et conte
de Vertus, frere germain du Roy nostre Sire et cousin germain
de monseigneur le duc de Bourgoigne, et nepveu du duc de
Berry. Et telement, car l'en dit que desja avoient esté mors et
tuez en ce royaume, tant d'un costé que d'autre plus de xx mil
personnes de tous estas, tant en armes que autrement, et par
especial, puiz la S. Jehan, devant Bourges, où le Roy et monseigneur le Dauphin avoient esté en armes pour asseger le duc
de Berry, de Bourbon et autres seigneurs qui y estoient du
sanc du Roy et autres en grant nombre, les duc d'Orleans et
conte de Vertus et le conte d'Angolesme, ses freres, estans à
Orleans, ont esté mors des gens d'armes du Roy et du duc de
Bourgoigne plus de viii^m, comme l'en dit, que de fer que de
povreté, mesaise et necessité, pour les trés excessives chaleurs
et secheresses qui ont esté et encores sont par iii mois et plus,
et aussi pour la tribulation que ont soufert autres gens povres,
tant femmes que enfans que hommes, se soient mors et meurent
par toutes les citez et villes de ce royaume en moult grant
nombre. Et que, à l'occasion d'une lettre royal passée environ
la S. Deniz derrainement passée fu publié abandonnement des
corps et biens de ceulx qui seroient ou estoient favorisans auxdis d'Orleans, aient esté faiz tant de maulx, crimes, pilleries,
roberies et calumpnieuses accusations et impositions sur pluseurs vaillans et sages hommes et sur pluseurs bons bourgoiz
et bourgoises et autres simples gens et sur leurs parens et amis,
et telement que par le conseil, comme aucuns disoient, de pluseurs de l'Université de Paris, ou d'icelle Université ont esté

publiquement excommuniez depuis ladicte S. Deniz jusques à
VIII ou XV jours cy devant, à cloches sonnans et chandoilles
esteinctes, les ducs d'Orleans, de Bourbon, contes d'Alençon,
de Vertus, d'Armignac, messire Charles de Lebret, lors connestable de France, qui estoient venus devant Paris ceste année
environ la Toussains, et leurs aliez, complices, aydans et confortans, par vertu d'une bulle donnée par le Pape Urbain Quint.
Ont aussi esté trop de gens mors es prisons de Chastellet en cest
yver, qui avoient esté priz, tant à la besoigne qui fu à Saint
Cloud environ la Saint Martin, que ailleurs et à Paris, souspe-
çonnez et attains d'avoir esté du cousté desdis enfans d'Orleans,
desquelx pluseurs l'en laissoit morir de fain, comme l'en dit,
et si leur nyoit l'en confession, comme l'en disoit, et ancores
les mors l'en menoit tout nuz à charretées, sans braies ne sans
autre couverture, ou Marchié aux pourceaulx lez la porte Saint
Honoré, et à peinne metoit l'en un po de terre sur eulx. Et si
en a l'en tué pluseurs par la ville de Paris, et jour et nuit, et de
gens de trés bon nom[1], comme le receveur de Chartres qui
estoit venus au mandement de la Chambre des Comptes à Paris,
pour ce que l'en disoit qu'il estoit Armighac. Car pour lors l'en
appelloit ceulx qui estoient du costé desdis enfans d'Orleans,
Armighas, a *nomine* du conte d'Armighac que l'en disoit principal
conseillier de celle partie pour l'amour qu'il avoit eue audit feu
duc d'Orleans. Et somme toute, quicunques de quelque estat
qu'il fust, fust du sanc du Roy, fust chevalier, baron, bourgoiz,
d'eglise, petit ou grant, qui estoit, ne tant ne quant, souspe-
çonné d'estre Armighac, estoit en peril, tant de son corps que
de son estat. Et a falu pour sauver leur vie que par neccessité
pluseurs de divers estas soient partiz de Paris et alez, ou à
Orleans, ou à Bourges, ou ailleurs es terres desdiz seigneurs ;
si ont esté donnez leurs offices, prins leurs biens, abutinez,
donnez, departiz ou vendus. Et estoit en ceste tempeste le plus

---

1. Juvénal des Ursins rapporte dans sa chronique (p. 467) que
« terribles et horribles meurtres se faisoient à Paris contre ceux
qu'on tenoit estre du parti d'Orléans. Et suffisoit pour tuer un
notable bourgeois et le piller et desrober de dire et crier par
quelque personne en haine : Voilà un Armagnac. »

auctorisé, qui plus hardiement se boutoit en la besoigne, pour ce que le peril avoit esté si grant par la temerité et oultrageuse entreprise de venir devant Paris par lesdis Armighas, que celx qui plus besoignoient et plus avoient honneur. Et furent establiz juges contre iceulx Armighas de par le Roy, c'est assavoir, maistre J. du Drac, president en Parlement *quartus et antiquus*, maistre Eustace de l'Aitre, maistre Nycole d'Orgemont, chanoinne de Paris, maistre Nycole de Biencourt, maistre Pierre Buffiere, conseilliers du Roy ceans, maistre Jaques du Boiz, advocat ou Chastellet, maistre J. de Troies, sirurgien, maistre Pierre Cauchon, licencié en decret et maistre en ars en l'Université de Paris, Martin de Neauville, drapier à Paris, Thomas Le Goiz, bouchier à Paris, maistre Guillaume Barrault, secretaire du Roy, et estoit clerc ou graphier, maistre Pierre de Fresnes; par lesquelx pluseurs ont esté puniz pecunielment de grans amendes, et aucuns corporelment. De toutes lesquelles choses et perilx et pluseurs autres a esté, par la grace de Dieu seulement, ce royaume delivré par ladicte paix[1]. Pour quoy fu ordonné que *Te Deum* seroit chanté par toutes les eglises incontinent et les cloches sonnans. Et pour ce furent mandez le doien de Paris et l'official, le Prevost des Marchans et eschevins de Paris, qui, venus, louerent ce. Et oultre fu ordonné que lundi prouchain seroient faictes processions generaulx de Nostre Dame à Saincte Genevieve pour mercier Dieu, qui de sa grace a ainsy regardé ce royaume en pitié[2].

Conseil, XIII (X^{1a} 1479), fol. 212 v°.

Lundi, xxixe jour d'aoust.

Ce jour, vaque la Court pour les processions gene-

---

1. En regard de ce passage est écrit dans la marge : *Nundum tamen.*

2. Quoique cette seconde relation ait été publiée dans le *Choix de pièces inédites relatives au règne de Charles VI,* t. I, pages 354-358, nous croyons devoir la reproduire à cause des nombreuses incorrections et omissions qui se rencontrent dans le texte édité par Douët d'Arcq.

rales qui se font de Nostre Dame à Saincte Genevieve[1], pour rendre graces à Dieu, qui de sa grace a fait paix entre nosseigneurs de France, à cause de la noise et division desquelx ce royaume estoit taillié d'estre destruit, car à occasion de la guerre, hors les occisions, roberies et pilleries et oultrages de fait, le peuple de ce royaume, tant prelas, gens d'eglise, bourgoiz et autres, ont esté telement pressez de tailles, disiemes, empruns divers et pluseurs, que là où l'en savoit argent, fust à eglise, fust à pupilles ou autres gens, l'en le prenoit de par le Roy, comme l'en disoit, pour la necessité qui estoit.

Conseil, XIII (X^{1a} 1479), fol. 213 v°.

Ce jour, la Court a mis au neant certeinne appellation entrejectée par la femme de maistre J. G. Caudel, conseiller du Roy nostre Sire, de certains executeurs d'une taille mise sus pour le convoy faire de madame de Guienne à Sens ou Aucerre, que ladicte femme et son mari avoient executé pour la somme d'un escu, et sans amende.

Matinées, VII (X^{1a} 4789), fol. 329 r°.

Samedi, iij^e jour de septembre.

Cedit jour, pour ce que pluseurs, qui avoient soy retrait devers nosseigneurs de France estans du parti de monseigneur d'Orleans et avoient esté leurs biens donnez et venduz, avoient eu et presenté ceans lettres de restitucion[2], à l'enterinement desquelles pluseurs

---

1. Ce paragraphe est reproduit par Douët d'Arcq, dans son *Choix de pièces inédites relatives au règne de Charles VI,* t. I, p. 358.

2. On remarque, en effet, à la date du 30 août et à celles des

s'estoient opposé, et pour ce qu'il y avoit d'aucuns vignes à vendenger, si eussent requiz que par la main du Roy et au proufit fussent vendengées et les autres choses gouvernées par la main du Roy, ce que eust par requeste en escript octroié la Court, à quoy ancores se fussent aucuns opposez, la Court au jour d'ui a dit et ordonné que ladicte provision tendra et sera faicte de gouverner les choses contentieuses, et vendenger et faire autres choses neccessaires par la main du Roy, jusques à ce que autrement en sera ordonné.

Matinées, VII (X^{1a} 4789), fol. 332 r°.

Venredi, xvj^e jour de septembre.

La Court, veues et oyes les requestes de l'enterinement de pluseurs lettres [1] sur la restitution des biens de pluseurs miz en la main du Roy à occasion des descors, divisions et debas qui des pieça et jusques à ores ont esté en ce royaume entre pluseurs du sanc royal et pluseurs officiers, vassaulx et subgiez du Roy, a ordonné et ordonne que iceulx biens meubles et immuebles, esquelx n'a aucun tiers detenteur ou pos-

---

1er et 2 sept., plusieurs oppositions inscrites au registre des Matinées (fol. 329-332) contre l'enterinement des lettres obtenues par Philippot de Brebant, Pierre l'Orfèvre, Philippe de Corbie, Pierre de l'Esclat et Jacques du Puy, portant restitution de biens et d'offices.

1. Voir au registre des Matinées (aux dates des 6, 10, 12 et 13 septembre) les oppositions interjetées au sujet de l'entérinement des lettres de restitution présentées par Jacques du Puy, J. Caignet, J. Haudri, Gontier Col, Martin Derian, ces trois derniers pour l'office de notaire du roi, par l'évêque de Chartres, par Guillaume Le Bouteiller et Nicole Le Dur ; des oppositions analogues sont reçues les 24, 27 septembre et 1er octobre (voir le registre des Matinées, X^{1a} 4789, fol. 342).

sesseur, soient delivrez à ceulx à qui par avant ladicte main mise apartenoient, et qui sur ce ont lettres de restitution, et sans le prejudice du Roy ou temps avenir en autres choses.

Item, que l'en enterine les lettres de restitution des offices donnez à l'occasion dessusdicte.

Conseil, XIII (X^{1a} 1479), fol. 215 v°.

Ce jour, maistre J. Le Clerc a renuncié à l'opposition qu'avoit faicte à l'enterinement des lettres de restitution de l'office de maistre des Requestes de maistre Phelippe de Corbye, et a consenti et consent l'enterinement d'icelles lettres.

Matinées, VII (X^{1a} 4789), fol. 341.

Samedi, xvij^e jour de septembre.

Ce jour, a esté ordonné à la requeste de maistre Guillaume de Villiers, president en la Chambre des Enquestes, que je ne delivre point les amendes au jour d'ui pronunciées au receveur, mais soient executées par la Court, et l'argent qui en vendra miz devers la Court pour paier premierement que à autres les officiers de ceste Court.

Conseil, XIII (X^{1a} 1479), fol. 215 v°.

Cedit jour, fina Parlement du tout, fors tant qu'il fu ordonné que tout ce qui seroit fait decy à mardi prouchain *inclusivè* seroit dit fait comme en Parlement et vaudroit arrest.

Matinées (X^{1a} 4789), fol. 341 r°.

Mardi, xxe jour de septembre.

Ce jour, a esté ordonné maistre J. Charreton pour aler à Court de Romme porter le roole de Parlement, et m'a esté commandé de signer les lettres missives à ce neccessaires du jour d'ui, et de faire lettres narratives de l'ordonnance de la provision sur les benefices que tiennent les cardinaulx, qui sont en povre estat, pour quoy sera mandé audit Charreton qu'il somme lesdiz cardinaulx de par le Roy et sa Court de tenir et maintenir lesdiz benefices en si bon estat et convenable et tel comme il appartient, selon les ordonnances, et la sommation ainsy faicte, la reporter et relater à la Court, afin de y pourveoir comme il appartendra.

Conseil, XIII (X¹ª 1479), fol. 216 r°.

Furent leues lettres sur la restitution des offices qui par avant le debat des seigneurs du sanc royal les avoient.

Matinées, VII (X¹ª 4789), fol. 341 v°.

Venredi, xxiij^e jour de septembre.

Ce jour, ont esté presentées en la Chambre unes lettres, toutes contraires à unes qui furent lundi derrainement passé presentées ceans, leues et enregistrées, par lesquelles derrenieres le Roy reçoit à opposition ceulx qui avoient esté mis es offices durant la guerre des seigneurs du sanc royal, et qui avoient bouté hors ceulx qui y estoient par avant, soubz couleur de ce que favorisoient contre le Roy la partie du duc d'Orleans, et mande le Roy qu'il joyssent *interim*, et toutevoie par les lettres de lundi voloit que les autres fussent restituez sans quelque opposition. Lesdictes lettres veues et considerées, *tandem* a esté respondu à messire Jaques d'Egreville qui content du bailliage de Sens contre messire Gasselin du Boiz, et à maistre Baude des Bordes qui content d'office de notaire, et à autres qui sont serviteurs du duc de Bourgoigne, que la chose est grant, et ne siet point le Parlement, et si n'y a que un president et la lettre s'adresse aux presidens, et faloit attendre qu'il fussent assemblez, mais pour ce qu'elle a esté leue, je y ay mis : *Lecta in Camera, presentibus nonnullis de dominis,* par commendement.

Conseil, XIII (X¹ᵃ 1479), fol. 216 vᵒ.

Lundi, iijᵉ jour d'octobre.

Furent en la Tournelle criminelle messire H. de Marle et aucuns des seigneurs en petit nombre qui ont respondu à messire Jaques d'Aigreville, messire Regnault d'Azincourt et autres qui requeroient que, par vertu de certeinnes lettres derrainement obtenues au proufit de pluseurs qui estoient par vertu de certeinnes autres lettres precedens deboutez de pluseurs offices qu'avoient obtenu pendent le debat de nosseigneurs du sanc royal, fussent receuz à opposition et joissance d'iceulx offices, selon la forme d'icelles lettres, que les premieres lettres avoient esté enterinées durant le Parlement, et les derrainnes, dont se voloient ayder lesdiz requerans, avoient esté presentées, finé le Parlement et les presidens absens, et pour ce que la chose estoit grande et grosse, et n'y avoit que un president et tres po des seigneurs, ne povoient de present à plain deliberer sur ladicte requeste, mais une autre foiz y feroient ce qu'il apartendroit par raison.

Conseil, XIII (X¹ᵃ 1479), fol. 216 vᵒ.

Mardi, xvᵉ jour de novembre.

Jaques de Bailleul, serviteur soy disans du duc de

Bourgoigne, est venu dire à la Court de par ledit duc
que l'en ne procede point contre Olivier de Stannevelle
ne ses compaignons, jusques à ce que l'en ait autre
nouvelle[1].　　　　　Matinées, VII (X^{ia} 4789), fol. 346 v°.

Venredi, xviij^e jour de novembre.

Ce jour, ont esté presentées à la Court certeinnes
lettres royaulx par maniere d'ordonnance passées par
le Roy en son Conseil, où estoient le duc de Guienne,
le duc de Bourgoigne, le sire de Helly, le prevost de
Paris et le duc de Guienne (*sic*), par lesquelles le Roy
restitue tous offices et maladieres (*sic*) à ceulx qui les
avoient au temps de la paix faicte à Bourges, combien
que ceulx qui par avant les descors des seigneurs de
France eussent esté restituez auxdiz offices, et adnulle

---

1. Olivier de Stannevelle et ses compagnons, au nombre de
neuf, étaient poursuivis criminellement pour « port d'armes,
infraction de sauvegarde, pilleries, roberies, à la requête de Jean
de Rosoy, chevalier, et de Béatrix de Précy, sa femme, adjoints
au procureur du Roi. » En 1411, Olivier de Stannevelle, avec
d'autres nobles, s'empara du château du Chatelier, appartenant
à Jean de Rosoy, détruisit les granges et édifices de la basse-
cour et pilla les villages environnants ; il garda le château en
dépit de toutes les sommations qui lui furent adressées par l'autorité, reçut même fort mal le lieutenant du prévôt de Sainte-
Menehould, qui fut gratifié d'un coup de dague, et un sergent
frappé d'un coup d'épieu dans la poitrine. Dans les plaidoiries
qui eurent lieu à la Tournelle, le 22 novembre 1412, l'avocat
d'Olivier de Stannevelle, Philippe de Morvilliers, défendit son
client en invoquant des raisons d'ordre politique, prétendant que
Jean de Rosoy avait fait cause commune avec les ennemis du
roi, notamment avec Clignet de Brebant, qu'il avait assisté dans
maintes occasions. Le Parlement décida qu'il verrait les informations, commissions et lettres des parties et leur ferait droit, et
en attendant élargit les accusés (Criminel, X^{2a} 17, au 22 novembre 1412).

le Roy tous procès pendens en Parlement ou ailleurs,
tous arrests, toutes sentences, oppositions, et en entre-
dit la cognoiscence à la Court et en retient la cognoiscence à son Conseil et pour ce...[1].

Conseil, XIII (X^{1a} 1479), fol. 222 v°.

Samedi, xxvj^e jour de novembre.

Ce jour, a esté monseigneur le Chancellier en la
Chambre pour eslire ij consilliers ceans es lieux de
maistre Estienne des Portes, qui par avant avoit gages
de clerc, et par vertu de lettres royaulx a requiz
avoir gages de lay ou lieu de maistre J. de Laigny en
la Chambre des Enquestes, nagueres trespassé. Et a
esté par deliberation des Chambres, presens les
maistres des Requestes, pour la grant priere pluseurs
fois faicte, tant de la Royne que de monseigneur de
Guienne, ainsné filz du Roy, *etatis* de xvj ans ou environ, disans que c'estoit la premiere requeste que
ceans avoit faicte et a eu pour contemplation d'aucuns
de ses serviteurs, deliberé par la plus grant partie des
seigneurs desd. Chambres, excedent l'autre partie *in
duobus*, que sans faire scrutine, en obtemperant à la
requeste dudit duc, l'en pranroit maistre Thiebaut de
Vitri, licencié en droit canon, comme l'en dit, et né
de Paris. Et ou lieu de maistre J. Charreton, conseiller du Roy aux Enquestes de ceans, qui vient en son
ordre à monter en la Chambre, ou lieu de maistre
Nycolas Fraillon[2], fait maistre des Requestes de l'Ostel

---

1. Ici deux lignes ont été soigneusement grattées, et il semble
impossible de restituer le sens de ce qui manque; du reste les
redites et lapsus que contient ce texte témoignent de certaines
préoccupations chez notre greffier.

2. Nicolas Fraillon, créé maître des Requêtes de l'Hôtel par

ou lieu maistre Henry de Savoisi, a esté esleu *communi concordia* en la Chambre sans ce retraire à scrutine maistre Adam de Cambray, né de Montespereur[1], ou dyocese de Chaalons, licencié *in utroque* et maistre es ars, qui par v ans a leu l'ordinaire en Cloz Brunel, nonobstant que ledit Fraillon eust resigné au proufit de maistre Guillaume Carroble, marié, qui n'a pas esté receu, mesme pour ce que le lieu estoit de clerc.

Conseil, XIII (X^{ia} 1479), fol. 223 v°.

Mardi, xxixe jour de novembre.

Ce jour, sont venus devers la Court messire J. de Calleville, chevalier, de par le Roy nostre Sire, et Guillaume de Norray, escuier, de par monseigneur le Dauphin, dire que la Court cogneust de la cause d'entre J. Campion, d'une part, et les habitans de Caen, d'autre part, et feist raison et justice aux parties, et est à occasion de ce que lesdiz habitans avoient impetré lettres par lesquelles le Roy mandoit à la Court qu'elle ne cogneust point de ladicte cause et que l'avocoit devent lui.

Matinées, VII (X^{ia} 4789), fol. 356 r°.

Samedi, iij^e jour de decembre.

Ce jour, a esté deliberé que je ne rendisse point les lettres qui furent leues juedi derrain ceans sur l'ordonnance que l'en dit avoir fait le Roy, que les heri-

---

lettres du 21 novembre 1412, conserva ses fonctions pendant l'occupation anglaise ; il fut envoyé, en 1422, avec Pierre de Morvilliers et Hugues Rapiout, auprès du duc de Bedford, et figure comme maître des Requêtes en 1429 (Blanchard, *Généalogies des maistres des Requestes de l'Hostel*, p. 93).

1. Montépreux (Marne), arrond. d'Épernay, canton de la Fère-Champenoise.

tages de pluseurs qui s'estoient retrais hors de Paris
pour leur seurté ou autrement durant le temps sedi-
tieux qui a esté, et lesquelx avoient esté baillez de par
le Roy à pluseurs à tiltre d'achat, de recompense,
acquit ou autrement, leur demourassent, et non à ceulx
à qui paravant estoient, *quousque* les gens du Roy les
eussent veues et debatues[1].

Conseil, XIII (X¹ᵃ 1479), fol. 224 rᵒ.

Venredi, ixᵉ jour de decembre.

Ce jour, a esté empeschée la Court à occasion d'un
procès d'entre maistre J. de Vailly, d'une part, et
mᵉ Henry de Savoisy, à cause de l'office de general sur
le fait des generaulx sur la Justice[2], laquelle cause
voloit le Roy avoir devent lui à la requeste dudit
Savoisy, et ledit de Vailly au contraire voloit demourer ceans ; sur quoy *hinc inde* estoient empetrées
lettres contraires, et a escript la Royne et monseigneur
le Dauphin que la Court en cogneust, et le Roy mandé
et escript pluseurs foiz qu'il en voloit cognoistre.

Samedi, xᵉ jour de decembre.

Et a esté ancores la Court empeschée de la besoigne
de Savoisy *de quo supra, et non est conclusum.*

Conseil, XIII (X¹ᵃ 1479), fol. 224 vᵒ, 225 rᵒ.

---

1. Nicolas de Baye a ajouté cette note en marge : *Reddite fuerunt domino cancellario per J. clericum meum, ad ejus mandatum,
de auctoritate domini primi presidentis.*

2. Henri de Savoisy, doyen de Langres, et Jean de Vailly,
avocat en Parlement, étaient en procès pour l'office de président
de la Chambre des aides ; le roi, ayant attribué cet office à Henri
de Savoisy, ordonna, le 16 décembre 1412, de mettre au néant
l'action judiciaire engagée devant le Parlement ; en conséquence,
la Cour annula la procédure (Jugés, X¹ᵃ 59, fol. 296 rᵒ).

Ce jour, Guillaume Valée, huissier de sale, a dit à la Court, de par le Roy, qu'il welt que la cause de Bertran Campion contre les habitans de Caen demeure ceans, et que la Court y face bonne et briefve justice.

Matinées, VII (X^{ja} 4789), fol. 359 v°.

Mercredi, xiiij^e jour de decembre.

Sur ce que les habitans de Caen avoient presenté lettres à la Court pour renvoier certeinne cause ceans introduite entre lesdiz habitans, d'une part, et Bertran Campion, d'autre part, pour occasion d'une certeinne hale extant à Caen, que ledit Campion maintient, avecques une place ou lesdiz habitans avoient fait asseoir une croix, à lui apartenir, et eust empetré lettres au contraire ledit Campion que la Court cogneust de ladicte cause, et y eust eu divers mandemens tant de bouche que par lettres patentes, finablement, après ce que les presidens ont adverti le Roy des ordonnances royaulx contre telx lettres et mandemens, le Roy a mandé et envoié lettres patentes par ij foiz, par lesquelles welt avoir la cognoiscence de ladicte cause en son Conseil, et pour ce, veues icelles lettres, les ordonnances, et tout consideré, la Court a dit aux parties qu'elle ne cognoistra point de ladicte cause, si feront ajourner l'une l'autre partie, se bon leur semble, par devent le Roy.

Conseil, XIII (X^{ja} 1479), fol. 225 r°.

Jeudi, xxij^e jour de decembre.

Sur ce que la Court avoit appoinctié en la cause d'entre maistre Mahiu Cauforrier, d'une part, et le bailli et maieur et eschevins d'Amiens, d'autre part,

que ledit Mahiu seroit visité par les prieur et maistres
de S. Ladre, à savoir s'il estoit infect de lepre, ou
non, veu la relation de Robert Chaurre et veue la
lettre desdis de S. Ladre[1].

Matinées, VII (X¹ᵃ 4789), fol. 367 vᵒ.

Samedi, xxiiijᵉ jour de decembre.

Sur certeinne requeste baillée par Phelippe de
Gamaches, religieux de S. Deniz, prisonnier en la
Conciergerie, et soy disant apelant de l'abbé dudit
S. Deniz, tout veu, appoincté que la Court met l'appellation au neant, sans amende, et s'en ira ledit Phelippe en son cloistre dudit S. Deniz. *Factum in Castelleto et dictum hodie.*

Conseil, XIII (X¹ᵃ 1479), fol. 226 vᵒ.

1413.

Mardi, iijᵉ jour de janvier.

Messire Guy d'Autré, chevalier, requiert l'enterinement de certeinnes lettres de don d'office de senechal
de Rouergue.

Messire Raoul de Loire dit au contraire que ledit
office lui appartient, dont ne doit point estre debouté,
considerées les ordonnances royaulx, puis qu'il a bien
servi le Roy et loyaument, et s'oppose et requiert estre
oy. Guy replique du contenu desdictes lettres. Appoinctié au Conseil à demain.

Mercredi, iiijᵉ jour de janvier.

Cedit jour au matin, sont venu au Conseil le Borgne

1. La phrase n'est pas terminée, le reste de la ligne est resté
en blanc.

de la Heuze et le bailly de S. Pierre le Moustier de
par le Roy, et ont dit que le Roy saluoit la Court et
leur mandoit qu'il voloit pour certeinnes causes qui
le mouvoit (*sic*), et par especial pour doubte que l'en
a que messire Raoul de Loire ne se tourne contre le
Roy ou païz de Rouergue qui est dangereux de present, et lequel est seneschal de Rouergue, dont welt
qu'il soit deschargié, et le   messire Guy d'Autré
soit receu à faire le serment ceans audit office.

Ce jour, le duc de Bourgongne a fait prier de par
lui par messire Gauchier de Ruppes à la Court qu'elle
receust messire Guy d'Autré, chevalier, en seneschal
de Rouergue, ou lieu de messire Raoul de Loire, que
le Roy pour les causes cy dessus touchées en a deschargié, et ce m'a esté commendé d'enregistrer.

Jeudi, v[e] jour de janvier.

En present est venu au giron de la Court messire
André de Vaillins, chevalier, qui a rapporté de par
messire Renier Pot, gouverneur du Dauphiné, à la
Court, que messire Raoul de Loire, chevalier, senes-
chal de Rouergue, a bien servi le Roy avec le sire de
S. George en Guienne, et n'y a point veu de faute.

Matinées, VII (X[1a] 4789), fol. 371 v°, 372 r°.

Mardi, x[e] jour de janvier.

Messire Guy d'Autré, *ut aliàs*, requiert estre receu
à office de seneschal de Rouergue.

Messire Raoul de Loire, chevalier, dit au contraire
que *aliàs* s'est opposé et oppose, et ancores wolt hier
le Roy que l'en ly feist ceans raison et justice, et si a
lettre à la Chancellerie d'estre receu à opposition et
que justice lui soit ceans faicte, si supplie la Court ly

face justice et weille delaier jusques à mercredi prouchain, et *interim* le Roy envoiera dire sa volenté, et
apportera ses lettres.

Cedit jour, le Borgne po avant ceste requeste a dit
à la Court de par le Roy que pour certeinnes causes le
Roy welt que ledit d'Autré soit receu et face le serment acoustumé, et ne welt point que Loire y demeure.
Appoinctié que ledit d'Autré sera receu, attenduz les
mandemens du Roy reiteratifs. Si a fait le serment
acoustumé ledit d'Autré.

Matinées, VII (X¹ᵃ 4789), fol. 376 rᵒ.

Venredi, xvij° jour de fevrier.

Cedit jour, l'Université de Paris, le Prevost des
Marchans et les eschevins de Paris en grant compaignie sont venus en la Court, et, appellés toutes les
Chambres de ceans, ont proposé par un maistre en
theologie que[1], pour ce que le Roy a trop grant nombre
de conseillers et de trop insuffisans, et aussy que les
finances de ce royaume ont esté ou temps passé levées
en moult grant quantité et despendues moult exces-
sivement, à quoy est necessité de remedier, et pour
ce se soient miz ensemble d'un commun accort et
comme par la voix du Saint Esperit lad. Université et

---

1. On voit dans *Juvénal des Ursins*, p. 480, que l'Université
de Paris et l'Échevinage firent exposer une première fois, par
Benoît Gentien, la « pauvreté du peuple et la grande et excessive
mangerie des finances », ensuite, par un docteur en théologie de
l'ordre des Carmes, Eustache de Pavilly, les gages exorbitants
que prenaient aucuns officiers, à commencer par le chancelier ;
l'abbé du Mont-Saint-Jean, bien notable clerc, parla dans le même
sens et déclara qu'on devait reprendre les dons exagérés faits par
le Roi.

aussy la ville de Paris, si ont requiz que la Court s'adjoigne avec eulx à faire ladicte poursuite et qu'elle depute aucuns des Chambres de ceans pour estre avec eulx à faire ladicte poursuite, et en oultre ont defendu, *sub pena perjurii*, à ceulx qui sont leurs jurez que ladicte poursuite n'empeschent en aucune maniere. Et sur lesdis excès et faultes ont baillié et presenté à la Court certains articles. Sur laquelle requeste, quant au premier point, a la Court respondu en les louant et recommandant de leur bonne affection, volenté et propos, et qu'elle averoit moult grant plaisir que bon remede fust mis auxdis defaux. Mais attendu l'estat de la Court dessusdicte, qui est souverainne et capital et representans le Roy sans moien, et tenue de faire justice, se requise estoit, ne se povoit adjoindre ne faire partie, mais, en tout ce qu'elle pourroit aider et conforter à la besoigne dessusdicte, estoit tousjours preste. Et quant au secont point, estoit preste, toutes et quantes fois qu'il plairoit au Roy ou à son Conseil de mander ou ordonner aucuns de ceans telx et en tel nombre que voudroit, de les envoier et bailler pour faire avecques lesdis requerans du miex que pourroient. Et quant au tiers point la Court estoit seure que les jurez de l'Université se garderoient bien de faire chose qui à faire ne fust[1].

Cedit jour, survint monseigneur le Chancellier ceans pour eslire un procureur du Roy general ou lieu du

---

1. Ce paragraphe, où se trouve relatée la démarche de l'Université de Paris et de l'Échevinage auprès du Parlement pour la réformation des abus en matière de finances, a été imprimé dans le *Choix de pièces inédites relatives au règne de Charles VI,* t. I, p. 362.

maistre Deniz de Maurroy, procureur general, qui
puiz iij ou iiij jours estoit alé de vie à trespas[1]. Et fu
commencée l'election par scrutine en la Tournelle
criminelle, tenens icellui scrutine ledit Chancellier et
les presidens, mais survint maistre Estienne Lombart,
notaire du Roy, qui dist auxdiz Chancellier et presidens de par le duc de Bourgoigne que hier avoit esté
ordonné au Conseil, present monseigneur le Dauphin,
que l'on esliroit oudit office au Grant Conseil, appellez
aucuns de ceans, et que l'en seurseist. Et pour ce le
Chancellier ne volt proceder oultre, mais furent ordonnez maistre J. du Drac, president, J. Juvenel, advocat du Roy, et sire Micheau de Laillier, maistre en la
Chambre des Comptes, et moy pour aler au Dauphin
et au duc de Bourgoigne dessusdis, et incontinent y
alames. Et proposé devent ledit monseigneur le Dauphin la teneur des ordonnances royaulx de faire election en Parlement des offices de ceans principaulx,
et la necessité dudit office de procureur general, et le
peril qui estoit en la vacation et la notice qu'avoit la
Court trop plus grant que nulz autres de ceulx qui
estoient utiles ou inutiles audit office, et ce que dit est
cy dessus, respondi que de ce que ledit Lombart avoit
respondu rien ne savoit, mais voloit que l'en procedast à election, et que c'estoit mau fait d'avoir deferé
ne differé à ladicte election pour le rapport dudit
Lombart. Ce fait, alasmes à l'ostel dudit duc, et exposé

1. Denis de Mauroy, avocat, originaire de la Brie, avait succédé, le 16 mai 1404, à Pierre Le Cerf, procureur général du Roi;
il fut inhumé dans l'église de Coulommiers; son testament, en
date du 16 octobre 1411, fait partie de notre recueil de *Testaments
enregistrés au Parlement de Paris,* p. 528.

ce que dessus, après po de paroles, plut audit duc que l'en procedast en la Court à ladicte election, mais il voloit bien que l'en rapportast au Conceil ce qu'averoit esté fait en ladicte election. Et comme apparoit, ce empeschement avoit fait aucuns de la ville de Paris qui voloient, à l'instance de maistre J. Rapiout, advocat ceans assez nouvel et né de Paris, comme l'en disoit, que ledit Rapiout fust procureur du Roy general.

Conseil, XIII (X^{1a} 1479), fol. 230 r°, 231 v°.

Samedi, xviij^e jour de fevrier.

Cedit jour, vint le Chancellier en la Court, et appellées toutes les Chambres, tant de Parlement que des Comptes et du Tresor, fu vaqué au scrutine de l'election de procureur du Roy, et *nundum conclusum*.

Conseil, XIII (X^{1a} 1479), fol. 232 r°.

Mercredi, xxij^e jour de fevrier.

Ce jour, le filz du sire de Boissay[1], chambellant de monseigneur le Dauphin, a dit à la Court de par ledit seigneur qu'elle face raison et justice en la cause introduite entre messire Anguerran de Marcoignet, d'une part, et sa partie adverse nommée de Brimeux, pour cause du bailliage de Meleun, nonobstant quelxconques autres mandemens.

Matinées, VII (X^{1a} 4789), fol. 405 r°.

Samedi, xxve jour de fevrier.

Sur ce que ja pieça Charles de Creseques et Guil-

---

1. Les deux fils de Robert de Boissay, dont l'un était chanoine de Notre-Dame et l'autre chambellan du Dauphin, figurent parmi les seigneurs qui furent emmenés par les Cabochiens, lors de leur irruption dans l'hôtel du duc de Guyenne (cf. *Monstrelet*, t. II, p. 345, et le *Journal d'un bourgeois de Paris*, p. 96).

laume de Dampmart, dit Brunet, chevaliers, baillerent devers la Court une cedule d'accord fait entre eulx sur certeinnes fraudes et malices commises par ledit Charles et les siens ou prejudice dudit Brunet, laquelle cedule veue, le procureur du Roy la debati et conclut à amende contre ledit Charles, finablement la Court a receu ledit accort en condempnant ledit Charles pour amende envers le Roy en ij^c livres tournois[1].

Conseil, XIII (X^{1a} 1479), fol. 232 v°.

Lundi, xxvj^e jour de fevrier.

A esté par les seigneurs de la Grant Chambre, estans en nombre de xv ou xvj, declaré au Conseil que les enfans issus du costé des nepveuz ou frere du cardinal de Beauvaiz[2] et leurs parens de par la femme dudit

1. Les fraudes et malices punies d'une amende de 200 livres étaient la fabrication de lettres fausses par Charles de Cresecques, échanson du roi. Marié à Jeanne de Lannoy, qui possédait 5 à 600 livres de rente, il l'avait complètement subjuguée et, non content de lui arracher un testament par lequel elle laissait 100 livres de rente à Villemot de Cresecques, dit Galois, bâtard de son mari, et à une nièce, Marguerite de Mailly, au détriment de Guillaume de Dampmart, dit Brunet, et de sa femme, sœur et héritière de Jeanne de Lannoy, « il fist seeller plusieurs blans de son seel et du seel de lad. defuncte sa femme, puis fist faire des minutes et les grosser de quatre ans par avant, par lesquelles donnoit lad. defuncte plusieurs biens à plusieurs, et que ceulx par qui il les vouloit faire grosser l'en blasmerent, et neantmoins les fist grosser et regraver un pareil seel que avoit sa feu femme, de quoy riens ne savoient lesd. de Dampmart et sa femme. » L'accord passé entre les parties, le 25 février 1413, annula tous ces contrats; il figure parmi les Accords homologués par le Parlement (X^{1c} 105).

2. Jean de Dormans, cardinal évêque de Beauvais, fondateur du collège; le plus connu de ses frères, Guillaume de Dormans,

frere estoient comprins par les status du college de Dormans pour avoir les bourses dudit college, pour la doubte qui estoit oudit cas contre J. de Cougy.

Mercredi, premier jour de mars.

Cedit jour, a esté dit que maistre J. du Drac[1], president *in quarto loco*, estoit hier trespassé à Espineuil pres S. Deniz.

Conseil, XIII (X.^{1a} 1479), fol. 232 v°.

Venredi, iij^e jour de mars.

Oudart Le Compasseur, procureur d'Antoinne des Essars, escuier, s'oppose que aucun ne soit institué en l'office de concierge du Palaiz, *ipso inaudito*.

Matinées, VII (X.^{1a} 4789), fol. 410 r°.

Samedi, iiij^e jour de mars.

Ce jour, a esté parfaicte l'election *per viam scrutinii* de l'office de procureur du Roy general, presens les chancelliers, les presidens et moy en la Tournelle criminelle, et a esté esleu par plus de voix maistre J. Haguenin, advocat ceans, et ay reportée l'election

chancelier de France, marié à Jeanne Baule, dame de Silly, laissa une nombreuse postérité; parmi ses fils figurent Jean de Dormans, chanoine de Paris, Bernard de Dormans, seigneur de Soupy, Regnault de Dormans, Miles de Dormans, qui devint chancelier de France, et Guillaume de Dormans, archevêque de Sens.

1. Le président Jean du Drac acquit une certaine notoriété, comme l'un des juges institués contre les Armagnacs; son testament, en date du 28 février 1413, fait partie de notre recueil de *Testaments enregistrés au Parlement de Paris,* p. 563; il est précédé d'une notice biographique; de son mariage avec Jacqueline d'Ay, Jean du Drac eut trois fils et quatre filles; l'un de ses fils obtint le siège épiscopal de Meaux.

à monseigneur le Dauphin, pour ce que le Roy estoit malade de sa maladie acoustumée, et m'a commendé ledit seigneur que je lui feisse sa lettre.

Conseil, XIII (X^{1a} 1479), fol. 233 r°.

Lundi, vj^e jour de mars.

Maistre N. Fraillon, soy disant maistre des Requestes de l'Ostel, s'oppose que nul ne soit receu en son office, *ipso inaudito*[1].

Matinées, VII (X^{1a} 4789), fol. 411 v°.

Venredi, xvij^e jour de mars.

Ce jour, a esté faicte l'election de president ou lieu de maistre J. du Drac, nagueres trespassé, et a esté par devant messeigneurs le Chancellier et H. de Marle, premier president, par voie de scrutine fait en la Tournelle criminelle, moy present, esleu par le plus de voix[2].....

Conseil, XIII (X^{1a} 1479), fol. 234 r°.

Lundi, xxe jour de mars.

Maistre Hebert Camus, procureur de monseigneur d'Orleans, ou nom qu'il procede, a appellé et appelle de certain exploit fait contre lui par l'auctorité de messire J. de Bournonville, chevalier, soy disant commissaire en ceste partie ou autrement, qui a fait abatre le pont leviz de son chastel de Suessons, fait perser, demolir et abatre partie des murs d'icellui chastel, fait boucher, murer et estouper certeinne

---

1. Voir au registre des Matinées les plaidoiries dans le procès relatif à la possession de cet office entre J. Le Clerc et Nicolas Fraillon (X^{1a} 4789, fol. 422 v°-424 v°).

2. La phrase est restée inachevée, ou plus vraisemblablement l'élection suspendue.

poterne que ledit duc et ses predecesseurs, contes de Suessons, ont acoustumé d'avoir et tenir oudit chastel sur la riviere d'Esne, de tout temps, et autres pluseurs exploiz, tors, griefs, excès, abus et entreprises à declairer plus à plain en temps et en lieu[1]. Et a requis ledit procureur ce estre enregistré assez secretement pour les perilz, car il dit que lesdiz exploiz sont faiz au pourchas, requeste ou instance des bourgoiz, manans et habitans de Suessons ou d'aucuns particuliers, et comme de nouvel iceulx excès venus à sa cognoiscence[2].

Conseil, XIII (X¹ᵃ 1479), fol. 235 rᵒ.

Lundi, iijᵉ jour d'avril.

J. de Gaillon, sergent d'armes, a ce jour dit à la Court que le Roy welt que justice soit faicte au procureur du Roy et Amé de Bleterens à l'encontre de Humbert de S. Amourt[3], qui welt avoir l'office dudit Bleterens[4].

Matinées, VII (X¹ᵃ 4789), fol. 429 vᵒ.

1. D'après Monstrelet, t. II, p. 336, les bourgeois de Soissons « s'esmurent soudainement » et rompirent le mur du château appartenant au duc d'Orléans, qui joignait aux remparts de la ville, de façon à ce que l'on pût circuler tout autour de ces remparts sans danger; ils démolirent également le pont devant le château, afin que personne ne pût y entrer sans leur assentiment. Le duc d'Orléans, ajoute Monstrelet, « en fut fort desplaisant, » mais n'y put remédier, « nonobstant plusieurs complaintes » qu'il fit adresser au roi et à son Conseil pour en avoir réparation.

2. Ce passage fait partie du *Choix de pièces inédites relatives au règne de Charles VI,* t. I, p. 363.

3. Humbert de Saint-Amour, seigneur de Vinzelles, est cité, dans l'état de la maison de Philippe le Bon, au rang de ses conseillers.

4. Il s'agissait de l'office de châtelain de Sainte-Colombe et de

Mardi, xj[e] jour d'avril.

L'Université de Paris s'est opposée et oppose à ce que Anthoinne Alemant, prisonnier ou Chastellet, ne soit delivré jusques à ce qu'il ait miz reaument et de fait en main seure les bulles que l'en dit qu'il a apartenens à maistre J. de Varten[1], abbé de S. Eloy de Noion, car combien qu'il eust paié le vacant à Romme *in propria* tel qu'il apartenoit, neantmoins ledit Anthoinne ne lui welt expedier ses bulles s'il ne baille iiij mil francs et plus audit Anthoinne, et ancores dit l'en que ledit Anthoinne a bulles à part au proufit d'autre pour le faire abbé, ou cas que Varten, qui avoit esté esleu, ne baillera ladicte somme[2].

Matinées, VII (X[1a] 4789), fol. 436 r°.

la tour en deçà du pont de Vienne, ainsi qu'il résulte des plaidoiries du 4 avril (Matinées, X[1a] 4789, fol. 431 v°).

1. Le *Gallia christiana,* qui ne donne pas une chronologie bien certaine des abbés de Saint-Éloy de Noyon, signale pour cette époque un théologien du nom de Jean d'Artem.

2. Cette affaire délicate fut plaidée devant le Parlement les 15 et 18 avril; ces débats révèlent de curieux détails sur le trafic des bénéfices; l'abbé de Saint-Éloy de Noyon, lors de son élection, dut payer 3,500 ducats à la chancellerie pontificale, et lorsqu'il réclama sa quittance on lui demanda encore une somme d'argent *pro munere benedictionis;* comme il faisait difficulté de payer, on déchira sa quittance et on lui déclara qu'il n'aurait ses bulles à moins de 1,500 ducats. Ne pouvant disposer de cette somme, l'abbé de Saint-Éloy s'en retourna et se plaignit au cardinal de Pise qui obtint le renvoi des bulles par Antoine Lalemant, mandataire du pape, chargé de recueillir les deniers dus au Saint-Siège, lequel réclama 4,500 ducats, et ne se fit faute de signifier qu'il attribuerait l'abbaye à un autre candidat (Matinées, X[1a] 4789, fol. 439-440). Par arrêt du 18 avril, le Parlement interdit à Antoine Lalemant, sous peine de 2,000 livres, de poursuivre, directement ou indirectement, l'abbé de Saint-Éloy, ni son église, ailleurs qu'en la Cour et conserva les bulles en litige (X[1a] 1479, fol. 239 r°).

Venredi, xxviij[e] jour d'avril.

Cedit jour, depuis tierce jusques à vespres, se sont assemblez, au mandement, comme l'en dit, des eschevins et quaterniers de Paris, grant nombre de gens d'armes des habitans de Paris, et sont alez en la rue Saint Anthoinne et se sont tenus et rangez depuiz le chastel de S. Anthoinne jusques outre Saincte Katerine, attendans response de monseigneur le Dauphin à ce que requeroient les eschevins, c'est assavoir, messire Pierre des Essars, chevalier, nagueres prevost de Paris et souverain gouverneur des finances de ce royaume, et qui devant tous autres avoit eu auctorité es guerres et besoignes des descors et debas qui puiz ij ou iij ans ont esté en ce royaume, et pluseurs autres de l'ostel monseigneur le Dauphin. Et tant a esté fait que ledit des Essars, qui s'estoit retrait oudit chastel de S. Antoinne[1] pour sa seurté à eschever fureur de pueple, est demouré prisonnier oudit chastel, comme l'en dit. Puiz ont prins en la chambre et hostel dudit Dauphin iceulx eschevins et pluseurs des bouchers de Paris, comme l'en dit, le duc de Bar, cousin germain du Roy, du roy Loiz[2], du duc de Bourgoigne et de ses freres, nepveu du duc de Berry et frere de la royne d'Arragon[3], maistre J. de Vailly, chancellier dudit

---

1. Voir dans le *Religieux de Saint-Denis*, t. V, p. 15, le récit du siège de la Bastille Saint-Antoine par la populace, du discours adressé aux assaillants par Pierre des Essarts et de l'intervention du duc de Bourgogne.

2. Louis II, duc d'Anjou, roi de Sicile.

3. Yolande de Bar, sœur d'Édouard, duc de Bar, mariée, en 1380, à Jean d'Aragon, qui devint roi d'Aragon, sous le nom de Pierre IV, mère d'Yolande d'Aragon, femme de Louis II, roi de Sicile.

Dauphin[1], messire Jaques de la Riviere[2], frere du conte
de Dampmartin, Anguerran de Marcoignet, les enfans
du seigneur de Boissay, le filx du seigneur de Ramboillet, chevaliers, et pluseurs autres[3], et environ
v ou vj heures au soir furent menez par le duc de
Bourgoigne et lesdiz eschevins et pluseurs autres de
Paris en l'ostel dudit duc de Bourgoigne, dit d'Artoiz,
comme prisonniers, et en les menant furent tuez en la
rue S. Antoinne desdiz de Paris le canonnier du Dauphin et l'un des serviteurs du duc d'Orliens, comme
l'en disoit[4].

Conseil, XIII (X¹ᵃ 1479), fol. 240 rᵒ.

Jeudi, xj^e jour de may.

Cedit jour, ont esté requiz à estre arresté et prins

1. Jean de Vailly, avocat en Parlement, protégé d'Isabeau de
Bavière et de son frère, avait remplacé comme chancelier du
dauphin Jean de Neeles, dont le langage avait déplu au Chancelier (voir *Juvénal des Ursins,* p. 480; *Monstrelet,* t. II, p. 334).

2. Jacques de la Rivière, seigneur d'Auneau, fut décapité aux
Halles, le 10 juin, avec Simon du Mesnil, écuyer tranchant du
duc de Guyenne. (Cf. le *Journal d'un bourgeois de Paris,* p. 31.)

3. Monstrelet cite, indépendamment des personnages ci-men-
tionnés, Michel de Vitry, arraché des bras de la duchesse de
Guyenne, et son frère, les deux fils de Regnault d'Angennes, les
deux frères du Mesnil, les deux frères de Giresme et Pierre de
Nesson.

4. Au nombre des victimes des Cabochiens se trouvent Raoul
Brisoul, secrétaire du roi, Martin Dane, riche tapissier, un méné-
trier nommé Courtebote, le canonnier du Dauphin, « Orléanais,
très excellent ouvrier, » qui fut laissé deux jours devant Sainte-
Catherine-du-Val-des-Écoliers (*Monstrelet,* t. II, p. 346); d'après
le *Religieux de Saint-Denis,* t. V, p. 23, et *Juvénal des Ursins,*
p. 481, cet ouvrier, du nom de Watelet, renommé pour son habi-
leté à construire et diriger des machines de siège, était au service du duc de Berry.

pluseurs nommez en un roole presenté au Conseil du
Roy, comme l'en dit, par le Prevost des Marchans et
eschevins de Paris, entre lesquelx sont nommez
maistre J. d'Arçonval[1], confesseur de monseigneur le
Dauphin, le seigneur de Boissay, le seigneur de Ramboillet, le maistre de la Chambre aux deniers du Roy[2],
l'argentier du Roy[3], le tresorier de la Royne[4], pluseurs notaires et secretaires du Roy, pluseurs autres
gentilzhommes, officiers et bourgoiz de Paris jusques
au nombre de　　　, et à occasion de ce incontinent
furent closes toutes les portes de Paris et tenues closes
sans issir ne entrer, si non par congié[5].

Conseil, XIII (X^{Ia} 1479), fol. 241 v°.

Samedi, xiij^e jour de may.

Cedit jour, la Court, oye la requeste et relation du
procureur general du Roy, et veues certeinnes infor-

1. Jean d'Arsonval, qui devint évêque de Chalon-sur-Saône,
était confesseur et précepteur du Dauphin; il fit, le 23 août 1416,
son testament que l'on trouvera au nombre des Testaments enregistrés au Parlement (*Bibl. nat., fonds Moreau,* 1162, fol. 134 v°).

2. Raymond Raguier et Jean Pied, maîtres de la Chambre aux
deniers, spécialement visés dans les remontrances de l'Université où furent dévoilées leurs dilapidations; Raguier avait édifié
« chasteaulx et grandes maisons » (cf. *Monstrelet,* t. II, p. 311).

3. Charlot Poupart, argentier, est également signalé dans ces
remontrances avec Guillaume Budé, maître des garnisons, qui
avaient « acheté grandes rentes et possessions et acquis grosses
et larges substances » (*Monstrelet,* t. II, p. 312).

4. Raymonnet Raguier était le trésorier de la reine, « lequel
oudit office s'estoit tellement gouverné que de l'argent de la Royne
il avoit fait grans acquestz et edifices aux champs et à la ville »
(ibid.).

5. Ces deux passages ont été reproduits par D. Félibien (*Histoire de la ville de Paris,* t. IV, p. 554, 555).

mations sur l'estat de maistre J. Cosson, substitut du procureur dessusdit à Provins, et de Simon Dolesy, coadjuteur dudit Cosson, et aussy de maistre J. Le Fevre, esleu oudit office audit lieu de Provins, la Court a ordonné que ledit Fevre soit miz et institué oudit office de substitut, et ly baille ledit procureur sa substitution, deboutez lesdiz Cosson et Dolesy[1], et pour ce que ledit Cosson est povre et vieil, ledit procureur general a procuré et fait octroier et commander lettres de don de c frans que poursuira ledit Cosson.

Conseil, XIII (X¹ᵃ 1479), fol. 242 rᵒ.

Mardi, xvjᵉ jour de may.

Sur ce que les generaulx reformateurs ordonnez en ce royaume avoient requiz à la Court que aucuns de la bonne ville de Paris leur avoient requiz provision de remede sur ce que à Romme celx qui voloient estre promeuz à prelatures et dignitez et avoir benefices transportoient innumerables pecunes et finances, et exigeoient les gens du Pape si grans finances, tant pour les vacans que autrement, et telement que l'en disoit que ceulx qui plus povoient finer de finance avoient plus grant esperance d'estre promeuz ; et en especial derriennement, puiz demi an, à occasion de l'eveschié de Beauvaiz vacant[2], avoient esté levez et

---

1. A la suite d'enquêtes soigneusement faites par prudhommes, Jean Cosson et Simon Dolesy, prétendants à l'office de substitut du procureur général dans les villes et châtellenies de Provins et de Montereau, avaient été reconnus l'un et l'autre incapables d'exercer ledit office qui fut confié à Jean Fabri, licencié en lois, et le bailli de Meaux ou son lieutenant à Provins reçut, le 14 mai 1413, mandat d'installer le titulaire de la charge en question (Jugés, X¹ᵃ 69, fol. 326 rᵒ).

2. L'évêché de Beauvais resta vacant depuis le mois de sep-

miz hors de ce royaume plus de xxx ou xl mil escus ;
et ainsy d'autres benefices, selon leur qualité, en la
grant depauperation de ce royaume et esclande de
Saincte Eglise, que la Court voulsist sur ce adviser et
leur dire leur adviz. La Court, appellées les Chambres
et lesdiz reformateurs, a deliberé qu'il est bon d'attendre les messages que le Roy avoit envoié à Romme
pour ladicte cause, et qui retournoient et estoient en
chemin, mais *interim* lesdiz reformateurs se pourroient assembler pour adviser sur ledit remede, et la
Court leur envoieroit des seigneurs de ceans telx et en
tel nombre qu'il voudront, et aussy pourront appeller autres telx que voudront, et lesdiz messages
retournez, s'ilz rapportent selon l'entention du Roy,
bïen, sinon l'en poursuira le remede qui sera advisé,
se bon semble.

Conseil, XIII (X^{ia} 1479), fol. 242 r°.

Lundi, xxij^e jour de may.

Cedit jour, les Prevost des Marchans et eschevins
de Paris et pluseurs autres bourgois et habitans de
Paris, en grant nombre armez, et avecques eulx messire Helion de Jacleville, chevalier, capitaine depuiz
un peu de Paris, ont esté à Saint Pol devers le Roy et
monseigneur le Dauphin, presens messeigneurs les
ducs de Berry, oncle, et de Bourgoigne, cousin germain du Roy, et après une collation faicte par maistre
Eustace de Pavilly, maistre en theologie, de l'ordre de

---

tembre 1412, à la suite du décès de Pierre de Savoisy, jusqu'au
mois de mai 1413, époque de la prise de possession de Bernard
de Chevenon ; le siège épiscopal lui avait été disputé par Renaud
de Chartres dont l'élection fut annulée.

Nostre Dame du Carme[1], tendans afin d'oster les bons
des mauvaiz, et narrez les grans inconveniens qui
ont esté dès long temps en ce royaume, ont requiz
que l'en leur baillast pluseurs seigneurs et dames et
autres serviteurs, tant de l'ostel du Roy que de la
Royne, et aussy de mondit seigneur le Dauphin, et
ont persisté longuement, comme m'a esté relaté, en
ceste instance et requeste, comme depuiz xj ou
xij heures jusques à iij heures après midi, et tant qu'il
ont priz et mené pluseurs prisonniers au Louvre;
c'est assavoir, messire Loiz, duc de Baviere, frere de
la Royne, lequel devoit demain espouser la suer du
conte d'Alençon[2], vefve de messire Pierre de Navarre,
qui estoit frere du Roy de Navarre, cousins germains
du Roy, et en la Conciergerie de ce Palaiz messire
Regnault d'Angennes, chambellant de mondit seigneur
le Dauphin, et son gouverneur dès passé a v ou vj ans,

1. Le *Religieux de Saint-Denis*, t. V, p. 41, et *Juvénal des Ursins,*
p. 483, consacrent quelques développements au discours prononcé par Eustache de Pavilly, savant professeur en théologie
et orateur fort éloquent, qui, prenant pour exemple un jardin
où croissent de belles fleurs et de mauvaises herbes, montra la
nécessité de « sarcler et nettoyer le jardin du Roy et de la Royne,
et de le débarrasser de certaines mauvaises herbes trés perilleuses
qui s'y trouvoient, c'est-à-dire de quelques serviteurs et servantes
qu'il falloit sarcler et oster, afin que le demeurant en valust
mieux. » Ces paroles ne furent point perdues, et les chefs de la
sédition revinrent dans l'après-midi à l'hôtel de Saint-Pol; l'un
d'eux, Jean de Troyes, somma le duc de Guyenne de livrer au
peuple les traîtres dont il était entouré, et, continuant l'image du
carme, déclara qu'il fallait arracher ces mauvaises herbes qui
empêchaient la fleur de sa jeunesse royale de produire les doux
fruits qu'on était en droit d'en espérer.

2. Catherine d'Alençon, veuve de Pierre de Navarre, épousa,
en secondes noces, le 1er octobre 1413, Louis, duc de Bavière.

messire Charles de Villiers, chevalier, maistre d'ostel de la Royne, messire J. de Nyelles, chevalier et chancellier dudit Dauphin et de la Royne, et qui avoit eu grant auctorité es cours desdis seigneurs puiz iiij ans, et qui de homme et estat de practique et de conseiller dudit duc de Bourgoigne estoit venu auxdis estas, J. de Nantoillet et pluseurs autres[1]. Et aussy en icelle Conciergerie avoient esté amenées prisonnieres la dame de Montauban, nommée Bonne d'Armignac[2], cousine de la Royne et sa chancelliere, et femme du seigneur de Montauban, la dame de Chasteaulx[3], la dame de Noviant[4], la dame du Quesnoy[5], la dame d'Avelne, Ysabel des Barres et pluseurs autres femmes de l'ostel de la Royne et de madame la Dauphine, comme l'en dit[6].

Conseil, XIII (X[la] 1479), fol. 243 r°.

Venredi, xxvj[e] jour de may.

Cedit jour, le Roy nostre Sire en sa personne, presens messeigneurs le Dauphin, les ducs de Berry et de

---

1. Notamment Robert de Boissay, premier maître d'hôtel du duc de Guyenne, Guillaume Cassinel et Conrad Bayer, maîtres de l'hôtel de la reine, Jean Picard, son secrétaire, Guillaume Boisratier, son confesseur.

2. Bonne Visconti dite de Milan, fille de Charles Visconti et de Béatrix d'Armagnac, demoiselle d'honneur d'Isabeau de Bavière, épousa, en septembre 1411, Guillaume de Montauban, et reçut de la reine, à l'occasion de ses noces, un présent de 1,000 livres en vaisselle d'or.

3. Marguerite Aubine, dame du Chastel.

4. Isabelle Maréchal, mariée à Charles Le Mercier, seigneur de Noviant.

5. Catherine de Villiers, dame du Quesnoy.

6. Le récit de ces événements a été reproduit par D. Félibien dans son *Histoire de la ville de Paris,* t. IV, page 555.

Bourgoigne, le conte de Charroloiz, le conte de Saint Pol, connestable de France, les arcevesque de Bourges, l'evesque de Tournay, l'evesque d'Agde et pluseurs chevaliers, l'Université de Paris, les Prevost des Marchans et eschevins et pluseurs bourgoiz de Paris, a tenu son lit de justice ceans, et ont esté leues parties de certeinnes ordonnances[1] faictes et advisées par certains commissaires deputez de par le Roy sur la reformation du bien et proufit du Roy et des seigneurs, du bien publique de tout le royaume[2]. Et, pour ce que le Roy est tart venu, s'est levée la Court environ une heure après midi[3].

Samedi, xxvij^e jour de may.

Tant à matin que après disner tint le Roy nostre Sire, presens les nommez ou jour precedent, son lit de justice, et furent leues et parleues les ordonnances dont dessus est faicte mention. Et ce fait, requist l'Université par un des maistres que ledit seigneur les approuvast et confermast, et que les seigneurs présens les jurassent à garder, et fussent de ce multipliquées lettres contenens icelles pour les envoier et mettre en divers lieux, et que le Roy octroyast audience à mardi prouchain à l'Université pour oïr ce que voudroit dire et proposer consequament à ce que dit est, ce que octroya le Roy, et jurerent les seigneurs

1. Ces ordonnances furent lues dans le lit de justice par Pierre de Fresnes, greffier du Châtelet, « qui avoit un moult bel langage » (*Juvénal des Ursins*, p. 483 ; *Religieux de Saint-Denis*, t. V, p. 53).

2. Le texte de la célèbre ordonnance du 25 mai 1413 se trouve dans les *Ordonnances des rois de France*, t. X, p. 70-140.

3. Ce paragraphe est reproduit à la suite du texte imprimé dans les *Ordonnances des rois de France*, t. X, p. 140.

et autres assistens lesdictes ordonnances, en crierent *in signum leticie :* Noe[1].

Conseil, XIII (X^{1a} 1479), fol. 244 r°.

Samedi, premier jour de juillet.

Cedit jour, à environ xij heures à midi, messire Pierre des Essars, chevalier, nagueres prevost de Paris, souverain maistre des finances du Roy nostre Sire, et souverain maistre des Eaues et Forests, et grant bouteillier de France, et qui puiz iij ans en ça avoit eu la plus grant auctorité devers le Roy nostre Sire, messeigneurs le Dauphin et le duc de Bourgoigne et la bonne ville de Paris, es armées faictes pour cause des descors d'entre nos seigneurs de France, a esté mené depuiz le Palaiz royal, où il avoit esté prisonnier par aucun temps mesme puiz environ le paquerel jusques à present en la grosse tour, sur une cloye atachée à la queue d'une cherrette jusques devant l'ostel de la Coquille en la grant rue S. Deniz, et de là miz en ladicte charrette et mené es Hales de Paris en grant compaignie, tant de cheval que de piet, et es dictes Hales a esté decapité par la sentence ou condempnation de certeins commissaires ordonnez et deputez à cognoistre dudit des Essars et d'autres qui avoient esté prins avecques lui à Paris[2].

Conseil, XIII (X^{1a} 1479), fol. 247 v°.

---

1. Le registre VII des Matinées (X^{1a} 4789, fol. 458 v°), aux dates ci-dessus, mentionne très sommairement la tenue par le roi de ce lit de justice.

2. Ce récit de la fin tragique de Pierre des Essarts figure parmi les extraits donnés par D. Félibien (*Histoire de la ville de Paris,* t. IV, p. 555). Le registre VII des Matinées (X^{1a} 4789, fol. 476)

Mercredi, xij[e] jour de juillet.

Ce jour, a esté ordonné par la Court que l'en enterra (*sic*) de cy en avant pour plaider ou siege à vj heures au matin, et se levera la Court à ix heures pour les trés excessives chaleurs[1] qui sont et plus grans que l'en ne vit onques maiz.

Conseil, XIII (X[1a] 1479), fol. 248 v°.

Jeudi, xiij[e] jour de juillet.

Furent les iij Chambres ceans assemblées pour conseiller sur une cedule ou roole articulé qui a esté envoié cedit jour à la Court par monseigneur le Chancellier, dont la teneur s'ensuit[2] :

contient une autre version due également à Nicolas de Baye, que nous rapprocherons de celle insérée au Conseil :

« Cedit jour, environ midi, à esté messire Pierre des Essars, chevalier, nagueres prevost de Paris, souverain gouverneur des finances de France et grant boutillier de France, et qui moult grant auctorité avoit eue à Paris puiz iii ans es noises et divisions qui ont esté, a esté mené, par l'auctorité du Roy et des commissaires ordonnez à cognoistre des prisonniers prins puiz ii ou iii moiz à Paris, puiz le Palaiz en une charriecte es Hales de Paris et puis decapité. » V. la relation de cet événement donnée par le *Journal d'un bourgeois de Paris,* p. 32, et le *Religieux de Saint-Denis,* t. V, p. 77, qui énumère les griefs articulés contre le prévôt de Paris par ses accusateurs.

1. La chaleur excessive qui régna pendant l'été de 1413 développa de nombreux incendies; d'après le *Religieux de Saint-Denis,* t. V, p. 81, pendant la première semaine de juillet, chaque jour, le feu consuma plusieurs édifices, entre autres la maison des écoliers de Saint-Denis.

2. D. Félibien, qui a reproduit dans ses extraits des registres du Parlement (*Histoire de la ville de Paris,* t. IV, p. 556) le paragraphe relatif à la délibération de la Cour, s'est borné à indiquer le rapport des députés envoyés par le Roi à Ivry et à Verneuil, et n'en donne pas la substance; ce document important, que nous

C'est, en effet, le rapport fait par les ambaxadeurs du Roy envoyez à Yvry[1] devers les messages du roy de Sicile, de messeigneurs de Berry, de Bourgoigne, d'Orleans et d'Alençon, et depuiz envoyez à Vernueil devers ledit roy de Sicile, lesdis seigneurs d'Orleans et d'Alençon et aussi devers le duc de Bourbon.

Premierement, audit lieu d'Yvry trouverent les messaiges des cinq seigneurs dessusdis, de Sicile, de Berry, de Bourgoigne, d'Orleans et d'Alençon ; après ce qu'ilz leur eurent exposé ce dont ilz estoient chargiez de par le Roy en trés bonne disposition d'entendre et eulx employer au bien du Roy et de son royaume, et en la bonne amour et union desdis seigneurs qui audit lieu les avoient envoyez.

Item, après ce les messaiges desdis de Sicile, d'Orleans et d'Alençon requirent ausdis ambaxadeurs du Roy et messaiges de messeigneurs de Berry et de Bourgoigne que, pour le bien de la matiere pour laquelle ilz se assembloient, ilz alassent jusques

croyons inédit, n'est point de la main du greffier N. de Baye, quoiqu'il soit dans le corps même du registre.

1. D'après le *Religieux de Saint-Denis*, t. V, p. 81, et *Monstrelet*, t. II, p. 376, les députés envoyés par le roi à Verneuil étaient Jean de Thoisy, évêque de Tournay, l'Hermite de la Faye, sénéchal de Beaucaire et chambellan du roi, le bailli de Saint-Omer, les seigneurs d'Offemont et de la Vicfville, et Pierre de Marigny, avocat au Parlement. La conférence avec les princes du parti d'Orléans dura trois jours, ils revinrent à Paris le 12 juillet; leur relation portait que lesdits princes n'aspiraient qu'à la paix et l'union, et demandaient la stricte observation du traité d'Auxerre. Les rois de Sicile, les ducs d'Orléans et de Bourbon, les comtes d'Alençon et d'Eu se rendirent à Vernon et de là envoyèrent leurs ambassadeurs à Pontoise pour exposer les « causes de leur complainte et les perilz et inconveniens de la guerre imminente; » l'un de ces ambassadeurs, Guillaume Seignet, fut chargé de porter la parole devant les ducs de Berry et de Bourbon et développa sa créance, dont le texte est donné *in extenso* par le *Religieux de Saint-Denis*, t. V, p. 97. Après quatre jours de négociations, un projet de traité entre les princes du sang fut arrêté (voir les articles de ce traité dans le *Religieux de Saint-Denis*, t. V, p. 117, et dans *Monstrelet*, t. II, p. 387). La paix conclue fut publiée le 8 août.

à Vernueil devers lesdis seigneurs qui y sont, laquelle chose ilz
ne vouldrent pas fere sans le congié du Roy et de nosdis seigneurs de Berry et de Bourgoigne, devers lesquelz ilz envoyerent
pour ceste cause.

Item, ce pendant parlerent ensemble lesdis ambaxadeurs du
Roy et messaiges desdis seigneurs d'un costé et d'autre et appar-
ceurent lesdis ambaxadeurs que les seigneurs estans à Vernueil
se plaignoient de ce que le traictié d'Aucerre n'estoit accompli,
par especial en tant que touche la delivrance des chasteaulx de
Coucy, de Pierrefons [1] et Galardon, et d'autres choses.

Item, se plaignoient d'aucuns mandemens donnez par le Roy,
par l'un desquelz ilz disoient que on defendoit à tous que aucun
ne se armast [2], se n'estoit en la compaignie de mesdis seigneurs
de Berry et de Bourgoigne, et par l'autre pluseurs baillifs de ce
royaume se efforçoient de debouter pluseurs capitaines de leurs
offices, et y mettre des nouveaulx, et aussi de debouter pluseurs
chevaliers et escuiers de leurs forteresses et mettre autres à la
garde d'icelles. Et avecques ce se plaignoient des manieres que
on tient au regart de monseigneur de Bar qui est si prouchain
du Roy que chascun scet. Toutesfois lesdis messaiges desdis
seigneurs estans à Vernueil dirent que de toutes ces choses
iceulx seigneurs leurs maistres ne tenoient pas grant compte,
car de legier on pourroit estre appoinctié, mais il y avoit aucunes
autres choses dont lesdis seigneurs se douloient, et lesquelles
leur seroient dites par lesdis seigneurs, se ilz aloient à Vernueil.

Item, que pendant ce lesdis ambaxadeurs du Roy et aussi les
messaiges de mesdis seigneurs de Berry et de Bourgoigne

---

1. Monstrelet (t. II, p. 411) mentionne la restitution au duc
d'Orléans des châteaux de Coucy et de Pierrefonds que détenait
le comte de Saint-Pol; ce fut Gasselin du Bos, bailli de Sens, qui
fut chargé de recevoir ces châteaux sous l'obéissance du roi.

2. Le premier de ces mandements, en date du 6 juin 1413, qui
fut envoyé dans tous les bailliages, faisait défenses à tous chevaliers et écuyers de s'armer et de s'assembler dans le royaume,
sous aucun prétexte, sauf pour le service du roi, en édictant
les mesures les plus rigoureuses contre tous infracteurs de l'ordonnance en question; le texte de ce mandement se trouve dans
Monstrelet, t. II, p. 362.

eurent lettres par lesquelles leur estoit mandé qu'ilz alassent à
Vernueil devers lesdis seigneurs estans illec, lesquelx incontinent y alerent et se trahirent par devers iceulx seigneurs qui
leur dirent en effect comment en la ville de Paris, depuis aucun
temps en ça, avoient esté et encores estoient tenues aucunes
manieres qui fouloient et bleçoient l'auctorité et puissance du Roy
et de sa justice, par laquelle ce royaume qui est le plus noble des
autres a esté gouverné ou temps passé. Et aussi leur dirent que
le Roy, la Royne et monseigneur de Guyenne n'estoient pas en
leur franchise et liberté, qui leur sembloit chose bien estrange.
Et en oultre leur dirent en eulx complaignant qu'ilz ne povoient
veoir le Roy, leur seigneur souverain, la Royne, ne monseigneur de Guienne, ne converser avecques eulx, ne aucuns de
leurs gens, ne osoient venir devers eulx, qui leur estoit bien
grief, car c'estoit le plus grant desir qu'ilz eussent que de veoir
le Roy leur seigneur en bonne prosperité. Parlerent aussi de
certaines lettres qu'ilz dient avoir esté escriptes de par le Prevost des Marchans et eschevins de la ville de Paris par tout ce
royaume ou la plus grant partie, par lesquelles lettres ilz requeroient que l'en feist comme ilz avoient fait, dont ilz disoient
que grant inconvenient feust avenu en leurs pays et es pays
voisins, se ilz n'y eussent remedié, mais ilz y avoient pourveu
telement que aucun inconvenient n'en estoit avenu ne avendroit,
et dirent que ces choses ilz ne povoient souffrir et avoient entention d'y pourveoir.

Item, que pour appaisier toutes choses fut parlé de l'assemblée de nosseigneurs, tant d'une partie comme d'autre, et mesmement que le roy de Sicile seul se assemblast premierement
devers nosdis seigneurs de Berry et de Bourgoigne, et fut parlé
des lieux ou lesdis seigneurs se trairoient; c'est assavoir, les
seigneurs qui sont à Vernueil se trairoient à Vernon qui seroit
mis en la main du roy de Sicile par bonne seureté de le rendre
l'assemblée passée, et mesdis seigneurs de Berry et de Bourgoigne se trairoient à Mante et lors adviseroient place moyenne
pour eulx assembler, et s'il sembloit expedient, que le roy de
Sicile seul assemblast premierement devers nosdis seigneurs
audit lieu de Mante, l'en a assez senti que par ce ne demourra
pas si grant bien.

Item, après fut parlé sur quoy se feroit l'assemblée desdis seigneurs et quel bien s'en ensuivroit. Et fut dit premierement que l'amour et union qui doit estre entre nosdis seigneurs d'une part et d'autre seroit là fermée et fortifiée par seremens, par lettres et par toutes autres meilleurs manieres que fere se pourroit.

Item, et adviseroient et conclurroient manieres pour fere widier de ce royaume les gens de compaigne[1] qui y font tant de maulx, fust par force, par puissance ou par autre maniere.

Item, adviseroient que ce que reste à accomplir du traictié d'Aucerre, tant de l'un costé comme de l'autre, seroit accompli par bonne maniere, et telement que chascun d'eulx en seroit content.

Item, adviseroient manieres par lesquelles chascun demourra paisible et en bonne seurté pour le temps avenir de toutes choses avenues, et dont lesdis seigneurs se deulent, tant de l'un costé comme d'autre, et mesmement ceulx de ladicte ville de Paris, sans ce que aucun jamais en puist estre poursui, empeschié ne dommagié en quelque maniere que ce soit.

Item, adviseroient maniere par laquelle tous nosdis seigneurs pourroient seurement venir ensemble devers le Roy pour le veoir et visiter, ainsi qu'il appartient, et conferrer les choses qu'ilz auroient traiclées et advisées ensemble.

Et semble ausdis ambaxadeurs du Roy, par ce qu'ilz ont peu sentir et appercevoir que lesdis seigneurs estans à Vernueil et ceulx de leur conseil ont grant desir que toutes choses s'appaisent amiablement par l'assemblée et par les manieres dessus touchées, et se ainsi ne se fait sans grant delay, s'entent assez

---

1. Ces compagnies de gens de guerre, sous les ordres de Clignet de Breban et de Louis Bourdon, ravageaient toute la région comprise entre Paris et les bords de la Loire, et poussaient leurs courses dévastatrices jusqu'en Auvergne (cf. *Monstrelet,* t. II, p. 388, et le *Religieux de Saint-Denis,* t. V, p. 157). On voit, dans *Monstrelet,* t. II, p. 391, que ces capitaines du parti d'Orléans vinrent, durant les négociations, à la tête de 16,000 hommes jusque dans le Gâtinais, et que Hélion de Jacqueville, avec bon nombre de combattants, s'avança à leur rencontre jusqu'à Montereau, mais qu'il n'y eut aucun conflit.

par aucuns que lesdis seigneurs sont disposez d'eulx mettre sus à grant puissance et de faire guerre de feu et de sang et la plus dure qu'ilz pourront, soubz umbre seulement de soustenir l'auctorité et puissance du Roy, et de le mettre et aussi monseigneur de Guyenne en franchise et liberté et contre ceulx de Paris, sans vouloir susciter ne mettre avant, comme on peut sentir par leurs paroles, quelconque querelle du temps passé. Et ont lesdis seigneurs de par delà bien esperance d'avoir en ce cas, qui tant touche la seignourie et liberté du Roy, si comme ilz dient, trés grant suite, confort et aide de pluseurs, tant nobles comme autres, et tant de ce royaume, comme estrangers.

Si soit sur ces choses advisié pour conseillier au Roy ce qui sera expediant et prouffitable au bien de lui et de son royaume.

Sur quoy la Court conseille au Roy qu'il die auxdis de Berry et de Bourgoigne que, pour le bien du royaume, leur plaise eulx assembler avecques lesdis seigneurs de par delà, et de ce leur supplie icelle Court.

Conseil, XIII (X^{ia} 1479), fol. 249 r°.

Jeudi, xxvij^e jour de juillet.

La Court vaque pour les processions de la Saincte Chappelle à S. Magloire, où la Court a esté pour la paix, pour laquelle traiter sont à Pontoise messeigneurs de Berry et de Bourgoigne et la ville de Paris. Et mes autres seigneurs les roy de Sicile, le duc d'Orleans, le conte d'Alençon et autres sont à Vernon, comme l'en dit.

Matinées, VII (X^{ia} 4789), fol. 494 r°.

Mercredi, ij^e jour d'aoust.

Cedit jour, furent les iij Chambres de Parlement assemblées pour conseiller sur certeinne cedule articulée contenent certeinnes choses que offrent pour venir à paix les seigneurs du sanc royal, c'est assavoir,

les roy Loiz de Sicile, ducs de Bourbon, d'Orleans, le
conte d'Alençon et autres, pour lesquelles choses
offrir ont envoié, comme l'en dit, leurs ambaxeurs
especiaulx, ayans à ce puissance suffisant, à Pontoise
devers les ducs de Berry et de Bourgoigne, et pluseurs des bourgois de Paris et du Conseil du Roy, qui
là estoient pour le Roy alez pour tractier de ladicte
paix ; lesdis roy Loiz, Orleans et autres ou pluseurs
d'eulx estans à Vernon sur Seinne. Et dit l'en que,
venredi derrienement passé, audit Pontoise fu proposé de par lesdis seigneurs de Sicile, de Bourbon et
autres ce qui s'ensuit, puiz fu offert le contenu en la
cedule qui s'ensuit après. Lesquelles choses rappor-
tées par deça au Roy en son Conseil, a esté envoiée
ladicte cedule avec ledit propos ceans, et autant de
ladicte cedule, tant en l'Université que en chapitre de
Paris, à la Chambre des Comptes et au Prevost des
Marchans, et depuiz autant d'icelle cedule en a esté
communiqué, comme l'en dit, par les quartiers de
Paris, pour sur ce dire leur adviz et le reporter au
Roy ou à son Conseil[1].....

Sur laquelle cedule a esté dit et advisé par ladicte

1. Félibien reproduit parmi ses extraits du Parlement (t. IV,
p. 556) le compte-rendu de cette séance importante, mais il passe
sous silence la cédule qui y fait suite dans le registre du Conseil,
ainsi que la teneur du traité de Pontoise. Monstrelet, dans le
chapitre de sa chronique intitulé : *Comme derechef fu la paix
traiclié entre les seigneurs du sang royal en la ville de Pontoise*
(t. II, p. 376), donne en entier le texte de cette cédule exposée par
Guillaume Seignet, et celui du projet de traité ; quoique la version
insérée dans le registre du Conseil nous paraisse plus correcte
et plus conforme au langage de l'époque, nous nous bornerons à
la signaler, comme permettant de rétablir le sens de certains
passages dénaturés et assez obscurs.

Court qu'elle est bonne, saincte et juste et necessaire, et doit l'en conseiller au Roy qu'il la reçoive.

Conseil, XIII (X¹ᵃ 1479), fol. 251 vᵒ.

Jeudi, iijᵉ jour d'aoust.

Cedit jour, n'a pas esté plaidié, mais conseillié sur ce que, combien que l'en eust ordonné au Conseil, comme l'en dit, que au jour d'ui l'en feist la response sur la cedule, dont mention est faicte du ijᵉ de ce moiz, par ceulx à qui avoit esté baillée ladicte cedule, pour sur ce que dit est respondre au Roy, neantmoins aucuns avoient fait devers le Roy tant que ceans avoit esté mandé, et en l'Université, et ailleurs, que la journée estoit proroguée jusques à samedi prouchain pour faire ladicte response, ou tres grant peril du tractié de la paix dessusdicte estre rompu, car les ambaxateurs desdis seigneurs de par delà attendoient la responce à Beaumont, et estoient Angloiz et Frison et en grant nombre gens de compaigne environ la riviere de Loire, et par deça icelle riviere du costé des autres, comme l'en dit, pour quoy a esté conseillié se l'en delairoit ou non. Si a esté conseillié et dit que l'en ne delayra point oultre ce jour, mais demain ira la Court avec l'Université, se elle y welt aler, ou sens elle, se elle n'y welt aler, requerir que l'en oye les responses sur ladicte cedule et l'adviz de ceulx qui de ce estoient chargiez, attendu l'imminent peril.

Depuiz ce dit, environ vespres, à la requeste de maistre J. Le Bugle, procureur de la ville de Paris, et de pluseurs autres manans et bourgoiz de Paris, le premier president et pluseurs autres des seigneurs de ceans sont alez devers le Roy requerir que demain se

rendist la response de ladicte cedule audit seigneur,
qui a esté octroyé[1].

Conseil, XIII (X^{1a} 1479), fol. 256 r°.

Venredi, ive jour d'aoust.

Furent au Conseil en la Chambre tous les presidens
et les iij Chambres, et fu appoinctié que l'Université,
la Court, la Chambre des Comptes et le chapitre de
Paris iroient ensemble.à Saint Pol au Roy[2] pour dire
la deliberation dont dessus est mention faite, et ainsy
a esté fait. Et environ x heures, en l'ostel dudit
S. Pol, le Roy estant en la grant court de sondit hostel
par devers l'eglise de S. Pol, à une fenestre, après
monseigneur le Dauphin, à une autre, et le duc de
Berry à la tierce, contigues l'une à l'autre, maistre
Ursin de Tarevende, maistre en theologie, pour intro-
duire la deliberation de l'Université à ladicte cedule,
qui tant en concluant afin d'avoir paix, a prins pour

1. Ce paragraphe, de même que le suivant, figure parmi les
extraits de Félibien (*Hist. de la ville de Paris*, t. IV, p. 556, 557).

2. Dans une séance solennelle, tenue le 2 août, le chapitre de
Paris, avec le clergé de la capitale, avait donné son adhésion pleine
et entière au traité de Pontoise (*Journal d'un bourgeois de Paris,*
p. 34). De son côté, l'Université s'était rendue à Saint-Pol pour
demander au roi « congié de proposer le lendemain choses moult
profitables pour la paix du royaume » (*Ibid.*, p. 35). Ursin de Tale-
vande, docteur en théologie, porta la parole et conclut en faveur de
la paix et de la mise en liberté des personnes incarcérées par les
Cabochiens; son discours est analysé par le *Religieux de Saint-
Denis,* t. V, p. 127. Le Dauphin, à la tête des bourgeois armés,
se transporta au Louvre et délivra les ducs de Bavière et de Bar,
ainsi que Robert de Boissay, ses deux fils, et Antoine des Essarts,
enfermés au Palais. Juvénal des Ursins, p. 486-489, et le *Bourgeois
de Paris,* p. 38-40, racontent les dramatiques incidents qui signa-
lèrent la fin de la domination cabochienne à Paris.

theme : *Rogate que ad pacem sunt*[1], puiz a recommendé paix par aucuns moiens, sans soy y tenir longuement, puiz est venu à la response et deliberation de ladicte Université à ladicte cedule, qui est, que elle est bonne, juste et saincte, et doit estre executée, et de la maniere de l'execution se rapportent au Roy. Puiz ont supplié que l'en delivre le duc de Bar, prisonnier au Louvre, et tous les autres prisonniers qui estoient au Palaiz. Et incontinent après affluerent à S. Pol et par toute la ville de Paris pour venir à S. Pol au Roy gens d'armes sans nombre, tant à piet que à cheval, en moult bel arroy, des bourgoiz et habitans de Paris, pour requerir paix et recuser et refuser guerre, en consentent la cedule et les offres de la cedule dessusdicte faictes par lesdiz seigneurs de par delà. Et lors monta monseigneur le Dauphin à cheval, accompaignié des ducs de Berry et de Bourgoigne, qui par avant estoit alé à S. Germain l'Aucerroiz, ou cloistre de laquelle eglise avoit, comme l'en dit, bien de ij à iij^{m} hommes d'armes de Paris, pour les appaiser et desmouvoir à oster sedition, qu'il ne venissent à S. Pol, comme l'en dit. Et vindrent lesdis seigneurs au Louvre où estoit prisonnier le duc de Bar, et à la tour delez le Louvre par devers Paris, où estoit messire Loiz, duc en Baviere, frere de la Royne, et au Palaiz où estoient prisonniers les seigneurs de Boissay et plusieurs autres, et les delivra de prison. Et *interim* fu publiée la deliberation de la Court de ceans, de la Chambre des Comptes et du chapitre et de l'evesque de Paris sur ladicte cedule, et de la ville de Paris qui estoit pareille.

Conseil, XIII (X^{ia} 1479), fol. 256 r°.

1. Ce texte est emprunté au psaume 121, vers. 6.

Lundi, vij^e jour d'aoust.

Cedit jour, sont venus en la Court maistre J. Juvenel, advocat du Roy, J. Le Bugle, procureur de la ville
de Paris, Guillaume Cyrasse[1], eschevin de Paris, et
aucuns bourgoiz qui ont requiz, que comme il soit
besoin que la Court entende à entretenir la paix commencée, et afin d'obvier à pluseurs entreprises et
empeschemens que pluseurs pertourbleurs de la paix
se pourroient efforcier de faire, se remede n'y estoit
miz par bon adviz et conseil de la Court et d'autres,
que la Court surseist de plaider, jusques à ce que les
choses fussent en plus grant seurté, ce qui a esté
octroyé[2].

Conseil, XIII (X^{1a} 1479), fol. 257 r°.

Mardi, viij^e jour d'aoust.

Cedit jour, toute la Court ala à Saint Pol pour eslire
un chancellier ou lieu de maistre Eustace de l'Aitre[3],
qui avoit esté par environ ung moiz chancellier ou
lieu de messire Arnault de Corbie, qui l'avoit esté par

1. Guillaume Cirasse, charpentier huchier, quartenier de la porte
Baudoyer et du cimetière Saint-Jean, joua un rôle considérable
lors des troubles de l'année 1413; dans l'assemblée tumultueuse
du 2 août, il ne craignit pas de tenir tête aux bouchers et de
leur dire « qu'il y avoit à Paris autant de frappeurs de coignées
que de assommeurs de bœufs » (cf. *Juvénal des Ursins*, p. 487,
488).

2. Ce paragraphe se trouve imprimé dans Félibien (*Hist. de la
ville de Paris*, t. IV, p. 557).

3. Eustache de l'Aître, d'abord maître des Requêtes de l'Hôtel,
puis président de la Chambre des comptes, avait été appelé au
poste de chancelier par la faction cabochienne; après la sentence
de bannissement prononcée au Châtelet, le 14 mars 1414, contre
les Cabochiens, il se retira auprès du duc de Bourgogne (voir le
Journal d'un bourgeois de Paris, p. 42, note 5).

environ xxv ans, et pour ce que, par ces broillis et en complaisant aux gens de Paris qui nagueres s'efforçoient de gouverner, avoit ledit de l'Aitre esté fait assez legierement chancellier, et avoit esté despoinctié ledit de Corbye, car aussy estoit ancien et iiij[xx] et viij ans ou environ, et si imbecille et foible que à grant peinne povoit-il aler ne venir[1], a esté ledit de l'Aitre despoincté des juedi ou venredi derrain passé. Et depuiz aussy s'est absenté de Paris, comme aussy ont fait pluseurs de ceste ville de Paris[2], ou au moins se latitent, c'est assavoir : maistre J. de Troies, sirurgien, eschevin de Paris, et puiz nagueres concierge du Palaiz[3], et qui avoit entreprins devant tous autres le gouvernement de ceste ville et autrement, Garnot de S. Yon, eschevin, Simonnet Caboche, escorcheur de la Grant boucherie, Denysot de Chaumont, varlet boucher, Thomas Le Goiz et ses enfans bouchiers, aucuns jeunes advocas et procureurs de ceans, et autres pluseurs gens de Paris, pour la suspeçon, comme l'en dit, qu'il metoient empeschement ou s'efforçoient de mettre en la paix publique de ce royaume, et par especial de

1. Armand de Corbie avait succédé en qualité de chancelier de France à Pierre de Giac en décembre 1388. Il s'éteignit le 24 mars de l'année 1414.

2. Jean de Troyes, Garnot de Saint-Yon, Caboche, Denisot de Chaumont, Guillaume et Jean Le Gois, qui figurent sur la liste des bannis au Châtelet (Douët d'Arcq, *Choix de pièces inédites relatives au règne de Charles VI*, t. I, p. 367), se réfugièrent tous en Flandre, auprès de Jean sans Peur, le suivirent en 1415 dans son voyage en Bourgogne, et revinrent la plupart en 1418. (Cf. *Monstrelet*, t. III, p. 48.)

3. Jean de Troyes avait remplacé comme concierge du Palais Antoine des Essarts, vers le mois de mars 1413. (Cf. le *Journal d'un bourgeois de Paris*, p. 39.)

Paris et à l'enterinement de la cedule contenue ou ij[e] jour de ce moiz d'aoust.

Et a esté tenue ceste forme à ladicte election : Li Roiz nostre Sire entra après sa messe finée en sa Chambre de Conseil, entre ix et x heures survindrent messeigneurs les ducs de Berry et de Bourgoigne, et yceulx venus, par le commendement du Roy se departirent et alerent hors de la Chambre tous, hors le Roy, lesdiz ducs et moy N. de Baye, graphier de ceste Court, et l'un des secretaires du Roy qui fu appellé. Et me furent baillez le messel et la vraye croix richement envaisselée pour faire jurer au scrutine celx qui esliroient sur lesdiz Evangile et vraye croix, et les huiz cloz, furent appellez par messire Anthoinne de Craon qui gardoit l'uiz, premierement le dessusdit messire Arnault de Corbye, nagueres Chancellier, lequel et tous les autres seigneurs qui survindrent, c'est assavoir, le grant maistre de Rodes[1], l'arcevesque de Bourges, l'evesque de Beauvaiz et autres barons, chevaliers et conseillers, tant de Parlement que dés Comptes, jusques au nombre de iiij[xx] et x ou environ, je fiz jurer par le commandement du Roy, moy estant à ses piez, un chascun *successivè* appéllé selon son ordre par ledit de Craon par la maniere qui s'ensuit, lesdis sains Euvangile et croix touchées : « Vous jurez « aux sains Evangiles et sur la vraie croix qui icy « sont que bien et loyaument conseillerés le Roy « nostre Sire ou cas present de ceste election, et nom- « merés à vostre loyal povoir, sans faveur desordon-

1. Philibert de Naillac, autrement dit de Lignac, grand maître de Rhodes, qui en 1410 arriva d'Angleterre à Paris et en 1412 servit d'intermédiaire entre le Roi et le duc de Berry.

« née et sans hayne, bonne personne, ydoinne et
« convenable pour exercer l'office de Chancellier[1]. »
Et ledit scrutine commencié et fait pour la vj⁰ partie
ou environ, survindrent messeigneurs le Dauphin, le
duc de Bar et messire Loiz, duc en Baviere, frere de
la Royne, qui furent audit scrutine faire, et tous les
dessusdiz estans dehors appellez, scrutinez et oïz l'un
après l'autre, *ut moris est.* Firent les dessusdis ducs
successivè pareil serment, et nommerent chascun tel
que bon leur sembla, et après tous aussy nomma le
Roy et donna sa voix à cellui que volt, et telement
que, tout par moy enregistré et aussy par ledit secretaire, et les voix comptées, fu trouvé que messire
Henry de Marle, premier president ceans, avoit trop
plus de voix que nul. Si me commanda le Roy que, les
huis dudit Conseil ouvers, et tous ceulx qui wodrent
entrer entrez, je publiasse ledit scrutine. Si le publié
en disant tout haut : « Il plait au Roy nostre Sire que ce
scrutine par lui fait soit publié, ouquel messire Henry
de Marle dessusdit a eu xliiij voix, maistre Simon de
Nanterre, president en Parlement, xx, maistre J. de
Saulx, chancellier de Bourgoigne, vj, et ledit messire
Arnault de Corbye xviij. Vray est, diz-je, que s'il peust
ancores exercer ledit office, mesdis seigneurs les eslisans se fussent arrestez à lui plus que à nul autre,
toutevoie, nonobstant sa foiblesse, ancores s'i arrestent
lesdiz xviij. » Ce fait, conclu le Roy et s'arresta audit
Marle et le charga dudit office[2]. Ledit Marle respondi

---

1. En regard de ce passage, dans la marge, le greffier a inscrit
cette rubrique : *Forma adjurationis super eligendo Cancellario.*

2. Le *Religieux de Saint-Denis* (t. V, p. 145) qualifie Henri de
Marle de personnage d'un savoir éminent, qui avait rempli avec

qu'il estoit po suffisant pour ledit office, et miex le cognoissoient autres que soy mesme, et combien que aucuns grans hommes ou temps jadis eussent refusé offices publiques, les autres les eussent receuz, comme Jeremie qui les refusa pour vaquer à contemplation, et Ysaie les receut pour laborer au bien publique, lui qui avoit tousjours laboré en son temps ou fait de justice et qui avoit bonne volenté de tousjours bien et loyaument servir le Roy, acceptoit ledit office en suppliant audit Seigneur que lui pleust avoir pour recommendé et le benignement supporter à ce commancement. Si le fit approucher le Roy, et fit le serment qui s'ensuit, et lequel je leu tout hault audit premier president en ceste maniere [1] :

« Sire, vous jurez au Roy nostre Sire que vous le
« servirez et conseillerez bien et loyaument, à l'onneur
« et au prouffit de lui et de son royaume, envers tous
« et contre tous, que vous lui garderez son patrimoine
« et le prouffit de la chose publique de son royaume à
« vostre povoir, que vous ne servirez à autre maistre ou
« seigneur que à lui, ne robes, pensions ou proufit de
« quelconques seigneur ou dame que ce soit ne pren-
« drez doresenavant sans congié ou licence du Roy, et
« que de lui vous n'empetrerez par vous ou ferez
« empetrer par autre licence sur ce. Et se d'aucuns
« seigneurs ou dames avez eu ou temps passé ou avez
« presentement robes ou pensions, vous y renonciez

éclat plusieurs missions difficiles à l'étranger, et tenait dignement son rang à la tête de la magistrature.

1. Nicolas de Baye a marqué en marge : *Forma juramenti quod prestare debet Cancellarius.* La formule du serment prêté par le Chancelier n'est pas de la main du greffier.

« du tout, et aussi que vous ne prendrez quelzconques
« dons corrompables. Et ainsi le jurez vous par ces
« Sains Evangiles de Dieu que vous touchiez. » Lequel
messire Henry de Marle respondi : « Ainsi le jure je,
« mon trés redoubté seigneur[1]. »

Et ce fait, se leva le Roy et les autres seigneurs, et
se partirent du Conseil et s'en ala chascun en sa chascune, combien que avant le departement fu supplié au
Roy d'aucuns seigneurs qu'il donnast le lieu de quart
president, qui vacoit ou devoit vaquer vraissemblable-
ment, par ce que le premier vacoit par ladicte election[2] et par ainsy devoient monter l'un des autres
oudit lieu, à maistre J. de Vailly, advocat et nagueres
chancellier de Guienne[3].

Conseil, XIII (X^{1a} 1479), fol. 257 r°.

1. Cette formule du serment prêté par le Chancelier se trouve
imprimée en note dans la *Chronique de Juvénal des Ursins*, p. 489,
au sujet de l'élection d'Henri de Marle.

2. L'élection d'Henri de Marle se trouve également, mais plus
sommairement rapportée, dans le registre des Matinées (X[4a] 4789,
fol. 498 v°).

3. Jean de Vailly, fils de Richard de Vailly, notaire au Châtelet, simple avocat élevé au poste de président du Parlement
par la faveur du duc de Guyenne, remplit coup sur coup plusieurs missions de confiance ; on le voit, en mars 1415, figurer
parmi les commissaires royaux envoyés à Tournay, après la conclusion du traité d'Arras, pour recevoir le serment du comte de
Charolais et d'autres grands personnages ; au mois d'avril suivant, il se rendit à Amiens pour faire publier le même traité, et
fit également partie de la députation qui vint à Dijon au nom de
Charles VI pour faire jurer la paix par le duc de Bourgogne
(cf. *Monstrelet*, t. II, p. 64, 77). Le président de Vailly ne se
rallia point à la domination anglaise et suivit le dauphin à Poitiers ; le Parlement le chargea, le 20 décembre 1420, de mettre à
exécution les lettres du Régent relatives à la démolition des forteresses du Poitou, et, le 17 mars 1426, de présenter des remon-

Mercredi, ixᵉ jour d'aoust.

Cedit jour, messire H. de Marle, de nouvel Chancellier, et pluseurs autres seigneurs vindrent en la Chambre et exposerent comment le Roy en son Grant Conseil avoit vólu que maistre J. de Vailly, qui nagueres estoit advocat, puiz avoit esté par ung moiz chancellier de monseigneur de Guienne, ou environ, fust quart president ceans, et de ce avoit lettres dont requirent l'enterinement et estre receu. Sur quoy la Court delibera, les requerans departiz, et puiz respondi que, sauf les ordonnances royaulx ancores faictes et confermées puiz ij ou iij moiz, et lesquelles nosseigneurs de France et les seigneurs de ceans avoit (*sic*) jurées en ceste Chambre en la presence du Roy, par lesquelles des officiers de ceans par especial se devoit faire election par voie de scrutine, ne povoient recevoir ledit de Vailly oudit office, sauf leur honneur et conscience, mais le averoient bien pour recommandé, comme bien le valoit, quant l'en feroit l'election, et atant se departirent.

Venredi, xjᵉ jour d'aoust.

Fu plaidoié, mais avant ce que l'en plaidast, vindrent pluseurs seigneurs, comme monseigneur de Bar et autres à la Court, et presenterent lettres tant du Roy,

trances à Charles VII, qui furent mal accueillies par ce prince, mais eurent l'assentiment de la Cour. De son mariage avec Jeanne Gillier, fille de Denis Gillier, seigneur de Forges en Poitou, et de Jeanne de Tannay, Jean de Vailly eut un fils, Jean, archidiacre de Tours en l'église de Poitiers, qui devint conseiller au Parlement, et fut même élu évêque d'Orléans en 1438; il mourut le 9 mars 1435 (cf. Blanchard, *les Présidents à mortier du Parlement de Paris,* p. 45).

signées de sa mayn, que de monseigneur de Guienne, de Berry pareillement signées de leurs mains, et de Bourgoigne, pour recevoir maistre J. de Vailly, dont dessus est faicte mention, en quart president, auxquelx ladicte Court respondi pareillement, comme est enregistré sur le xᵉ de ce moiz.

Samedi, xijᵉ jour d'aoust.

Cedit jour, le Chancellier est venu ceans environ ix heures, et appellées et convoquées les Chambres et pluseurs du Grant Conseil, a esté faicte election par voie de scrutine que ont fait ledit Chancellier, appellez avecques lui maistre Phelippe de Boisgillon, maistre des Comptes du Roy nostre Sire et par avant son conseiller ceans, Guillaume de Villers, president aux Enquestes, et Guillaume de Saulx, conseiller en la Grant Chambre, moy present et enregistrant les voix, en la Tournelle criminelle, pour le lieu du premier president vacant par la promotion du premier president à l'office de Chancellier, et du lieu du quart president. Et y a eu lxj eslisans et iij nommez au lieu du premier president, et ix nommez audit lieu du quart president, c'est assavoir, maistre R. Mauger qui a eu xlij voix, maistre S. de Nanterre qui a eu xviij voix, et J. Juvenel, advocat du Roy, une à l'office de premier president. Et quant au quart president ont eu maistre P. Buffiere xvij voix, maistre J. de Quatremares xv, J. de Vailly, advocat, xiiij, J. de Longueil ix, Gaillart Petit Sayne une, Phelippe Du Puiz une, André Marchant une, R. de Sens une et maistre J. Juvenel dessus-dit une[1].

---

1. Ce paragraphe, ainsi que le suivant, ont été analysés par

Lundi, xiiij^e jour d'aoust.

Je fu devers le Roy au Conseil à S. Pol, où fu
publiée ladicte election, et me fu commandée la lettre
de Mauger pour l'office de premier president. Et pour
ce que le Roy et monseigneur de Guienne avoient
grant desir et affection à maistre J. de Vailly, qui
nagueres avoit esté chancellier dudit monseigneur de
Guienne, et avoit esté despoincté et mené prisonnier
au Louvre par celx qui nagueres gouvernoient à
Paris par ces broillis, et avoient (*sic*) perdu toutes ses
pensions qu'il avoit en office d'advocat, le Roy, oy le
nombre des voix qu'il avoit qui estoit moindre de iij
au regart de cellui qui le plus en avoit et de ij au
regart de cellui qui aloit après, interroga ledit de
Guienne et pluseurs autres de son sanc qui le nommerent et lui donnerent leur voix, et tant que ledit Vailly
en eut plus que nul, si me commanda la lettre de quart
president pour ledit Vailly.

Conseil, XIII (X^{1a} 1479), fol. 258 v°, 259 r°.

Cedit jour, le seigneur de Saint Briz[1] a requiz estre
receu en office de bailly de Sens, selon la teneur de
certeinnes lettres par lui obtenues, dont requiert l'enterinement à l'encontre de messire Guy d'Aigreville,
chevalier, qui par avant avoit ledit office, lequel d'Aigreville dit qu'il a lettre d'estre receu à opposition,
dont requiert l'enterinement et qu'il soit oy, car il est
à Paris.

Blanchard dans la notice consacrée au président de Vailly (*les
Présidents à mortier du Parlement de Paris*, p. 46).

1. Le seigneur de Saint-Brice périt dans le désastre d'Azincourt.

Saint Briz dit au contraire que, *ipso inscio*, le Roy a volu qu'il soit bailli de Sens, ce que puet faire, et n'a pas esté à son pourchas. *Tandem*, la Court a dit que les parties seront oïes mercredi prouchain.

Matinées, VII (X^{1a} 4789), fol. 499 v°.

Mercredi, xvj^e jour d'aoust.

Cedit jour, ont esté receuz, present le Chancellier, maistre R. Mauger en premier president, auquel a esté enjoint qu'il soit en ce office plus diligent que ou temps passé n'a esté, et qu'il se maintiegne telement qu'il puist franchement repranre et redarguer les autres qui mespranront, et maistre J. de Vailly, quart president, qui a fait le serment acoustumé.

Conseil, XIII (X^{1a} 1479), fol. 259 r°.

Lundi, xxj^e jour d'aoust.

Maistre Benoit Pidalet, procureur de maistre Robert Le Masson, s'oppose à ce que personne ne soit receue en l'office de maistre des Requestes de l'Ostel, que tenoit nagueres maistre J. de Corbye, evesque à present de Mande [1].

Mardi, xxij^e jour d'aoust.

Maistre Guillaume de Quaes s'oppose que nul ne soit receu maistre des Requestes de l'Ostel ou lieu de maistre J. de Corbye, sans le oïr.

---

1. Jean de Corbie, frère du chancelier Arnaud de Corbie et oncle de Philippe de Corbie, figure parmi les maîtres des Requêtes de l'Hôtel dès 1410; il fut appelé à l'évêché de Mende, en 1413, au lieu d'Héraud de Miremont, transféré au siège de Carcassonne, et eut pour successeur aux Requêtes de l'Hôtel Robert Le Maçon (cf. Blanchard, *Genealogies des maistres des Requestes de l'hostel*, p. 26).

Ce jour, a maistre Guillaume de Craon requiz estre receu en office de maistre des Requestes de l'Ostel du Roy, veu qu'il avoit lettres de don seellées, et si avoit fait le serment en la main du Chancellier. Et pour ce que les ordonnances pieça faictes et nagueres renouvellées et jurées en la presence du Roy tenans son lit de justice ceans portoient que offices royaulx et mesme où a judicature se doivent distribuer par election, et que plusieurs s'estoient opposé que ledit de Craon ne autre *contra se invicem, ipsis inauditis,* ne fussent receuz, la Court a appoincté que les parties seront oyes.

Maistre Jaques des Muchos, procureur et serviteur de maistre J. de Corbye, s'oppose que nul ne soit receu en son office de maistre des Requestes de l'Ostel sans le oïr.

Matinées, VII (X^{1a} 4789), fol. 503 v°, 506 r°, 507 r°.

Mercredi, xxiij° jour d'aoust.

Cedit jour, a esté le Chancellier ceans et a esté faicte election par voie de scrutine ou lieu de maistre J. Juvenel, nagueres advocat du Roy, et à present chancellier de Guienne[1], et a eu plus de voix de trop maistre Guillaume Le Tur, et pour ce m'a esté commandée sa lettre par monseigneur le Chancellier dessusdit[2].

Conseil, XIII (X^{1a} 1479), fol. 260 r°.

1. Jean Juvénal des Ursins, que le *Religieux de Saint-Denis,* t. V, p. 143, qualifie de personnage recommandable à la fois par son savoir, son éloquence et la noblesse de son origine, remplaça, comme chancelier du duc de Guyenne, Jean de Neelle.

2. Ce paragraphe a été reproduit par M. Douët d'Arcq dans son *Choix de pièces relatives au règne de Charles VI,* t. I, p. 366.

Messire Regnault d'Azincourt, chevalier, chambellan du Roy[1], s'oppose à ce que aucun ne soit receu en bailly de Gisors.

Matinées, VII (X¹ᵃ 4789), fol. 507 r°.

Samedi, xxvj⁰ jour d'aoust.

Cedit jour, maistre J. de Mailly, conseiller du Roy, s'est opposé à ce que nul ne soit receu en l'office de maistre des Requestes de l'Ostel que tenoit maistre J. de Corbye, sans le oïr.

Matinées, VII (X¹ᵃ 4789), fol. 507 r°.

Samedi, ij⁰ jour de septembre.

Cedit jour, se leva avant l'eure la Court, et d'icelle pluseurs des seigneurs alerent au mandement du Roy au Grant Conseil qui se tint en la Chambre vert en ce Palaiz, où furent presens le Roy nostre Sire, le roy Loiz de Sicile, son cousin germain, le duc de Guienne et Dauphin, ainsné filz du Roy, les ducs de Berry et d'Orleans, le conte d'Alençon, le duc de Bourbon, le conte de Vertus, le conte d'Eu, le duc de Bar, messire Loiz, duc en Baviere, le conte de Vendosme, le conte de Tancarville, le grant maistre de Rodes et pluseurs autres barons, seigneurs, chevaliers et escuiers, le recteur et pluseurs maistres de l'Université, les Prevost des Marchans et eschevins, et pluseurs bourgois de Paris et pluseurs prelas. Et après ce que ledit roy Loiz eust très bien et compendieusement recité le fait pourquoy l'avoit mandé le Roy, et aussy Orleans, Alençon, Bourbon, Vertus, Eu et

---

1. Regnaut d'Azincourt fut créé chevalier le 20 avril 1412, jour de la bataille de Saint-Rémy-du-Plain (cf. *Monstrelet,* t. II, p. 252).

autres dès avril, et les empeschemens qui depuiz estoient survenus par le fait de gens de petit estat et de petite condition demourans pour lors à Paris, et la cedule, dont le ij^e d'aoust derrien est faicte mention, considerée, et comment estoient venus en eulx offrant au bien du Roy et son honneur et le proufit de son royaume, et soy excusant de ce que n'estoient plus tost venus, le Roy leur fit jurer et à leurs officiers sur les Evangiles et la vraye croix la paix et la entretenir par la forme d'une cedule, dont la forme s'ensuit :

Vous promettez et jurez sur les Sains Evangiles de Dieu et sur la vraye croix et en parole de Roy, se Roy est, en parole de prince, et en tant que vous vous pourrés mesfaire envers le Roy et que vous amez nostre honneur et estat, que vous estes et serés d'ores en avant à tousjours bons et vraiz parens et amiz avecques mes autres seigneurs du sang royal, c'est assavoir, le roy de Sicile, messeigneurs de Guienne, de Berry, de Bourgoigne, d'Orleans, de Bourbon, d'Alençon, de Vertus, de Bar, et qu'il y aura, en tant qu'il vous touche sans aucune fraude ou malengin, bonne paix, amour et union entre vous et eulx et chascun, et en baillerés lettres quant requiz en serés.

Et les officiers jurerent d'entretenir et garder ladicte paix et empescher le contraire [1].

Conseil, XIII (X^{ia} 1479), fol. 262 v°.

Dimenche, iij^e jour de septembre.

Ce jour, J. d'Ormoy, escuier et bailli de Meaulx, s'est opposé à ce que aucun ne soit receu en office de bailli de Meaux, sans le oïr, et eslit son domicile en la maison de Guillaume des Prés, son procureur.

---

1. Le procès-verbal de cette prestation de serment exigée des princes du sang pour l'observation du traité de Pontoise figure au nombre des extraits donnés par D. Félibien (*Hist. de la ville de Paris,* t. IV, p. 558).

Lundi, iiij^e jour de septembre.

Guillaume de Droye, procureur de J. d'Aunoy, soy disant bailli de Chaumont, s'oppose à la publication, execution et enterinement de certeinnes lettres royaulx obtenues par messire Ferry de Chardoigne, chevalier, sur le fait dudit office.

Maistre J. Virgile, procureur de messire Gaucher du Chastel, s'oppose à l'execution, enterinement et verification de toutes lettres royaulx obtenues et à obtenir par messire Robert de Peletot, chevalier, et autres quelxconques sur le don de l'office de maistre des Eaues et des Forests es païz de France, Brie et Champaigne.

Matinées, VII (X^{ia} 4789), fol. 514 r°.

Mardi, v^e jour de septembre.

Cedit jour, le Roy nostre Sire, presens messeigneurs de son sanc, c'est assavoir, le roy de Sicile, les ducs de Guienne, ainsné filz du Roy, de Berry, son oncle, d'Orleans, son nepveu, et nagueres mary de la feu Royne d'Angleterre, fille du Roy, de Bourbon, les contes d'Alençon, de Vertus, d'Eu, le duc de Bar, les contes de Vendosme, de Marle, de Tancarville et pluseurs autres barons, chevaliers, escuiers et autres seigneurs, les arcevesques de Sens, de Bourges, evesque de Noion, les conseillers du Roy, tant de son Grant Conseil comme de Parlement, le recteur et pluseurs maistres de l'Université, le Prevost des Marchans et les eschevins, et pluseurs bourgoiz de Paris et grant foison pueple, tint son lit de justice en sa Chambre de Parlement, et par la bouche du Chancellier cassa, revoca, adnulla, abolit et mist du tout au

neant certeinnes lettres appellées edits, signées par
maistre Guillaume Barraut, lors secretaire du Roy,
qui s'estoit absenté[1], par lesquelles le Roy avoit
ordonné par lesdictes lettres qui avoient esté surrep-
ticement et obreptissement empetrées, et non deument
en Conseil et le Roy inadverti, que tous offices, mala-
deries, administrations ou capitennies qui avoient esté
données durans les broillis qui puiz iij ans ont esté en
ce royaume, que par avant tenoient ceulx qui estoient
avecques le duc d'Orleans, ou qui lui avoient esté
favorables, confortans ou aydans, ou s'estoient absen-
tez, et aucuns leurs demourassent, non obstant oppositions ou appellations. Et aussi cassa, adnulla, abolit,
revoca et du tout mist au neant, et comme nulles
declara certeinnes escriptures qui par maniere d'ordonnances avoient nagueres esté faictes par aucuns
commissaires, tant chevaliers que escuiers, confessor
et aumosnier du Roy, et ij des conseillers de ceans,
au pourchas d'aucuns de l'Université et de la ville de
Paris, et lesquelles par grant impression, tant de
gens d'armes de ceste ville que autrement, avoient
esté publiées en may derrien et leues en ladicte

1. Guillaume Barraut, l'un des chefs de la révolution cabochienne, fut compris parmi ceux qui se trouvèrent exclus de
l'abolition accordée aux Parisiens le 29 août 1413 ; il parvint à
s'échapper le jour même de la sortie en armes du Dauphin ; suivant le témoignage du *Religieux de Saint-Denis* (t. V, p. 145), le
duc de Guyenne regretta particulièrement qu'on eût laissé échapper maitre Guillaume Barraut, qui, malgré son titre de secrétaire
du roi, avait aidé de ses conseils les Cabochiens en toute circons-
tance et avait toujours expédié avec complaisance tous les actes
portant quelque concession en leur faveur. On le voit à la suite
du duc de Bourgogne contresigner, en qualité de secrétaire,
divers actes émanés de Jean sans Peur.

Chambre, le Roy aussy tenant son lit de justice, et pour ce que par ledit Chancellier fu proposé que sans auctorité deue et forme non gardée, sans les adviser et lire au Roy, ne en son Conseil, ne estre advisé par la Court de Parlement, mais soudainement et hativement avoient esté publiées et par avant tenues closes et seellés, et que ancor y avoit une clause à la fin par laquelle les commissaires dessusdiz se reservoient d'y povoir adjouster à leur adviz, et si y estoit blessée et diminuée l'auctorité du Roy et limitée, et le gouvernement de son hostel, de la Royne et dudit duc de Guienne, me furent baillées tant lesdictes lettres que ordonnances pour les dessirer en la presence du Roy, et les dessiray[1]. Et avecques ce furent cassées par la maniere dessusdicte certeinnes lettres appellées edict, signées par ledit Barrau, par lesquelles le Roy voloit ou avoit volu, mesme puiz l'accort passé à Aucerre entre le duc de Bourgoigne, d'une part, et d'Orleans et autres, que tous les heritages, chasteaulx, maisons, fiefs, rentes, etc., que tenoient ceulx qui tenoient ou avoient tenu le parti dudit duc d'Orleans, ou qui l'avoient favorisé, ou soy absenté de Paris, mesme pour la tuition et salvation de leur corps, qui avoient esté vendus, transportez ou baillés à aucuns pour recompenses de services ou remuneration de salaires, ou autrement, leur demourassent, non obstant oppo-

---

1. Le procès-verbal de lacération de l'ordonnance cabochienne, accomplie, conformément aux ordres du roi, par le greffier Nicolas de Baye, se trouve au nombre des textes recueillis par M. Paul Viollet pour servir à l'histoire politique des Parisiens au xve siècle (*Mémoires de la Société de l'Histoire de Paris et de l'Ile-de-France*, t. IV, p. 168).

sitions, appellations, mains mises, arrests, sentences
ou jugemens quelxconques, que le Roy mettoit au
neant, et pour ce qu'elles n'avoient onques esté passées en Grant Conseil, comme mesme lors le disoit le
Chancellier, qui pour lors estoit, et que de soy estoient
si iniques qu'il apparoit, furent par signe dessirées
par les dessusdiz, pour ce que l'en n'avoit pas l'original. Puiz fit le Roy publier et defendre que nul ne
injuriast ledit d'Orleans, ne aucuns de son costé, et
par especial de son sanc, car il les tenoit bons et
loyaulx, et que l'en ne injuriast nulx de leurs gens.
Aussy fit-il publier que le duc de Bar et Loiz, duc en
Baviere, frere de la Royne, et pluseurs autres chevaliers et gentilx hommes et autres qui avoient esté, les
aucuns emprisonnez, les autres banniz, estoient bons
et loyaulx, et les tenoit pour innocens[1].

Conseil, XIII (X^{1a} 1479), fol. 263 r°.

Mercredi, vj^e jour de septembre.

Michiel de Nogent, tuteur donné ou Chastellet de
Paris à Thomas Le Goiz, filz de feu Guillot Le Goiz, a
renuncié à la tutelle, ce jour, et à tout ce qui s'en puet
ensuir et en requiert lettre.

Estienne de Noviant, procureur de Guillaume de
Dommesnil, escuier, soy disant bailli de Chartres,
s'oppose à toutes fins à ce que Simon de Moranviller,
escuier, ne soit receu oudit office de bailli, ne que son
don sur ce soit enteriné.

Matinées, VII (X^{1a} 4789), fol. 514 v°.

---

1. Le procès-verbal du lit de justice tenu le 5 septembre par
Charles VI a été imprimé parmi les extraits de D. Félibien
(*Histoire de la ville de Paris*, t. IV, p. 558), et en appendice

Samedi, ixe jour de septembre.

Cedit jour, a esté ordonné que le decret adjugé au viconte des Quesnes à l'encontre de la dame de Mailly, selon l'arrest autre foiz fait et pronuncié ceans[1], ne sera baillé de cy à un mois audit viconte et pour cause, mais audit mois, se ladicte de Mailly n'a fourny le premier appoinctement, c'est assavoir, qu'elle ait assiz reaument et de fait ix^{xx} libvres de rente bien et convenablement à la dame d'Argonnes, et qu'elle ait baillié et miz reaument et de fait en la main de la Court la somme de xij^c xxxiij libvres tournois, ledit decret sera baillié audit viconte, et m'a commandé la Court, oudit cas, que je ly delivre, et si fors clost la Court icelle de Mailly de impetrations ou allegations quelxconques au contraire, et aussy ly denie toutes audiences qu'elle requerroit au contraire.

Conseil, XIII (X^{1a} 1479), fol. 265 r°.

Lundi, xj^e jour de septembre.

La Court, c'est à dire les presidens ont defendu à J. Pastoillart, escolier, qu'il ne mefface, ne ne mesdie à frere Fremin du Bosquet, à peinne de c mars d'argent.

après le texte de la grande ordonnance du 25 mars 1413, dans les *Ordonnances des rois de France,* t. X, p. 140.

1. Ce litige entre Marguerite de Mailly et Jeanne d'Argonnes durait depuis plusieurs années; un arrêt du 19 décembre 1411 avait renvoyé les parties aux Requêtes du Palais; le 27 juillet 1412, la Cour ordonna de procéder à la criée de certaines terres, et en adjugea, le 7 septembre 1413, le décret au vicomte des Quesnes; le 11 octobre suivant, délivrance fut faite au même vicomte du décret des douaires de la dame de Mailly criés à la requête de Jeanne d'Argonnes (Conseil, X^{1a} 1479, fol. 185 r°, 208 v°, 264 v°).

Mardi, xij^e jour de septembre.

J. Cadifer, procureur de messire Aymé de Choisel, chevalier, s'oppose et requiert estre oy à ce que J. d'Aunay, messire Ferry de Chardoigne ne autre ne soient receuz à l'office de bailli de Chaumont.

Ledit de Chardoigne s'oppose aussy que rien ne soit fait dudit bailly sans le oïr.

J. Gadifer, procureur de messire Phelippe de Cervole, chevalier, s'oppose que aucun ne soit receu en son office de bailli de Vitry, sans le oïr.

Mercredi, xiij^e jour de septembre.

Cedit jour, maistre J. Bailly, procureur de Ferry de Hangest, s'oppose à ce que aucun ne soit receu en bailli d'Amiens, sans le oïr.

Maistre Baude de Fiennes, procureur de Pierre de Mancreux, soy disant bailli de Senliz, s'oppose à ce que aucun ne soit receu en bailly de Senliz, sans le oïr.

Matinées, VII (X^{1a} 4789), fol. 514 v°.

Cedit jour, la Court, à la requeste du procureur du Roy, a reservé et reserve l'amende de iij^c libvres tournois en quoy a esté maistre Jaques Courre condempné, pour les procès touchant le procureur du Roy avancer et aussy pour les necessitez de la Chambre.

Conseil, XIII (X^{1a} 1479), fol. 265 v°.

Venredi, xve jour de septembre.

J. Solas, procureur de Charles de Brumes, soy disant bailly de Meleun, s'oppose que messire Anguerran de Marcoignet, ne autre, ne soit receu bailli de Meleun, sans le oïr.

Matinées, VII (X^{1a} 4789), fol. 514 v°.

Venredi, xxij[e] jour de septembre.

Ce jour, a esté maistre André Marchant[1], conseiller du Roy ceans lay, receu Prevost de Paris par vertu de l'election faicte de lui au Grant Conseil, comme l'en dit, et pour le bien de sa personne l'ont lesdis conseillers dessus nommez, en tant que besoin en seroit, esleu en ensuiant les ordonnances royaulx[2].

Et cedit jour, a esté esleu en la Chambre sans scrutine maistre Arnaut de Marle[3], filx de messire H. de Marle, nagueres premier president ceans et maintenant Chancellier de France, conseiller en la Chambre des Enquestes, ou lieu de maistre Oudart Baillet, qui a le lieu dudit Marchant en la Grant Chambre.

Conseil, XIII (X.^{1a} 1479), fol. 267 r°.

Lundi, xxve jour de septembre.

Ce jour, maistre Race Pannier s'est opposé, comme procureur de monseigneur le conte de Nevers[4], à ce

---

1. André Marchand, conseiller et non avocat au Parlement, ainsi qu'il est improprement qualifié par Monstrelet, remplaça comme prévôt de Paris le Borgne de la Heuse, et fut supplanté, en 1414, par Tanneguy du Châtel (cf. le *Journal d'un bourgeois de Paris,* p. 45, note 3).

2. Ce paragraphe a été reproduit par D. Félibien dans ses extraits des registres du Parlement (*Histoire de la ville de Paris,* t. IV, p. 559).

3. Arnaud de Marle, seigneur de Versigny, second fils du Chancelier, devint maître des Requêtes de l'Hôtel, en 1414, par suite de la résignation de son frère Jean, appelé à l'évêché de Coutances, suivit le Dauphin à Poitiers et continua l'exercice de ses fonctions jusqu'en 1444 ; il fut alors nommé président au Parlement et conserva ce poste jusqu'à sa mort, en 1456.

4. Philippe de Bourgogne, comte de Nevers, pourvu de la charge de grand chambrier de France après la mort du duc de Bourbon, par lettres du 29 août 1410, fut tué à la bataille d'Azincourt.

que certeinnes lettres presentées par monseigneur de Bourbon, ou son conseil, pour l'office de la Grant Chambererie de France ne soient enterinées.

Maistre J. Virgile, procureur du seigneur de Croy[1], s'oppose à ce que messire Robert de Bar, conte de Marle, et autre ne soit receu en l'office de Grant Bouteillier de France, sans le oïr.

Messire David de Brimeu, chevalier, s'oppose à ce que nul ne soit receu à l'office de concierge du Palaiz, sans le oïr[2].

Matinées, VII (X^{1a} 4789), fol. 515 r°.

Lundi, ij^e jour d'octobre.

Veues certeinnes lettres presentées par maistre Guillaume Marescot, qui nagaires avoit esté commiz à l'office de procureur du Roy ou Chastellet de Paris ou lieu de maistre Guillaume Lormoy[3], et pour consideration du contenu esdictes lettres, par lesquelles entre autres choses le Roy mandoit que l'en feist bailler par le procureur general du Roy ses lettres de substitution de procureur du Roy oudit Chastellet, et aussy oy ledit procureur general du Roy, attendue la maniere comment ledit Lormoy avoit eu et tenu ledit office :

1. Jean de Croy, seigneur de Renty, chambellan du Roi et du duc de Bourgogne, nommé grand bouteiller de France le 9 février 1412 au lieu et place de Waleran de Luxembourg, comte de Saint-Pol, resta sur le champ de bataille d'Azincourt.

2. David de Brimeu était en procès avec Jean Jouvenel pour cet office (V. les plaidoiries devant le Parlement en 1416, Matinées, X^{1a} 4791, fol. 22, 25).

3. Voir dans le *Journal d'un bourgeois de Paris,* p. 99, la note consacrée à Vincent Lormoy, qui, en 1418, fut appelé aux mêmes fonctions de procureur du roi au Châtelet.

Les presidens et conseillers du Roy dessus nommez ont obtemperé, en tant que leur touche, auxdictes lettres et enjoint et commende audit procureur general qu'il baille et delivre audit Marescot ses lettres de substitution de procureur du Roy oudit Chastellet, selon la teneur desdictes lettres.

Conseil, XIII (X^{1a} 1479), fol. 267 v°.

Venredi, vj^e jour d'octobre.

Sur la reception de Guillaume de Noiray en bailly de Meaulx, et de Simon de Maran en bailli de Chartres, par vertu de certeinnes lettres royaulx à eulx sur ce octroiées, et apportées par le seigneur de Torcy, messire Robert de Boissay et messire Colart de Calleville, chevaliers, conseillers et chambellans du Roy, lesquelx ont relaté et dit que le Roy et le duc de Guienne mandoient et commendoient que l'en receust lesdiz Guillaume et Simon esdis office de bailly : appoinctié est qu'il sera escript sur les lettres desdiz bailliz et chascun d'eulx : *Talis, etc., de mandato Regis receptus fuit per presidentes, ac solitum prestitit juramentum.* Et ou registre de la Court sera mis que lesdiz baillyz sont receuz du commendement du Roy rapporté par lesdiz chevaliers.

Item, cedit jour, a esté prise et baillée à Pierre Belle, huissier de Parlement, pour les busches, nates et autres neccessitez de la Court, une amende de lx libvres, en quoy J. de Chateaubriant avoit esté condempné par arrest le xxix de juillet derrien passé[1],

1. Jean de Châteaubriand, seigneur de Léon, avait interjeté appel de certains « exploits et griefs » à lui faits par Perrot Hostes, sergent royal au bailliage de Touraine, à la requête et au

pronuncié à l'encontre de Perrot Bourreleau, laquelle amende estoit es mains de maistre J. Pingué, procureur dudit Jehan, et a esté commendé que ledit Pingué et Chatelbriain en ayent quictance et descharge de par la Court, ou copie du registre qui leur vaudra quictance.

Conseil, XIII (X¹ᵃ 1479), fol. 267 v°.

Mercredi, xjᵉ jour de ce moiz d'octobre.

Fu commendé par messʳˢ les presidens delivrance estre faicte au sʳ des Quesnes du decret des douaires de madame Marguerite de Mailly, criez à la requeste de madame Jehanne d'Argones, attendu que ladicte de Mailly n'avoit pas fourny l'appoinctement de la Court fait et pronuncié le ixᵉ de septembre derrien passé.

Conseil, XIII (X¹ᵃ 1479), fol. 268 r°.

Jehan Pescheur, artilleur et varlet de chambre du duc de Berry, s'oppose que aucune delivrance ou institution ne soit faicte à Mahiet de Beauvais, Estienne Lambin, ne à autre, de l'office de maistre et garde de l'artillerie du Roy nostre Sire jusques à ce qu'il soit discuté de certaine cause d'appel fait ceans par ledit Mahiet contre ledit Pescheur pour raison dudit office, ou au moins jusques à ce que icelui Pescheur soit oy.

Matinées, VII (X¹ᵃ 4789), fol. 515 v°.

Samedi, xiiijᵉ jour d'octobre.

Ce jour, maistre Mahieu du Bos, conseiller du Roy, s'est opposé à ce que aucun ne soit receu en office de

profit de Perrot Bourreleau (Parlement, Amendes, X¹ᵃ 8853, fol. 196).

maistre des Requestes de l'Ostel du Roy, ou lieu de maistre Jehan de Corbye, sans le oïr.

Venredi, xxe jour d'octobre.

Ce jour, à la requeste du duc de Berry, a esté donné congié à maistre Jehan Rabateau, son procureur, d'aler et demourer hors Paris, pour les besoignes dudit duc, jusques au lendemain de la S. Martin, et sont les causes dont ledit Rabateau est chargiez especialment en la Court de ceans continuées en estat jusques lors.

Ce jour, messire Charles de Chasteillon, chevalier, seigneur de Sorvilliers, a esté donné curateur à la personne, biens et causes de messire Jehan, seigneur de Chasteillon, chevalier, son oncle, en la presence de messire Jehan de Roucy, evesque de Laon, de messire Girart de Montagu, evesque de Paris, de messire Jaques de Chasteillon, chevalier, seigneur de Dampierre et admiral de France, messire Robert de Chasteillon, s^r de Douy, messire Charles de Chasteillon, s^r de Bonneil, de messire Pierre de Norry et de maistre Guillaume de Chasteillon, parens et amis charnelz dudit messire Jehan de Chasteillon, et lesquelx ont esleu et nommé ledit curateur, pourveu toutevoies que icelui messire Charles, jusques à ce qu'il aura xxx ans, ne pourra vendre, obliger, engager, aliener, ne transporter en autruy main aucunes des terres, heritages, seigneuries et possessions ou autres biens immeubles appartenans audit messire Jehan et à ladite curation, ne transiger ou accorder en quelque maniere que ce soit, sans le conseil et consentement des dessus nommez evesques de Laon et de Paris, et desdiz messire

Robert de Chasteillon et Charles de Chasteillon, seigneur de Bonneil, ou des deux d'iceulx. Et a fait ledit
curateur le serement acoustumé.

Jeudi, xxvj⁰ jour d'octobre.

Jehan Aurillet, procureur de messire Anthoine de
Craon, chevalier, s'oppose oudit nom à ce que aucun
ne soit mis et receu ne institué en l'office de Grant
Panetier de France, sans appeller et oïr ledit chevalier.

Matinées, VII (X¹ᵃ 4789), fol. 515 v°, 516 r°.

Venredi, xxvij⁰ jour d'octobre.

Pour adviser à ce que la paix d'entre les seigneurs
de France s'entretieigne, et aussi à la paix, union et
seurté de la ville de Paris, furent au Conseil, en la
Tournelle criminelle, maistres R. Mauger, S. de Nanterre, P. Le Fevre, J. de Vailly, presidens, m. P. de
l'Esclat, m. J. Garitel (et trente autres conseillers).
Et furent leuz les tractiez d'Aucerre et de Pontoise, et
enjoingni le president que chascun pensast aux choses
dessusdictes, et lundi en deissent.

Lundi, xxx⁰ jour d'octobre.

Cedit jour, ne fu point conclu sur ce que dit est.

Mardi, derrien jour d'octobre.

Furent au Conseil en la Chambre des Enquestes
maistres R. Mauger, S. de Nanterre, P. Le Fevre,
presidens, Ja. du Gard, R. de Sens, J. Girart, O. Baillet, Q. Massue, A. de Baudriboz, G. de Gy, J. Vivien,
N. Potin, A. de Cambray, P. Buffiere, R. Rabay,
E. Geffron, Ja. Gelu, J. de Vitry, J. Johan, G. de
Senz, G. Laillier, G. Ponce, Q. de Moy, G. de Celsoy,

A. de Marle, R. de Peyrusse, T. Tiessart, G. de Villers. Et fu conclu et advisié ce qui s'ensuit :

L'advis de la Court[1] sur les deux poins proposez par monseigneur le chancelier de Guienne à messeigneurs de Parlement, en la presence du roy de Sicile, et de pluseurs de son Conseil, du Chancelier, de monseigneur le duc de Berry et d'autres, est tel :

C'est assavoir, que nosseigneurs du sang de France voient et facent veoir diligemment par leurs consaulx les traictiez de la paix faiz à Aucerre et à Pontoise, lesquelz ont depuis esté jurez par yceulz seigneurs et leurs conseilliers principaulx, et que yceulz traictiez, selon leur forme et teneur, soient bien tenuz, acompliz et gardez, et que se lesdiz conseillers voient ou scevent que lesdiz seigneurs ou aucun d'eulz facent ou weillent fere aucune chose au contraire d'iceulz traictiez ou de partie d'iceulz, qu'ilz en advertissent lesdiz seigneurs, et de leurs diz seremens qu'ilz ont fait de les tenir et garder, et de non venir ne fere au contraire.

Item, que tous les bailliz, seneschaulx, maieurs, prevostz, eschevins, consulz, capitoulz et communes du royaume jurent et facent jurer à tous chevaliers, escuiers, vassaulx, fievez et notables bourgois des villes de tenir et garder ladicte paix et lesdiz traictiez sans enfraindre, et qu'ilz ne seuffrent fere assemblées de gens d'armes en leurs povoirs, se ce n'est du mandement du Roy et par lettres patentes passées en son Grant Conseil, et que les noms et seurnoms de touz ceulz qui auront faiz lesdiz seremens soient enregis-

____

1. L'avis de la Cour n'est pas de la main du greffier N. de Baye.

trez par personne ou personnes publiques, et mis et escriptz soubz seaulx autentiques, et envoiez le plus tost que fere se pourra bonnement par devers le chancelier de France, pour mettre lesdictes escriptures ou Tresor du Roy, ou ailleurs, où il sera advisé par son Conseil.

Item, lesdiz bailliz, seneschaulx, maieurs, prevostz, eschevins, consulz, capitoulz et communes ayans justice punissent bien et rigoreusement tous les subgez troublans ladicte paix ou murmurans, et parlans et faisans choses qui pourroient estre cause, occasion ou couleur de la turbation d'icelle paix, et que à tous ceulx qui justement et sans fraude leur denonceront les turbateurs d'icelle paix baillent et distribuent, ou facent bailler et delivrer la tierce partie des amendes et proufiz en quoy yceulz turbateurs seront par eulz condempnez.

Item, qu'ilz amonestent tous les prelaz et juges ecclesiastiques de fere tenir et garder par leurs subgez ladicte paix et lesdiz traictiez, et que les turbateurs ou violateurs d'icelle paix ilz punissent par la censure de l'Eglise.

Item, quant à la seurté de la bonne ville de Paris et d'environ, que bons quarteniers, cinquanteniers et dizeniers soient mis par yceulx à qui il appartient, qui bien et diligemment advisent que nulles assemblées ne commotions ne soient faictes en ladicte ville ne environ, et que tantost qu'ilz en sauront ou pourront savoir ou sentir aucune chose, qu'ilz le denoncent au Prevost de Paris, à ses lieux tenens et ailleurs où il appartendra, et sur toutes les peines qu'ilz pourroient encourir envers le Roy et justice.

Item, que le Prevost de Paris commette et ordene

xxx ou xl bons sergens et seurs qui se transportent souvent par la ville et es tavernes et autres lieux pour oïr, enquerir, sercher et oriller s'ilz trouveront ou sauront aucuns murmurans, detraihens, disans ou faisans aucunes choses qui puissent estre cause de la turbation de ladicte paix, et qu'ilz les denoncent, par leurs seremens et sur toutes les peines qu'ilz pourroient encourir envers le Roy et justice, audit Prevost ou à ses lieuxtenans et autres qu'il appartiendra[1].

Conseil, XIII (X^{ia} 1479), fol. 268 r°.

Mercredi, viij^e jour de novembre.

Furent au Conseil, en la Chambre des Enquestes :

Le Chancellier ;	M. G. Chanteprime ;
M. R. Mauger ⎫	M. R. Le Sage ;
M. P. Le Fevre ⎭ presidens ;	M. R. Le Masson ;
L'evesque de Noion ;	Le seigneur de Torcy ;
Le chancellier d'Orleans ;	Messire N. de Calleville ;
Le chancellier de Guienne ;	M. N. d'Orgemont ;
M. P. de l'Esclat ;	(Et quarante deux con-
M. J. de Marle ;	seillers).

1. Après la chute de la domination cabochienne, le parti vainqueur exerça un pouvoir despotique dans Paris ; on voit par *Monstrelet* (t. II, p. 412) et par la *Chronique des Cordeliers* (*Monstrelet,* t. VI, p. 219) que les ducs de Berry et d'Orléans, entourés de leurs partisans, gouvernaient à leur guise et annihilaient complètement le Roi et le duc de Guyenne. « Si faloit, rapporte Monstrelet, que ceulx qui estoient demourez dedens la ville de Paris baissassent les testes et oyssent plusieurs paroles qui pas ne leur estoient plaisans. » Le Bourgeois de Paris, dans son *Journal,* p. 46, dit que tous les officiers institués par le duc de Bourgogne furent remplacés, « personne, tant fust grand, n'osoit de lui parler, qu'il ne fust tantost prins et mis en diverses prinsons, ou mis à grant finance ou banni. » Malgré ce système de compres-

Le Chancellier a requiz les dessusdiz qu'il conseillassent le Roy sur le contenu es lettres dont la teneur s'ensuient, et advisassent en leurs consciences pour l'onneur et prouffit de son royaume qu'il avoit à faire; car le Pape ne pourvoioit point aux notables hommes de son royaume des prelatures ne des notables benefices de ce royaume, mais les bailloit à ceulx qui plus avoient d'argent et telement que comme à l'inquant se bailloient lesdictes prelatures et notables benefices, et par ce se widoit l'or de ce royaume, en tant que, puiz iiij ou v ans, l'en trouvoit que l'en avoit porté hors ce royaume à Court de Romme bien xxx cent mil escus qui valent iij milions. Et la deliberation faicte sur ladicte lettre qui cy après s'ensuit, et l'adviz conseillié seroit reporté au Roy pour en ordonner ce qui sembleroit à faire.

Tenor littere sequitur :

Charles, par la grace de Dieu Roy de France, à nostre amé et feal Chancellier, et à noz amez et feaulx conseillers, les presidens et autres gens de nostre Parlement, ycelui non seant, et qui tendront noz Parlemens avenir, salut et dilection. Nostre procureur general en la Court de nostredit Parlement nous a exposé que, combien que par ordenances solennelment faictes par le clergié de noz royaume et Daulphiné de Viennois, confermées par nous, il ait esté ordené entre autres choses, que quant aucuns benefices electifz vacqueroient en noz diz royaume et Daulphiné, que l'en y pourverroit de personnes ydoines par voye d'election par ceulz à qui de raison et de droit, ou par coustumes ou usages, l'election d'iceulz appartenoit, et que les ordinaires ausquelz la confirmation d'icelles elections appar-

sion, le parti bourguignon conserva de puissantes attaches à Paris; d'après la Chronique des Cordeliers, « ceulx du quartier des Halles demourerent tousjours bourguignon couvertement, mais ilz n'en oserent faire samblant. »

tendroit procederoient à la confirmation ou cassation d'icelles, non obstans reservations quelzconques, et aussi que toutes exactions de pecunes cesseroient. Neantmoins aucuns arcevesques et evesques et autres de noz diz royaume et Daulphiné, ausquelz la confirmation d'iceulz benefices qui ont vacqué et ausquelz l'en a pourveu par election deuement faicte, ont esté et sont chascun jour contredisans, reffusans ou delayans de proceder à la confirmation d'icelles, soubz umbre de certaines reservations que l'en dit avoir esté faictes d'iceulz benefices par nostre Saint Pere, ou autrement. Et en oultre, à cause d'iceulz benefices et autrement, pour occasion de certaines promotions qui en ont esté et sont faictes, pluseurs grandes et excessives finances ont esté et sont de jour en jour transportées et widées de noz diz royaume et Daulphiné, qui est en venant directement contre lesdictes ordenances et ou grant prejudice, dommage irreparable et desolation de noz diz royaume et Daulphiné, de la chose publique et des eglises d'iceulz estans de fondation royal et autres, et seroit plus, se par nous n'estoit sur ce pourveu de remede convenable. Pour ce est-il que nous, ces choses considerées, vous mandons et expressement enjoingnons par ces presentes que, reprises et veues par vous lesdictes ordenances et confirmations, appelez avec vous des gens de nostre Grant Conseil, tant et en tel nombre que bon vous semblera, vous en voz consciences advisez et deliberez au bien de nous et de nos diz royaume et Daulphiné, et au plus tost que fere se pourra, ce que nous avons à fere sur ce que dit est, et sur tout le contenu en ycelles ordenances, et les voyes et manieres que nous avons à tenir pour pourveoir et obvier aux dommages dessusdiz, et ce que par vous ainsi deliberé et advisié sera, nous rapportez, pour au seurplus y pourveoir comme il appartendra par raison. Donné à Paris, le xxve jour d'octobre, l'an de grace mil CCCC et treze, et de nostre regne le xxxiiij^e.

Ainsi signé : Par le Roy en son Conseil (où) le roy de Sicile, messeigneurs les ducs d'Orleans et de Bar, l'arcevesque de Sens, les evesques de Laon et de Noyon, le chancelier de Guienne et pluseurs autres estoient[1].

P. NANTRON.

Non est conclusum.

1. La teneur de ces lettres a été transcrite par une autre main

Jeudi, ixe jour de novembre.

A conseiller sur ladicte matiere, n'a pas esté conclu.

Venredi, x^e jour de novembre.

Furent au Conseil, *ut et ubi prius et super quo supra.*
Le Chancellier, etc.

Les gens du Conseil du Roy nostre Sire assemblez
en la Chambre des Enquestes de Parlement pour conseiller le Roy sur certain mandement à eulz envoié
sur l'execution des ordenances royaulx touchans la
provision des benefices electifz, et aussi les finances
que l'en porte hors de ce royaume, de jour en jour, en
Court de Romme, dont mention est faicte en ce present registre du viij^e de ce mois, attendue mesme la
requeste faicte par les Prevostz et eschevins de Paris
dès ledit viij^e en la Chambre des Enquestes, sur la
provision et remede des pecunes de ce royaume qui
se widens hors de ce royaume, et que l'en portoit en
Court de Romme, de jour en jour, comme dit est, con-
seillent au Roy nostredit Seigneur qu'il face mettre à
execution lesdictes ordenances royaulx au regard de
la reduction des franchises et libertez de l'Eglise de
France et du Daulphiné, quant aux benefices electifz et
non cheans en graces communes et expectatives. Et
quant ausdictes finances, pour y pourveoir plus especialment, soient appelez dix ou douze preudommes
et expers en tele matiere qui advisient aucun bon
remede, et le reportent au Conseil. Et avec ce soient
faictes defenses les plus grans que l'en pourra, et
publiées solennelment par tout le royaume, que nul ne

que celle du greffier, ainsi que la délibération prise le 10 novembre
suivant.

soit si hardy de transporter, ne faire transporter par lettres, bullettes, obligations ne autrement, en quelque maniere, or ne argent, à occasion desdiz benefices electifz, hors du royaume, à peine de le perdre, ou autant qui sera prins sur le temporel de celui ou ceulz qui transporteront ladicte finance. Et oultre soient ordenez es pors et passages diligens explorateurs qui aient povoir d'executer ceste ordenance. Et avec ce soit defendu et publié que nul marchant, ne changeur, ne autre ne preste argent, ne ne delivre ou face delivrer finance pour les causes dessusdictes par lettres, bullettes, obligacions, ne autrement, en quelque maniere, sur peine de le perdre. Et aussi soit publié que quiconques denoncera ceulx qui telz finances transporteront par lettres, bullettes, obligacions ou autrement, en quelque maniere, aura le quart de la somme transportée par lui denoncée.

*Lecta in Curia, xx*ᵃ *decembris CCCC XIII°.*

Conseil, XIII (Xᶦᵃ 1479), fol. 272 rᵒ.

Lundi, xiij° jour de novembre mil CCCC XIII.

Messire Henry de Marle, chancellier de France, nagueres premier president, tint le Parlement, presens les evesques de Noyon, de Meaulx, l'abbé de S. Deniz, les iiij presidens de ceans, les maistres des Requestes, les maistres dudit Parlement des iij Chambres. Et print pour theme : *Evigilate et nolite peccare. Prima ad Corinthios*, xvᵒ, et le deduisy assez brief en disant que l'en avoit sommeillié ou dormi à faire justice, parce que l'en ne la povoit bonnement faire pour les empeschemens qui avoient esté par avant pour les guerres, noises et divisions qui en ce royaume avoient esté. Et pour ce que nagueres avoit esté faicte paix entre les seigneurs qui entr'eulx avoient divisions, estoit temps de soy eveiller à faire justice et soy garder de faillir contre conscience et contre son honneur, et eschever trop grant familiarité envers les uns, tenir et garder les secrez, se maintenir honnestement et en gravité convenable à l'estat de ceans.

Cedit jour, pour ce que les iiij notaires royaulx, qui servent le Roy en Parlement pour l'ayde et subside du graphier[1], avoient, puiz ij ans en ça, fait pluseurs fautes ceans en leur office, car l'un servoit aucune foiz au Grant Conseil et estoit au duc de Guienne, aussy l'autre avoit prins charge du registre de certains commissaires qui, puiz un an en ça, avoient esté ordonné à cognoistre d'aucuns que l'en disoit avoir contre l'onneur du Roy favorisé le duc d'Orleans et ceulx de sa partie, desquelx pluseurs avoient esté decapitez ou temps desdictes divisions, l'autre estoit si vieil et si foible qu'il ne se povoit ayder ne ne povoit servir, le Chancellier leur a commendé qu'il facent leur devoir ceans, autrement il y pourverra d'autres. Et quant à cellui qui est vieil et imbecille, il metra un en son lieu ou l'en ly metra.

S'ensuient les noms des cent personnes qui au jour d'ui font le Parlement du Roy nostre Sire.....

Conseil, XIII (X^{ia} 1479), fol. 276 r°.

Mardi, xiiij^e jour de novembre.

Maistre J. Luillier s'oppose à ce que maistre Jaques

---

1. Les quatre notaires royaux attachés au Parlement qui figurent à la fin de l'état des membres du Parlement, après les trois greffiers, sont Ponce de Disy, Jean Milet, Jacques Philippe et Gilles des Champs.

du Gard ne soit receu en la Grant Chambre de Parlement, par lettre, ne autrement, sans le oïr.

Matinées, VIII (X^{1a} 4790), fol. 2 v°.

Venredi, xvij^e jour de novembre.

Ce jour, a commiz la Court maistre R. Rabay, J. de Longueil, B. Quentin, P. Buffiere et R. de Sens, conseillers du Roy nostre Sire ceans, à executer ou faire executer certain arrest obtenu ceans pour la marchandie de poisson de mer à Paris, ou rapporter à la Court.

Conseil, XIII (X^{1a} 1479), fol. 277 v°.

Samedi, xviij^e jour de novembre.

Maistre J. Roussel, ou nom et comme procureur de mons^r Loiz, duc en Baviere, appelle des gens des Comptes de certeinne expedition, executoire ou commission et autres griefs à declarer, de nouvel venus à sa cognoiscence, faiz par lesdiz gens des Comptes en son prejudice, et autrement, au proufit, pourchas, requeste ou instance de Charles de Montagu et autres.

Matinées, VIII (X^{1a} 4790), fol. 3 v°.

Lundi, xxe jour de novembre.

Au jour d'ui, j'ay signé par le commandement de monseigneur le Chancellier, ou au moins par son mandement à moy fait par maistre Pierre de l'Esclat, maistre des Requestes du Palaiz (*sic*), des juedi derrien passé, et à plus grant certeinneté par mon clerc J. Hutin, lequel j'avoie envoié dès venredi derrien passé pour ceste cause audit monseigneur le Chancellier, certeinnes lettres de restitution de l'onneur de monseigneur le conte d'Alençon, lesquelles je refusoie à signer, pour ce qu'il estoit nommé devant monseigneur de Bourbon, lequel estoit nommé devant ledit Alençon en pluseurs autres, semblables en substance, par moy signées[1]. Et pour ce que lesdis ij seigneurs contendent de ladicte prioration ou posteration, et que pour appaiser l'un et l'autre, *vicissitudine*, l'un siet avant l'autre au Conseil et *econtra*, et que l'en voloit envoier lesdictes lettres que je refusoie à signer au païz d'Alençon, où ledit d'Alençon ne voloit souffrir estre nommé après ledit de Bourbon, et de mon refus a esté plaincte au Grant Conseil, ouquel monseigneur le duc de Berry, pere de madame de Bourbon, femme dudit de Bourbon, dist ou fist dire à mondit seigneur le Chancellier qu'il me commendast ou mendast que je signasse lesdictes lettres, en proposant ledit d'Alençon audit de Bourbon quant auxdictes lettres qui estoient iij en nombre seulement. Lesquelles choses m'a relaté mondit clerc de par mondit seigneur le Chancellier.

Matinées, VIII (X^{ia} 4790), fol. 4 v°.

Venredi, xxiiij^e jour de novembre.

Furent au Conseil monseigneur le Chancellier, maistres R. Mauger, S. de Nanterre et maistre J. de Vailly, presidens, et les autres seigneurs laiz de la Court, et maistres des Requestes de l'Ostel, sur procès crimineulx[2]. *A Bosco.*

Conseil, XIII (X^{ia} 1479), fol. 278 r°.

1. En effet, dans les lettres rendues au lit de justice du 5 septembre 1413, qui révoquaient et annulaient tous actes chargeant l'honneur du duc de Berry et des autres princes du parti d'Orléans, Jean de Bourbon est nommé avant Jean d'Alençon (cf. le *Religieux de Saint-Denis*, t. V, p. 187).

2. Aucune affaire criminelle n'est indiquée à cette date dans le registre.

Venredi, xxixe jour de decembre.

Cedit jour, a esté faicte election par voie de scrutine pour le lieu de maistre J. Perier, advocat du Roy[1], clerc, et a esté esleu maistre André Cotin[2], arcediacre d'Angiers et advocat ceans.

> Conseil, XIII (X[1a] 1479), fol. 280 v°.

Ce jour, messire Guillaume, seigneur de Pomeux, chevalier, a esté receu en seneschal de Bigorre, pourveu que s'aucun se welt opposer, sera oy à ce que voudra dire, et ly fera la Court raison.

> Matinées, VIII (X[1a] 4790), fol. 21 r°.

1414.

Jeudi, xxve jour de janvier.

Messire Françoiz de Grignolz, chevalier, a esté par vertu de certeinnes lettres royaulx receu en office de gouverneur de La Rochelle, sauf l'opposition faicte à ce par le procureur du s[r] de Helly à ladicte reception et sans le prejudice d'icelle, et a fait le serement acoustumé.

Samedi, xxvij[e] jour de janvier.

J. Soulas, procureur de messire Jaques de Chas-

---

1. Jean Périer fit son testament le 17 décembre 1413 ; ce document figure parmi les testaments compris dans le n° 1161 de la coll. Moreau, fol. 727 v°. Ses obsèques eurent lieu le jeudi 4 février, comme mention en est faite au registre des Matinées (X[1a] 4790), fol. 23 v°.

2. André Cotin, que nous voyons plaider dans une affaire criminelle le 27 novembre, fit partie d'une députation de la Cour envoyée, en novembre 1415, auprès de Charles VI pour appeler son attention sur les dangers que courait le royaume (X[1a] 1480, fol. 37).

tillon, admiral de France, s'oppose à ce que messire Pierre de Breban, dit Clignet, ne autre ne soit mis et institué en possession et saisine dudit office, ne qu'il en joïsse, sans oïr ledit messire Jaques.

Matinées, VIII (X^{1a} 4790), fol. 35 v°, 36 r°.

Lundi, xxixe jour de janvier.

Ce jour, n'a pas esté plaidié, pour ce que ij des presidens et pluseurs autres de messeigneurs ont esté huy et hier assemblez en la Tournelle criminelle pour adviser instructions et ambaxateurs pour envoier devers monseigneur le duc de Bourgoigne, sur certeinnes entreprises que l'en disoit faictes sur les tractiez de la paix entre les seigneurs du sanc royal, et pour ce l'en se doubtoit d'assemblées de gens d'armes.

Mercredi, derrien jour de janvier.

Cedit jour, furent conseillez certains adviz et instructions pour envoier devers le duc de Bourgoigne, que l'en disoit en armes venir à Paris[1].

Conseil, XLII (X^{1a} 1479), fol. 283 v°, 284 r°.

Lundi, v^e jour de fevrier.

Ce jour, après ce que l'en avoit plaidé une cause au

---

1. Juvénal des Ursins (p. 491) rapporte, dans sa chronique, que le Roi et le Dauphin, fort mécontents d'apprendre l'envoi par le duc de Bourgogne aux bonnes villes du royaume d'une lettre en date du 14 janvier, au sujet de la prétendue captivité du Dauphin au Louvre, et voyant bien que « led. duc ne vouloit tendre qu'à sedition et commotion de peuple, escrivirent aux mêmes bonnes villes lettres au contraire, » pour déclarer qu'ils n'entendaient point que le duc de Bourgogne vînt à Paris. On peut lire dans Monstrelet (t. II, p. 425) le texte des lettres adressées, le 23 janvier, par le Dauphin au duc de Bourgogne, faisant défenses d'assembler des gens de guerre pour se rendre à Paris, défenses qui durent lui être transmises par un huissier du Parlement.

graiphe criminel, s'est levée la Court pour adviser sur ce que le Chancellier avoit mandé de par le Roy à nosseigneurs de son sanc par maistre Pierre de Nantron, notaire et secretaire du Roy, que les seigneurs et autres officiers de ceans et les advocas et procureurs fussent demain en la court de S. Magloire, montez bien et competemment et habillez, et aussi accompaigniez de varlès armez pour accompaigner ledit Chancellier à aler par la ville de Paris, afin de tenir les bonnes gens et habitans de Paris en union et seurté, et leur donner bon courage envers le Roy pour obvier, se besoin estoit, au duc de Bourgoigne, qui, comme l'en disoit, approchoit Paris[1] à grant nombre de gens d'armes contre les defenses du Roy. Et a fait la Court issir tous ceulx qui estoient en la Chambre de Parlement, hors les procureurs et advocas dessusdis, pour leur exposer ce que dit est. Et a esté advisé que l'en iroit devers le Chancellier après disner, et y ont esté ordonnez maistre Simon de Nanterre, president, J. de Vitry et B. Quantin, pour plus avant savoir l'entention des seigneurs sur ce que dit est. Et après disner a esté advisié, oy ledit monseigneur le Chancellier, que quant à la Court de ceans, attendu qu'elle estoit de justice, et n'avoient pas les seigneurs acoustumé d'aler armez, ne de chevaucher par ville, sinon sur mules à venir au Palaiz, qu'il suffisoit que x ou xij d'eulx fussent demain avec le Chancellier à une heure après midi, montez et habillez, comme dit est, et les

---

1. Effectivement, Jean sans Peur, précédé de son frère le comte de Nevers, s'avançait vers Paris et, après avoir passé à Roye, Compiègne et sous les murs de Senlis, fit son entrée à Saint-Denis le 7 février (cf. le *Bourgeois de Paris,* p. 47, note 2).

advocas et procureurs qui miex pourroient. Et depuiz, pour ce que ceulx que la Court eslisoit entre les presidens et seigneurs ont ressoigné à soy habiller et faire ce que dit est, ay esté ordonné à aler devers ledit Chancellier et ly dire que attendu que, comme lesdis seigneurs de ceans ne fussent pas habiles à armes porter ne soy mettre en autre estat que selon leur profession, et qu'il n'avoient communement pour eulx chevaucher que mules, et sambleroit chose estrange d'aler par ville, comme dit est, attenduz leur estas et profession, ne leur sembloit pas bon de aler où et par la maniere que dit est, mais ilz envoieront volentiers varlez habillez à faire le miex que pourroient, ce que, cedit jour au soir, je diz audit Chancellier, qui respondi que ce diroit à nosseigneurs de France, s'il en parloient, et que de par Dieu fust.

Mardi, vj^e jour de fevrier.

Ne fu pas plaidié, pour ce que la Court, sur la response hier faicte à moy envoié devers lui de par icelle Court, a advisé que miex estoit, tout consideré, que l'en alast accompaigner le Chancellier à l'eure dessusdicte et par la maniere qu'avoit mandée, et que mesme pluseurs gens d'eglise, bourgoiz et autres de divers estas estoient alez dimenche derrien par la ville, montez et armez, ou leurs gens, avecques monseigneur le Dauphin qui avoit chevauchié, lui et nosseigneurs de France avecques lui et leurs gens armez[1], et aussy

1. D'après le *Religieux de Saint-Denis* (t. V, p. 239), le Dauphin se rendit, le 4 février, à la place de Grève, revêtu d'une brillante armure et escorté des princes ses parents, de seigneurs et bourgeois armés de pied en cap, et, là, fit donner lecture à haute voix

attendue la volenté desdis seigneurs et leur plaisir et le mandement dudit Chancellier. Si sont alez lesdiz seigneurs de ceans, procureurs, advocas et notaires du Roy, montez et armés pour la plus grant partie, cedit jour, par la ville avecques ledit monseigneur le Chancellier, et aussy pareillement ont fait les seigneurs de la Chambre des Comptes à la fin dessus dit.

Matinées, VIII (X^{1a} 4790), fol. 38 r°.

Venredi, ixe jour de fevrier.

Cedit jour, sont venuz en la Court le seigneur de Torcy et messire Colart de Calleville, chevaliers, et ont dit de par le Roy et nosseigneurs de France et le Conseil que, dimenche après disner, les presidens et seigneurs de ceans, notaires du Roy et secretaires, advocas et procureurs aussy de ceans fussent avecques le Chancellier, montez et armez honestement et suffisamment, pour accompaigner ledit Chancellier à aler par la ville de Paris, à la tenir en seurté et monstrer exemple de diligence pour garder la ville. Et pour ce qu'il fu question se ledit Chancellier leveroit ou porte-

---

par son chancelier, Jean Juvénal, des lettres qu'il avait adressées au duc de Bourgogne en réponse à son manifeste. Ensuite le Dauphin et tous les assistants, par une prestation de serment solennelle, ratifièrent le contenu de ces lettres et parcoururent les rues et carrefours. On voit par Monstrelet (t. II, p. 421) que cette troupe était divisée en deux corps, l'avant-garde sous les ordres des comtes de Vertus, d'Eu et de Richemont, au centre les ducs de Guyenne et d'Orléans, et l'arrière-garde commandée par Bernard d'Armagnac, Louis Bourdon et J. de Gaule. Le Dauphin prit à cette occasion toutes les mesures de défense que commandait la situation, ordonnant aux bourgeois de faire à tour de rôle le guet jour et nuit, et aux ducs et princes du sang royal de contenir le peuple par un déploiement de forces militaires, pour éviter toute émeute à l'approche du duc de Bourgogne.

roit estandart par la ville, a esté dit et advisié et conseillié que non.

Samedi, x^e jour de fevrier.

Cedit jour, s'est levée la Court environ entre viij et ix heures et partie de ceans, pour ce que le duc de Bourgoigne, qui estoit venu puiz un po à Saint Deniz à grant effort de gens d'armes[1], estoit venu à tout ses gens d'armes devant Paris, et estoit arrivé entre Chaluiau et Montmartre, comme en bataille. Et disoit l'en que les coureux de son ost avoient couru jusques ou marchié des Pourceaulx, nonobstant les defenses à lui par pluseurs foiz faictes de par le Roy qu'il ne venist à gens d'armes, dont la ville a esté toute effraiée[2].

Conseil, XIII (X^{1a} 1479), fol. 284 v°, 285 r°.

Cedit jour, environ ix heures avant disner, se sont les seigneurs de la Court levez et partiz de la Chambre, pour ce que l'en a rapporté que le duc de Bourgoigne estoit à grant effort de gens d'armes ordonnez comme

1. L'armée de Jean sans Peur comprenait 2,000 chevaliers ou écuyers et 2 ou 3,000 archers et arbalétriers ; le troisième jour de son arrivée à Saint-Denis, le duc de Bourgogne avait dépêché aux Parisiens son roi d'armes d'Artois que Bernard d'Armagnac renvoya en le menaçant de lui faire couper la tête. A la suite de cet outrage, le duc de Bourgogne vint déployer ses forces sous les murs de Paris, près de la porte Montmartre. Ayant envoyé de nouveau son roi d'armes à la porte Saint-Honoré, on fit répondre à ce héraut que, s'il ne s'en allait bien vite, on tirerait sur lui « de bons quarreaux d'arbalestes. » Enguerrand de Bournonville, qui s'était approché de la porte, espérant quelque mouvement populaire, fut en effet accueilli de cette façon peu courtoise (cf. *Monstrelet,* t. II, p. 432-433).

2. Ces deux paragraphes ont été reproduits par D. Félibien dans son *Histoire de la ville de Paris,* t. IV, p. 559.

en bataille entre la porte Saint Honoré et la porte
Saint Deniz, tenent les champs devant Paris. Et pour
en savoir quelque chose, je montay au plus hault de la
Tour criminelle de ceans et viz lesdiz gens d'armes
es champs d'entre le Role et Montmartre.

Dimenche, xj^e jour de fevrier.

Cedit jour, les chancelliers de France, de Guienne
et d'Orleans, les presidens de ceans, les seigneurs de
ceans, graphier, notaires, secretaires, pluseurs des
seigneurs de la Chambre des Comptes, les tresoriers,
à tout leurs gens armez, chevauchierent par Paris
aux iiij portes [1].

Matinées, VIII (X^{1a} 4790), fol. 40 r°.

Mardi, xiij^e jour de fevrier.

N'a pas esté plaidoié ne conseillié, mais s'est partie
la Court de ceans, pour ce que l'en tenoit que le duc
de Bourgoigne devoit venir à tout son effort et ost
devant Paris.

Matinées, VIII (X^{1a} 4790), fol. 41 v°.

Mercredi, xiiij^e jour de fevrier.

Cedit jour, a esté faicte election par le mandement
de monseigneur le Chancellier ou lieu de maistre Aimery
de Maignac, conseiller du Roy en la Chambre des
Enquestes, et a esté esleu par voie de scrutine maistre
Pierre de Villers. Et a esté le scrutine publié en la
Chambre, combien que ce n'eust pas esté acoustumé,
mais estoit acoustumé de reporter le scrutine au Chan-

---

1. Selon le témoignage du *Journal d'un bourgeois de Paris,*
p. 47, toutes les portes de Paris furent murées, à l'exception de
la porte Saint-Antoine et de la porte Saint-Jacques.

cellier, ou cas qu'il n'avoit esté presens, ou au Grant Conseil, et puiz me commendoit l'en la lettre. Et a esté ce fait pour ce que pluseurs se plaignoient de ce que l'en ne publioit ceans les elections qui y estoient faictes, et en parloient aucuns *sinistrè* et contre les presidens et contre le graphier.

Conseil, XIII (X^{1a} 1479), fol. 285 r°.

Jeudi, xve jour de fevrier.

Sur le debat meu et pendent entre le seigneur de Gaucourt, d'une part, et maistre Guillaume Signet, d'autre part, pour cause de l'office de seneschal de Beaucaire, que chascune desdictes parties pretendoit à elle apartenir par lettres de don à elles sur ce faictes, au jour d'uy, maistre J. du Tour, procureur dudit de Gaucourt, s'est desisté et departi dudit procès et du droit qu'il reclamoit à avoir oudit office, au proufit dudit Signet qui a esté receu et fait le serment acoustumé [1], present le procureur du Roy et non contredisant.

Venredi, xvj^e jour de fevrier.

Maistre Mahiu Mouton, procureur de messire J. de Saint Sauflieu, bailli de Caux, s'est opposé et oppose que aucun ne soit receu en bailli de Caux, sans le oïr.

Cedit jour, s'est parti le duc de Bourgoigne de Saint Deniz, où il a esté environ xv jours en grant assem-

---

1. Deux années plus tard, en mars 1416, Guillaume Seignet, qui avait été privé de l'office de sénéchal de Beaucaire, sous prétexte qu'il devait obtenir le poste de général des finances et qu'il ne résidait point, malgré son serment de faire résidence, revendiquait devant le Parlement son office contre le précédent titulaire, Guy Pestel, lequel avait été fait prisonnier par les Anglais et revenait de captivité (Matinées, X^{1a} 4971, fol. 52).

blée de gens d'armes pour entrer à Paris, s'il n'eust trouvé resistence.

Matinées, VIII (X¹ᵃ 4790), fol. 42 rᵒ.

Au jour d'ui sont venues nouvelles à la Court et à Paris que le duc de Bourgoigne, qui à grant effort et grant ost de gens d'armes, estoit venu à Saint Deniz et là sejourné par environ xv jours pour entrer à Paris, s'en estoit parti dès environ minuit ou le point du jour.

Conseil, XIII (X¹ᵃ 1479), fol. 285 vᵒ.

Mardi, xxᵉ jour de fevrier.

Ce jour, n'a pas esté plaidoié pour ce que tous les presidens et seigneurs laiz de ceans ont esté en la Chambre des Comptes au Conseil.

Matinées, VIII (X¹ᵃ 4790), fol. 43 rᵒ.

Dimenche, xxvᵉ jour de fevrier.

Ou parviz de Nostre Dame de Paris, presens l'evesque de Paris, l'Université, le chancellier de ladicte eglise et moult grant peuple, fu ars le propos fait ores a v ou vj ans à l'ostel de Saint-Pol, devant le Roy nostre Sire, à Paris, par maistre J. Petit, maistre en theologie, de la nation de Normandie, sur la justification du duc de Bourgoigne sur le murtre fait en la personne du feu duc d'Orleans, frere germain du Roy nostre dit seigneur[1], et aussi furent ars pareillement

---

1. L'Université de Paris, n'ayant plus à craindre le duc de Bourgogne, s'était empressée de convoquer dans la grande salle de l'évêché de Paris les plus célèbres maîtres et bacheliers en théologie, ainsi que plusieurs docteurs en droit canon et civil chargés d'examiner les propositions de Jean Petit ; le 16 janvier, elle déclara hérétiques et erronées neuf assertions, dont le *Religieux de Saint-Denis,* t. V, p. 273, et *Monstrelet,* t. II, p. 416, donnent le texte ;

les paraulx propos qui furent trouvez, en executant
certeinne sentence jugée par pluseurs intervalles de
temps et diverses sessions faictes en la sale dudit
evesque, comme l'en disoit, par les maistres de la
faculté de theologie de la dicte Université et ledit inquisiteur, et prononcée venredi derrien passé en ladicte
sale pour pluseurs erreurs et poins touchans la foy
trouvez esdis propos[1].

Conseil, XIII (X^{1a} 1479), fol. 286 v°.

Mercredi, derrien jour de fevrier.

Ce jour, ont esté mandez tous les presidens et laiz
au Conseil en la Chambre des Comptes.

Conseil, XIII (X^{1a} 1479), fol. 286 v°.

Jeudi, premier jour de mars.

Cedit jour, la Court s'est levée po après x heures
pour aler aux exeques de feu maistre J. Chanteprime,
doien de Paris et paravant conseiller du Roy ceans,
à cause de quoy venoit quant ly plaisoit ceans et seoit

le 23 février, fut rendue la sentence de condamnation que l'on
mit à exécution le surlendemain au parvis Notre-Dame. Au jour
indiqué, sur une estrade dressée à cet effet, Benoît Gentien,
savant professeur de théologie, proclama l'énormité de ces propositions, contraires à la foi et à la morale, qui furent publiquement livrées aux flammes.

1. Le même fait est rapporté en ces termes aux Matinées
(X^{1a} 4790, fol. 44) :

« Cedit jour, a esté ars publiquement ou parvis Nostre Dame,
presens l'evesque de Paris, l'Université et l'inquisiteur, le propos ja pieça fait devant le Roy à S. Pol, appellé *la justification du
duc de Bourgoigne sur la mort du duc d'Orleans,* pour erreurs qui
y estoient, *ut dicitur.* » La mention inscrite au registre du Conseil
a été reproduite par D. Félibien, dans son *Histoire de la ville
de Paris,* t. IV, p. 559.

avecques les autres seigneurs en habit de conseiller, comme par avant [1].

Matinées, VIII (X^{1a} 4790), fol. 49 v°.

Lundi, v^e jour de mars.

Ce jour, les eschevins de Paris [2] ont requiz avoir iiij des seigneurs de ceans pour aler en l'ostel de la ville, ouquel ilz et aucuns de l'Université de Paris doivent estre assemblez à iij heures après midi, comme ilz disoient, pour traiter d'aucunes besoignes touchans le bien du royaume, de la ville de Paris et aussy le fait des gens d'armes estans à present par ledit royaume à Paris et environ; si y ont esté commiz maistre J. de Vailly, president, Phelippe du Puiz, R. de Sens et J. de Vitry, conseillers du Roy nostre Sire ceans.

Cedit jour, n'a point esté plaidoié, ne n'avoit aucun advocat ne procureur, ne partie ou moult po par le Palaiz pour une moult griefve maladie [3] qui generau-

1. D'après les registres capitulaires de Notre-Dame (LL 214, p. 280), Jean Chanteprime, doyen de Notre-Dame, licencié en lois, décéda le vendredi 23 février et fut inhumé le même jour, après vêpres, à côté de son prédécesseur, Pierre de Pacy.

2. Les échevins en exercice depuis le 17 août 1413 étaient Pierre Auger, Guillaume Cirasse et Jean Marcel, qui avaient remplacé Jean de Troyes, Garnier de Saint-Yon et Robert du Belloy, appartenant à la faction cabochienne, plus Jean de l'Olive, le seul membre de l'échevinage, lequel conserva ses fonctions jusqu'en octobre 1415.

3. Le *Journal d'un bourgeois de Paris*, p. 49, nous donne de curieux détails sur cette maladie épidémique, nommée le *tac* ou le *horion*, simplement la coqueluche, qui sévit avec violence durant le mois de mars et jeta une telle perturbation parmi la population parisienne que le chapitre Notre-Dame, afin de conjurer le mal, crut devoir ordonner une procession. Cette affection, déterminée, dit Juvénal des Ursins, p. 496, « par un vent merveilleux, puant et tout plein de froidures » qui souffla d'une façon continue durant les mois de février et de mars, ne fit que peu de

ment couroit par Paris, par laquelle la teste et tous les membres doloient, et souffroit l'en moult fort reume. Et entre les autres moy mesme ne dormi de toute ceste nuit et ne me puiz soustenir de la doleur de la teste, des reins, des costes, du ventre, des bras, espaules et gembes, et me grieve sans mesure la secheresse qui est, qui par especial est ennemie à ma complexion, en quelque saison que ce soit. Si m'en voiz à mon hostel[1]. Conseil, XIII (X^{1a} 1479), fol. 287 r°.

N'a pas esté plaidoié pour ce que une merveilleuse maladie a entreprins generaument toutes personnes, hors enfans au dessoubz de viij ou de x ans, par laquelle la teste, les espaules, les costes, le ventre, les bras et gembes doloient, et y avoit fievres et reume moult fort, et telement que au jour d'ui moult po des seigneurs de ceans et des advocas et procureurs sont venus[2], entreprins de ladicte maladie. Et moy mesme fu hier au vespre en venant de Nostre Dame surprins de ladicte maladie telement que je ne me puiz soustenir, et semble que ce soit *lues aut pestis aerea*.

Matinées, VIII (X^{1a} 4790), fol. 49 v°.

Mardi vj^e, mercredi vij^e, jeudi viij^e, vendredi ixe, Samedi x^e jour de mars.

N'a point esté besoigné en Parlement pour la des-

victimes; cependant un bien vaillant chevalier, le sire d'Aumont, chargé de porter l'oriflamme, succomba aux atteintes de la maladie.

1. Ce second paragraphe figure parmi les extraits donnés par D. Félibien dans son *Histoire de la ville de Paris,* t. IV, p. 559.

2. Suivant le *Religieux de Saint-Denis* (t. V, p. 283), l'on fut obligé de suspendre les audiences, parce que les principaux avocats avaient une extinction de voix et ne pouvaient plus plaider.

susdicte pestilence de maladie, *que adeo invalet ut quasi nullus se abscondere possit a calore ejus*, mais en tant que es eglises à peinne l'en puet dire le service à très po de gens[1].

Conseil, XIII (X^{ta} 1479), fol. 287 v·.

Mercredi, xiiij^e jour de mars.

Sur la somme de xiie xxxiii frans venant de l'adjudication du decret de certains doaires nagaires appartenans à madame Marguerite de Mailly, criez à la requeste de dame Jehanne d'Argonnes et adjugiez à messire Guillaume, seigneur des Quesnes, ont esté delivrez à messire Raoul de S. Remi, chevalier, v^e xxxv frans et demi le xe de novembre, l'an mil CCCC XIII, oye la relation de maistre R. de Sens et T. Tiessart, commissaires en ceste partie, et le xvj^e de décembre ensuivant, par l'ordonnance desdiz commissaires et du consentement de Florimont de Beauval, qui s'estoit opposé à la delivrance du residu de ladicte somme, ont esté delivrez v^e lvii frans et demi auxdiz Florimont et de S. Remi, et au jour d'ui par l'ordonnance desd. commissaires relatée par ledit Tiessart et du consentement de messire Charles de Creseques, chevalier, qui *alias* s'estoit opposé à la delivrance dudit argent, a esté delivré audit messire Raoul de S. Remi tout le residu dudit argent et rendue la cedule à J. Le Mareschal, changeur, qui avoit ledit argent en garde et depost de par la Court.

Ce jour, J. Roussel, comme procureur de messire

---

1. On lit dans le *Journal d'un bourgeois de Paris*, p. 50, que, par suite de la « toux et de l'enroueure, le clergé fut obligé de ne plus chanter de haultes messes. »

J. de Bains, chevalier, bailli de Vermandois, s'oppose
à l'enterinement des lettres de don que l'en dit avoir
esté fait dudit office à messire Pierre de Beauvoir,
chevalier, ou à autres, et à la reception et institution
dudit messire Pierre ou autres.

Matinées, VIII (X¹ᵃ 4790), fol. 50 rᵒ.

Jeudi, xvᵉ jour de mars.

Cedit jour, a esté receu en office de bailli de Vermendois par lettres royaulx messire Pierre de Beauvoir, chevalier, seigneur de Bellefonteinne, sauf l'opposition hier faicte au contraire par le procureur de
messire J. de Bains, chevalier, bailli d'icellui bailliage.

Conseil, XIII (X¹ᵃ 1479), fol. 288 rᵒ.

Venredi, xvjᵉ jour de mars.

Ce jour, a esté levée la main du Roy du temporel du
prioré de Foissy lez Troies au profit de frere Giles
Lembert, prieur d'icellui prioré, jusques à ce que
autrement en soit ordonné, du consentement du procureur general du Roy.

Lundi, xixᵉ jour de mars.

Depuiz le juédi premier jour de ce moiz de mars
jusques à ce xixᵉ n'a esté plaidoié ceans pour la general maladie qui a couru, dont est mention faicte le
vᵉ de cedit moiz, et laquelle m'a tenu comme pluseurs
autres par xvj jours sans partir de mon hostel ou po.

Matinées, VIII (X¹ᵃ 4790), fol. 50.

Mercredi, xxjᵉ jour de mars.

Ce jour, sur ce que le Chancellier avoit mandé par
l'un des presidens de ceans que l'en esleut ij des seigneurs de ceans, et les nommast la Court pour aler en

compaignie du Roy que l'en dit qui welt aler en armes à Senliz, à Compiegne et à Suessons qui ont desobey au Roy, et par especial Compiegne et Suessons, comme l'en dit, et tiennent garnisons de gens d'armes qui pillent et ont pillié le païz de Valoiz et la ville d'Ay sur Marne, où ont prins pluseurs preudommes et emmené prisonniers pour rançonner [1]. Si a deliberé la Court que à elle n'apartient point d'eslire oudit cas, mais au Roy ou à son Conseil, et la Court est preste d'obeir et les envoier au Roy, neantmoins la Court a nommé à ce que dit est maistre Guillaume Chanteprime, maistre des Requestes de l'Ostel, maistre Oudart Gencien, maistre Jaques du Gard, maistre Piérre Buffiere et maistre Regnault de Sens, desquelx le Roy pranra les ij telx que voudra [2], et m'a esté enjoint que ce je reporte et die audit Chancellier, ce que j'ay fait et lui ay baillié par escript lesdis noms.

1. Les gens de guerre qui occupaient la place de Compiègne au nom du duc de Bourgogne, sous les ordres de Hue de Lannoy, de Martelet du Mesnil, du sire de Saint-Léger et d'Hector de Saveuses, ravagèrent complètement les terres du duc d'Orléans, parcourant le comté de Valois, faisant prisonniers et rançonnant sans pitié les gens des campagnes, enlevant le gros et le menu bétail (cf. le *Religieux de Saint-Denis*, t. V, p. 291).

2. Guillaume Chanteprime et Oudart Gencien, qui furent désignés, accompagnèrent le Roi à l'armée et eurent l'occasion d'exercer leurs talents de négociateurs. Charles VI, se trouvant sous les murs de Compiègne, fit sommer la place de se rendre et y envoya les personnages en question qui furent reçus à la barrière et développèrent leur créance, mais sans le moindre succès. « La response de ceux de Compiegne fut bien briefve, c'est assavoir, qu'ilz ne feroient quelque obéissance. » Les députés de Charles VI, revenus à Senlis, lui annoncèrent que ni les menaces ni les conseils n'avaient pu vaincre l'obstination de ses ennemis (*Juvénal des Ursins*, p. 497; *Religieux de Saint-Denis*, t. V, p. 293).

Mercredi, xxviij[e] jour de mars.

Sur la requeste faicte par maistre Guillaume Le Duc, conseiller du Roy ou Chastellet, que la Court voulsist agreer la resignation de maistre Hebert l'Escripvain, conseillier lay ceans[1], laquelle voloit faire à son profit de l'office de conseillier qu'il avoit ceans pour contemplation dudit Duc qui estoit son parent de par sa mere et homme de bonne renommée et suffisant et licencié en loiz et bachelier en decret, et que l'Escripvain estoit moult ancien et imbecille et maladif, et que plus ne povoit servir, et icelle agreé, poursuiroit son don du Roy, lequel en pleust à la Court le recevoir, ont esté commiz maistre Mahiu Canu et Jaques du Gard à interroguer ledit Escripvain, à savoir se à ladicte resignation avoit paction ou convention. Oye leur relation qui estoit que, *contemplatione predicta* et sans paction, maiz *sponte* se faisoit ladicte resignation, et aussy oy ledit Duc et interrogué ceans par serment sur ce que dit est, et qu'il est apparu à la Court qu'il n'y a eu aucun pact illicite, la Court, après ce que accordé avoit que ladicte relation faicte au Chancellier par lesdiz commissaires qui a esté faicte et par ce accordé ladicte requeste, au jour d'ui a esté receu ledit Duc en conseillier de ceans ou lieu de maistre J. Luillier, qui a esté reçeu ou lieu dudit Escripvain en la Grant Chambre.

Ce jour a esté ordonné que maistre Simon de Nanterre, M. du Boz, Buffiere, R. de Sens, Ja. du Gard, Phelippe du Puiz, Q. Tiessart, M. Canu, A. de Cam-

1. D'après Blanchard (*Catalogue des conseillers*, p. 12), Hébert l'Escripvain était conseiller depuis 1391.

bray, Ja. Branlart iront à S. Pol au Conseil proposer et requerir pour le bien du Roy et de son royaume ce qui fu advisé et conseillié à la fin du Parlement derrien touchant les finances de ce royaume et les franchises de l'Eglise, lesquelles finances l'en transportoit sans mesure en court de Romme pour eveschiez et autres gros benefices avoir[1].

Venredi, xxxe jour de mars.

Sur ce que maistre Jaques du Gard, conseillier du Roy en la Chambre des Enquestes, requeroit estre receu en la Grant Chambre ou lieu de maistre Hebert l'Escripvain, nagueres conseillier en icelle Chambre Grant, attendu que le Roy par ses lettres adreçans à la Court avoit octroié audit du Gard que le temps qu'il avoit servi aux Requestes du Palaiz depuiz janvier IIII^{xx} XVI jusques en aoust CCCC lui fust compté, et que en icelle Grant Chambre fust receu avant tout autre qui n'auroit servi en ladicte Chambre des Enquestes par avant ledit an IIII^{xx} XVI, à quoy maistre J. Luillier, conseiller en la Chambre des Enquestes, s'estoit opposé en disant *inter cetera* que en icelle Chambre des Enquestes il avoit esté receu et servi avant ledit

---

1. Juvénal des Ursins (p. 496), en parlant de la venue à Paris du légat du Pape « pour le faict des graces expectatives et promotions à prélatures, » s'élève contre les scandaleux abus auxquels donnait lieu la collation des bénéfices qui s'obtenait à beaux deniers comptants; il dit même que « les églises se bailloient au plus offrant et dernier enchérisseur » et que les Lombards de Paris se chargeaient d'envoyer l'argent à Rome et réalisaient de la sorte des profits considérables. Aussi « l'or et l'argent du royaume se vuidoit merveilleusement, car il n'y avoit si petit laboureur qui ne voulust faire son fils homme d'eglise et bailler argent pour avoir une grace expectative. »

du Gard et par ce devoit monté en ladicte Chambre avant ledit du Gard. Finablement la Court a dit, veues les lettres dudit du Gard et tout consideré, que la requeste d'icellui du Gard ne lui sera point faicte, ne ses lettres enterinées.

Ce jour, ont esté les seigneurs de ceans pour la plus grant partie au Grant Conseil qui a esté en ce Palaiz en la Chambre vert pour oïr le cardinal de Pise[1], legat de court de Romme, et pour pranre conclusion sur la matiere dont est touchié le xxviij[e] de ce moiz, qui a esté que lettre sera faicte et seellée pour executer ce qui à la fin du Parlement derrien avoit esté conseillié, maiz elle ne sera executée jusques à ce que xij conseillers du Roy qui seront deputez averont advisié certeinnes responses et bulles qu'a baillé ledit cardinal sur pluseurs poins requiz par le Roy au Pape, et leur relation faicte, le Roy fera executer ladicte lettre, si semble bon, et *interim* seront gardées lesdictes lettres par [2].....

Conseil, XIII (X[ia] 1479), fol. 289 r° et v°.

Mardi, iij[e] jour d'avril.

Ce jour, a esté receu maistre Guillaume Toreau[3] en

---

1. Alamanno Adhemari, Florentin d'origine, archevêque de Tarente puis de Pise, envoyé en 1411 comme légat en France par le pape Jean XXIII, reçut, le 6 juin de la même année, le chapeau de cardinal; il figure parmi les prélats qui assistèrent au concile de Constance; légat de Martin V en Espagne contre Pierre de Luna, il mourut de la peste à Tivoli, le 17 septembre 1422.

2. La phrase est restée inachevée.

3. Guillaume Thoreau, receveur de la ville et vicomté de Paris, fut institué maître des Requêtes de l'Hôtel par lettres du 13 janvier 1414, au lieu et place de Robert Le Maçon, chancelier de la

l'office de maistre des Requestes de l'Ostel du Roy ou lieu de maistre Robert Le Maçon, et a fait le serment acoustumé, sans prejudice des oppositions et sauf à discuter de leurs oppositions après comme devant, selon la teneur de certeinnes lettres royaulx adreçans à la Court et sur ce par ledit Toreau impetrées.

Conseil, XIII (X¹ᵃ 1479), fol. 290 v°.

Jeudi, xij[e] jour d'avril.

Ce jour, a esté dit que le graphier ne rende aucunes lettres d'estat ceans publiées de cy en avant, jusques à ce que cellui qui se voudra ayder desdictes lettres d'estat en aura laissié copie devers le graiphe[1].

Ce jour, maistre Simon de Nanterre, Pierre de Oger et Henry Mauloué, executeurs du testament de feu messire Arnaud de Corbie, jadis chancellier de France[2], ont baillié et delivré à maistre Phelippe de Corbie[3]

reine, privé de sa charge, et suivit le dauphin à Poitiers, en 1418 ; il épousa Isabeau Raguier, sœur d'Hémon Raguier, trésorier des guerres (cf. Blanchard, *Généalogies des maistres des Requestes de l'Hostel,* p. 94).

1. En marge se trouve cette rubrique : *Quasi ordinatio,* Mauger.

2. Le 28 janvier précédent, Pierre Le Fèvre, président du Parlement, Jean Charreton, doyen de Saint-Germain-l'Auxerrois, et B. Quentin, conseiller, reçurent et approuvèrent les comptes des exécuteurs testamentaires d'Arnaud de Corbie, se montant en recette à 32,654 livres, et en dépense à 31,600 livres (Jugés, X¹ᵃ 60, fol. 266 r°).

3. Philippe de Corbie, fils naturel du chancelier, fut reconnu par son père, qui, dans son testament du 18 février 1399, l'institua son héritier pour la moitié de ses biens, notamment pour tout ce qu'il possédait à Paris, sans que Philippe fût « tenu ne adstraint de monstrer ou enseigner en aucune manière qu'il étoit son fils. » Philippe se fit délivrer des lettres de légitimation en 1400 ; on sait qu'il devint conseiller au Parlement, maître des Requêtes de l'Hôtel et qu'il périt dans les massacres de 1418. De son mariage avec

l'ostel où demouroit le dit defunct, avec les biens estans en icellui pour la garde et conservation d'iceulx hostel et biens et du droit d'icellui Phelippe.

Matinées, VIII (X^la 4790), fol. 57 v° et 58 v°.

Samedi, xiiij^e jour d'avril.

Ce jour, furent appellés les seigneurs des Enquestes en la Grant Chambre, où vint le cardinal de Pise, legat en France, et proposa la parole de l'epistre du jour d'ui *originaliter, vos estis regale sacerdotium*[1], en appliquant icelles paroles aux seigneurs, conseillers et menistres de justice en icelle Court, car ceulx qui administrent les sacrifices et oblations divines ne sont pas seulement appellés *sacerdotes*, mais ceulx qui sont professeurs et menistres de justice, comme le tesmoigne saint Jerosme en son epitre *ad Pammachium*[2] et l'apostre en son espitre *ad Hebreos*, et non pas eulx seulement, mais le droiz civilx *qui merito tales sacerdotes appellat*. Puiz et en suffisant stile latin descendi à declarer pour quoy ceans estoit venu, *quia ad visitandum Curiam* pour la benigvolence d'icelle, et pource qu'il estoit *unus alter inter professores juris et quia etiam*

Jeanne Chanteprime, fille du général des finances Jean Chanteprime, il laissa trois enfants, Guillaume de Corbie, seigneur de Mareuil, Philippe, abbé de Saint-Lucien de Beauvais, et Arnaude de Corbie. Indépendamment d'un hôtel à Paris, Philippe de Corbie possédait la seigneurie de Sèvres et Meudon (cf. le *Journal d'un bourgeois de Paris,* p. 100, note 3).

1. Le texte complet de cette citation empruntée à la première épître de saint Pierre, ch. ii, vers. 9, est : *Vos autem genus electum, regale sacerdotium, gens sancta.*

2. Saint Jérôme, dans sa 49e épître à saint Pammaque pour le féliciter d'avoir réuni l'unanimité des suffrages, s'exprime en ces termes : *Minus est tenere sacerdotium quàm mereri.*

amicus, et se offri à la Court, *secundo,* à recommender les besoignes de l'Eglise, par especial au regart de certeinne responses qu'il avoit faictes la veille de Pasques Flories derriennes en la Chambre vert en ce Palaiz, en la presence du Roy, des seigneurs de son sanc, de pluseurs de la Court, de l'Université et des Prevost des Marchans et bourgois de Paris, lesquelles avoit baillées par escript sur pluseurs poins qu'avoit envoié le Roy à Romme au Pape, et pria, pour ce que à icelles visiter devoient estre iiij des seigneurs de la Court avecques vj ou viij autres, que l'en ne passast pas à extremitez, mais s'arrestast l'en à bon moien. *Tercio* se offri, etc. Après ce respondi le premier president en latin assez françoiz en merciant ledit cardinal, lui recommendant icelle Court et offrant, etc.

Conseil, XIII (X^{1a} 1479), fol. 291 v°.

Lundi, xxiij^e jour d'avril.

Ce jour, a esté faicte procession de la Saincte Chappelle à Saincte Katerine par le college de la Saincte Chapelle et autres gens d'eglise de Paris exemps, et la Court de ceans, et les Prevost des Marchans et eschevins et bourgoiz de Paris.

Matinées, VIII (X^{1a} 4790), fol. 62 v°.

Mercredi, xxve jour d'avril.

Au jour d'ui a esté esleu en tourbe[1] en la Chambre, les ij Chambres assemblées, ou lieu de maistre Arnault de Marle, maistre des Requestes de l'Ostel, nagueres conseiller du Roy en la Chambre des Enquestes, maistre

---

1. Les élections par tourbe se faisaient collectivement, et non par suffrage individuellement exprimé.

Guillaume Aymeri, advocat escoutant ceans, à la contemplation et requeste faicte pluseurs foiz de monseigneur le duc de Berry du païz d'Auvergne, duquel il estoit né, *facta aequali inquisitione* de l'estat et suffisance dudit Aymery, lequel monseigneur Henry de Marle, chancellier de France, avoit recommendé par ses lettres et lui avoit donné sa voix.

Et est à savoir que ledit maistre Arnault, qui est homme lay, fu samedi receu ceans à faire le serment qu'ont acoustumé de faire les maistres des Requestes ceans, ou lieu de maistre J. de Marle, esleu par le Pape en evesque de Coustances[1], non obstant que le lieu fust de clerc, et que ledit Arnault fust assez jeune et receu en la Chambre des Enquestes puiz demi an ou environ, qui a esté fait en partie en faveur dudit Chancellier, pere desdiz J. et Arnault, et lui fu dit, ledit samedi derrien passé, que ce ne portast prejudice une autre foiz en tel cas.

Cedit jour, a esté conseillié un procès de la Chambre des Enquestes, où estoient parti les seigneurs d'icelle Chambre.

Conseil, XIII (X^{1a} 1479), fol. 292 v°.

Mercredi, ij^e jour de may.

Ce jour, messire Guillaume de Gaudiac, docteur *in utroque* et conseillier du Roy nostre Sire ceans, gisans malade en son lit, m'a dit qu'il soumettoit la cognois-

1. Arnaud de Marle, second fils du Chancelier et de Mahaut Le Barbier, obtint la charge de maître des Requêtes, le 19 avril 1414, par suite de la résignation consentie en sa faveur par son frère, Jean de Marle, évêque de Coutances, qui lui-même était maître des Requêtes depuis 1409 (cf. Blanchard, *Généalogies des maistres des Requestes de l'Hostel*, p. 86, 95).

cence de l'execution de son testament[1] à la Court, et m'a requiz que je feisse l'inventoire de ses biens, s'il avenoit qu'il alast de vie à trespas, et qu'il pleust à ladicte Court de commettre maistre Pierre de Oger, conseillier dudit Seigneur ceans, à oïr le compte de son execution, et m'a dit qu'il welt que ses executeurs aient puissance d'interpreter et declarer les poins doubteuz de son dit testament.

Matinées, VIII (X^{la} 4790), fol. 67 v°, 69 v°.

Jeudi, iij° jour de may.

Le seigneur de Peletot requiert estre receu en bailly de Coutantin par vertu de certeinnes lettres royaulx dont requiert l'enterinement.

Le sire d'Yvoy s'oppose à ce qu'il ne soit receu à l'enterinement desdictes lettres, et pour ce qu'il n'est pas icy present, son conseil requiert delay pour parler à lui et dire ses causes d'opposition, car par aventure qu'il voudra estre present à dire ses causes d'oppo-sition. Appoinctié au Conseil[2].

Lundi, vij° jour de may.

Maistre J. Paris, procureur de Guillaume Sachet, escuier, gouverneur de Montpellier, s'oppose à l'exe-cution et enterinement des lettres de don que se dit

---

1. Le testament de Guillaume de Gaudiac, en date du 1er mai 1414, fut en effet compris dans le recueil des Testaments enre-gistrés au Parlement de Paris; il ne se trouve plus en original, mais dans la copie de la collection Moreau, vol. 1162, fol. 761 v°. Nicolas de Baye reçut mission de procéder à l'inventaire de ses biens.

2. La cause fut plaidée le mardi 5 juin (Matinées, X^{la} 4790, fol. 87 r°).

avoir obtenu un appellé Grolée[1] dudit office de gouverneur.

Matinées, VIII (X¹ᵃ 4790), fol. 71 rᵒ.

Mercredi, ixᵉ jour de may.

Ce jour, fu esleu par voie de scrutine maistre Berthelemin Hamelin, licencié *in utroque* et advocat escoutant ceans, ou lieu de maistre Guillaume de Marle, conseiller du Roy en la Chambre des Enquestes, qui doit monter en la Chambre Grant, ou lieu de messire Guillaume de Gaudiac, docteur *in utroque*, doien de S. Germain l'Aucerroiz de Paris et conseiller dudit Seigneur ceans, moult notable clerc en son temps, et seigneur de très belle et commendable vie, qui puiz iiij jours ou environ, sain d'entendement et aagié de iiij^xx ans, est alé de vie à trespas.

Conseil, XIII (X¹ᵃ 1479), fol. 294 rᵒ.

Maistre Anthoinne Chastenier, notaire du Roy, s'oppose à toutes impetrations faictes ou à faire de sondit office et que nul ne soit receu audit office sans le oïr.

Matinées, VIII (X¹ᵃ 4790), fol. 72 vᵒ.

Mardi, xxijᵉ jour de may.

Curia vacat, pour ce qu'elle est alée en procession avecques la grant eglise de Paris de Nostre Dame à Saint Magloire, pour la paix et prosperité du Roy et du royaume et la victoire qui hier, entre iij et iiij heures, eut à la prise de Suessons qui avecques pluseurs gens d'armes de la partie du duc de Bourgoigne, comme

---

1. Imbert de Grolée que l'on retrouve plus tard sénéchal de Lyon.

inobediens et rebelles, se tenoient et estoient tenus longuement contre lui, favorisans audit duc de Bourgoigne, *et ibi infinita facta sunt crimina, ut dicitur*[1].

Conseil, XIII (X^{1a} 1479), fol. 296 r°.

N'a pas esté plaidoié, pour ce que la Court a esté à la procession generale qui a esté faicte de Nostre Dame de Paris à S. Magloire pour la paix et prosperité du Roy et de son royaume, et aussy pour regracier Dieu des nouvelles qui au jour d'ui à matin sont venues de la prise de la ville de Suessons, qui hier, entre iij et iiij heures après disner, par assault de l'ost du Roy, du duc de Guienne et des autres seigneurs du sanc royal a esté prise.

Matinées, VIII (X^{1a} 4790), fol. 81 v°.

Mercredi, xxiij^e jour de may.

Cedit jour, a esté faicte election de maistre J. de S. Romain, ou lieu de maistre Guillaume de Besze, qui est monté de la Chambre des Enquestes en la Grant Chambre ou lieu de maistre Nycole de Biencourt, nagueres alé de vie à trespas.

Conseil, XIII (X^{1a} 1479), fol. 296 r°.

---

1. Les chroniques du temps, notamment le *Journal d'un bourgeois de Paris*, p. 53, le *Religieux de Saint-Denis,* t. V, p. 323, et *Juvénal des Ursins,* p. 498, entrent dans les détails les plus circonstanciés sur la prise et le sac de Soissons et font connaître tous les excès qui furent commis par les gens de guerre du roi, notamment par les Bretons, les Gascons et les Allemands. Au témoignage de Monstrelet (t. III, p. 9), « il n'est point chrestien qui n'eust pitié de veoir l'orrible et très miserable desolacion qui fu faicte en icelle ville, où furent pillés et robés les biens des habitants, des églises et monastères, et violées impitoyablement femmes mariées, jeunes pucelles et nonnes sacrées. »

Jeudi, xiiij⁰ jour de juin.

Curia vacat, pour ce qu'elle a esté aux processions
generales de toutes les eglises de Paris, tant exemptes
que non à Paris, et fu porté *corpus Domini* qui fu feru
des Juifs, estant à S. Jehan en Greve, et est l'en alé à
S. Martin des Champs en très belle ordonnance.

Matinées, VIII (X^{ja} 4790), fol. 91 r°.

Venredi, xxij⁰ jour de juin.

Ce jour, maistre Ursin Tarevande, maistre en theologie et soy disant esleu de Coustances[1], et la nation
de Normandie, requerans adjornement en cas d'appel
à l'encontre de maistre J. de Marle, evesque de Coustances, et aussi certeinnes lettres de complainte estre
seellées, que l'en refusoit à la Chancellerie, ont protesté, au moins ledit Ursin au cas dudit refus que l'en
lui faisoit, comme il disoit, que sa diligence lui vaille ce
qu'il appartendra, et a requiz ce estre enregistré.

Matinées, VIII (X^{ja} 4790), fol. 96 r°.

Samedi, xxj⁰ jour de juillet.

Sur certeinne requeste faicte par le recteur de
l'Université d'Orleans et pluseurs docteurs et procureurs de nations de ladicte Université qui pour ce
estoient venus à Paris en personne, afin que la Court
voulsist revoquer certain appoinctement fait du v⁰ de

---

1. Ursin de Taillevande, théologien normand, compétiteur de
Jean de Marle pour l'évêché de Coutances, non content de s'adresser au Parlement, vint prier, le 5 août, l'Université d'embrasser sa
cause ; sur le refus du recteur, l'irascible Ursin ne craignit pas
de se livrer à des voies de fait sur sa personne. Malgré tout, Jean
de Marle resta en possession du siège épiscopal de Coutances
(cf. *Gallia christiana*, t. XI, p. 890).

ce present moiz en plaidant entre ladicte Université, d'une part, et l'Université de Paris, d'autre[1], pour ce que ledit appoinctement estoit ou trop grant prejudice d'icelle Université d'Orleans, comme disoient, et que ne se povoit soustenir sans leur prejudice et de leurs previleges, car icelle Université de Paris pourroit pretendre une autre foiz et emploier contreulx ledit appoinctement, la Court, oye la requeste haranguée de ladicte Université d'Orleans, a respondu que, pour oster toute matierc de division et dissention entre lesdictes Universités et nourrir amour entre elles, a esté meue de faire ledit appoinctement qui aussy ne fu point debatu par le conseil des parties, et leur a octroié lettres, que ce soit sans le prejudice de leurs previleges que l'une contre l'autre puisse *in futurum* pretendre possession aucune.

Conseil, XIII (X^{ia} 1479), fol. 302 r°.

Mardi, derrien jour de juillet.

A la requeste hier faicte par messire Pierre de Breban sur l'enterinement de certeinnes lettres de l'office d'admiral contre messire Jaques de Chastillon[2], qui

---

1. Aucune trace de cette transaction ne se rencontre dans les Matinées ou Après-Dinées, ni dans les Accords homologués par le Parlement.

2. Jacques de Châtillon, seigneur de Dampierre, obtint en effet la charge d'amiral par lettres du 23 avril 1408, à la faveur du duc de Bourgogne, au lieu et place de Clignet de Breban, titulaire de l'office depuis la mort de Renaud de Trie, c'est-à-dire depuis 1405, et qui, après la fin tragique du duc d'Orléans, son protecteur, fut destitué comme tenant le parti armagnac; la possession de la charge d'amiral donna lieu à de longues contestations judiciaires qui, ainsi qu'on le voit, n'étaient pas terminées en 1414. L'année suivante, Jacques de Châtillon fut tué à la bataille d'Azincourt.

comme autrefoiz s'estoit opposé et opposoit, et eust
eu distribution de conseil et à revenir au jour d'ui, ledit
messire Jaques propose et dit que, avant les divisions
qui sont en ce royaume et dès l'an CCCC IX, lui fu
donné, present la Royne et les seigneurs du sanc du
Roy, ledit office, et y a et en autres cas moult bien
fait son devoir, et l'eust par le trespas de l'admiral de
Vienne, et le vault bien, car il est puissant d'avoir et
d'amiz et le chief des armes de Chastillon. Vray est que
n'a pas moult que debat en fu devant le Roy entre lesdictes parties, le Roy ordonna que Jaques alast en son
hostel pour eschiver les debas, car le Roy voloit aler
hors et ordonna oultre que ne l'un ne l'autre ne exer-
ceroit ledit office, mais seroit exercé par le lieutenant
appellé J. de Lesme. Et pour ce que messire Jaques
n'est pas icy, et il a bonne cause et bonne defense, et
ne scet rien desdictes lettres, requiert son conseil delay,
comme il, *aliis casibus* et par especial nagueres en l'office de bailli de Caux, fu fait, si doit estre fait en ce
cas qui est d'office moult haut et moult grant, et si
est debat d'entre grans parties, si requiert estre oy.

Clignet dit au contraire que par le propos de Jaques
nul ne exerce ledit office, or a il lettre, si doit estre
enterinée pareillement, comme *aliàs* a esté fait de l'office de bailli de Vermendois, car le Roy et le duc de
Guienne le wellent, et ne contiennent point opposition
lesdictes lettres, si conclu, *ut suprà,* à l'enterinement.
Appoinctié au Conseil à demain.

Matinées, VIII (X^{1a} 4790), fol. 120 v°.

Venredi, iij^e jour d'aoust.

Fu faicte moult solennelle procession de l'eglise de

Paris à Saincte Genevieve, où a esté la Court *in habitu honesto*.

Conseil, XIII (X^{1a} 1479), fol. 303 r°.

Mercredi, viij^e jour d'aoust.

Ce jour, a esté ordonné, à l'instigation et requeste de monseigneur le duc de Berri, que xvj des seigneurs de ceans iront à cheval avec aucuns prelas et autres à l'audevant des messagiers d'Angleterre[1] qui viennent en compaignie de v^c hommes, où a ij evesques et le conte de Salesberich et pluseurs autres jusques audit nombre d'Angloiz, jusques à la Chappelle S. Deniz, et xvj autres desdis seigneurs demourront avec ledit de Berry avecques autres prelas en la sale dessus Seinne en ce Palaiz pour faire l'onneur auxdiz Angloiz[2] qui

---

1. D'après *Juvénal des Ursins,* p. 500, les ambassadeurs anglais qui arrivèrent le 8 août étaient les évêques de Durham et de Norwich, les comtes de Dorset et de Salisbury, le comte de Gray, amiral d'Angleterre, et autres personnages, avec une suite pompeuse ; ils furent reçus en l'absence du Roi et du Dauphin par le duc de Berry, qui les fit loger au Temple et les festoya plusieurs fois. Le but de cette ambassade était de négocier une alliance avec la France par le mariage de Catherine, fille de Charles VI, avec le roi d'Angleterre ; ce fut l'évêque de Norwich, « bien notable clerc, » qui porta la parole devant le duc de Berry en développant ce thème : « Faictes-nous justice, nous offrons paix et alliance. » Ce fut en pure perte, les prétentions exagérées des Anglais rendirent tout accord impossible. Les ambassadeurs anglais partirent, chargés de présents, et emportèrent des vases d'or et des tapisseries d'une valeur inestimable (*Religieux de Saint-Denis,* t. V, p. 377). (V. dans le *Religieux de Saint-Denis,* t. V, p. 513, le récit des négociations ultérieures pour le même objet.)

2. Juvénal des Ursins (p. 526), à propos du retour de Charles VI à Paris, le 29 décembre 1415, mèt en parallèle la réception peu brillante faite au pauvre roi avec « le grand honneur autres fois fait aux ennemis du royaume, » pour qui, dit le chroniqueur

viennent pour le mariage du Roy d'Angleterre à la fille du Roy[1].

Jeudi, ixe jour d'aoust.

Cedit jour, a esté ordonné que la portion des seigneurs de ceans sur le prest de mil libvres parisis que la Court fait au Roy, qui est et tient siege devent Arras[2] contre le duc de Bourgoigne, se pranra sur leurs gages sur un chascun, tant absent que present.

Samedi, xj[e] jour d'aoust.

La Court a baillié la detention de frere Guillaume Alaiz, religieux de Clugny, prisonnier en la conciergerie du Palaiz, à la requeste du procureur du Roy et de frere Robert de Beaumont, à l'abbé de Clugny, pourveu que ledit abbé ne procedera à la sentence diffinitive du delict commun jusques à ce que la Court ait cogneu du cas previlegié. Et sera tenu ledit abbé faire ester à droit ledit Alaiz, toutes foiz que requiz en sera.

Conseil, XIII (X[1a] 1479), fol. 304 r⁰ et v⁰.

Jeudi, xvj[e] jour d'aoust.

Ce jour, la Court s'est levée pour aler en la sale vert oïr les requestes des Angloiz.

Matinées, VIII (X[1a] 4790), fol. 131 r⁰.

---

avec une certaine amertume, « on avoit fait nettoyer les rues, cesser Parlement et les autres cours et aller tout homme au devant, et de tout ce ne fut rien fait à la venue du Roy; aussi nombre de Parisiens en furent bien mal contens. »

1. Ce passage est reproduit par D. Félibien (*Hist. de la ville de Paris*, t. IV, p. 559).

2. Le siège d'Arras commença le 28 juillet; ce jour, prit position, sous les murs de cette place, l'avant-garde commandée par

Mardi, xxj^e jour d'aoust.

La Court a reservé la cause d'entre le procureur du Roy, d'une part, et chapitre de Paris, d'autre part, pour cause d'une femme qui s'est pendue en la rue Nuefve Nostre Dame.

Matinées, VIII (X¹ᵃ 4790), fol. 134 r°.

Samedi, xve jour de septembre.

Au jour d'ui, la Court a baillié la détention de frere Henry Chevalier et d'un appellé Fervacle, prisonniers, à l'evesque de Paris, et lui defent qu'il ne procede à condempnation ou absolution jusques à ce que la Court ait fait son procès sur le cas privilegié.

Conseil, XIII (X¹ᵃ 1479), fol. 309 r°.

Samedi, xve de septembre CCCC XIIII.

Ce jour, en la Tournelle criminelle, fut appoinctié par maistre Symon de Nanterre, president en Parlement, et maistres Regnault Rabay, Pierre Buffiere et Bertran Quentin, commissaires ou assistans avec ledit maistre Symon, sur le fait de la Marchandise des poissons de mer qui sont venduz à Paris, presens maistre Pierre de Marigny, Rogier Maledenrée, Enguerran de Dennes, Estienne Wasselin, maistre Jehan Bailly et Jehan d'Uxeau, que Jehan Le Charron, vendeur dudit poisson de mer à Paris, qui devoit à icelle Marchandise pour les années finies le derrien jour de may derriennement passé, et pour aucunes restes

---

le duc de Bourbon et le connétable d'Albret; l'armée royale fut décimée par la dysenterie et se consuma en vains efforts. Le siège fut levé le 4 septembre par suite de la conclusion de la paix avec le duc de Bourgogne (cf. *Monstrelet*, t. III, p. 24, 38).

vᶜ lxx livres parisis, paiera dedans la S. Remy prouchain venant ijᶜ livres parisis, et le surplus paiera par iij années prouchaines subsequens, c'est assavoir, à chascune feste de S. Remi ou chief d'octobre la tierce partie de iijᶜ lxx livres, par egale portion, jusques en fin de parpaiement, et d'icelle reste de iijᶜ lxx livres s'obligera envers ladicte Marchandise ledit Charron à la paier ausdiz termes, sans prejudice des drois et despens de lui et d'autres marchans qui ont poursuy et plaidié oudit Parlement contre le procureur de ladicte Marchandise.

Après-Dinées (Xᴵᵃ 8301), fol. 560 vᵒ.

Sur la restitution des deposts estans lors devers la Court et ja pieça prins d'icelle Court pour la necessité du Roy nostre Sire, ont au jour dui esté miz par maistre J. Milet devers icelle Court ʟ frans en monnoie[1].

Samedi, xiijᵉ jour d'octobre.

Defense fu faicte à peine de vᶜ mars d'argent à messire Bertran d'Enfernet, chevalier du guet à Paris[2], qu'il ne mefface ne mesdie par lui ne par autre à Colin de la Chapelle, sergent à verge et collecteur du guet des mestiers de Paris, ne ne l'empesche en sondit office, et *e contra*.

Lundi, xxijᵉ jour d'octobre.

Ce jour, entre iiij et v heures après midi, messire

---

1. Pendant les vacances du Parlement, à partir du 10 octobre, le greffier laisse la plume à son clerc, et tous les extraits qui suivent sont de la main de J. Hutin.

2. Bertrand d'Enfernet avait très probablement succédé à Florent d'Ancre, chambellan de Jean sans Peur, qui occupait le poste de chevalier du guet en 1409.

Andry Marchant, chevalier, prevost de Paris, disant qu'il estoit venu à sa cognoissance que messire Tenneguy du Chastel, chevalier, par le moyen de monseigneur de Guienne ou autrement, avoit impetré sondit office de prevost, ou se vouloit efforcer de le y empescher, s'opposa à ce que ledit Tenneguy ne autre soit receu ne institué oudit office sans le oïr.

Mardi, xxiij^e jour d'octobre, après disner.

Fut receu en l'office de prevost de Paris messire Tenneguy du Chastel, chevalier, ou lieu de messire Andry Marchant, chevalier, sauf l'opposition d'icelui messire Andry hier faicte, à la dire aussi bien après ladicte reception comme devant. Et fist ledit messire Tenneguy, qui avoit dit au matin, comme l'en disoit, que, toutesfoiz qu'il plairoit à monseigneur de Guienne, il se deporteroit dudit office au prouffit dudit messire Andry, le serement acoustumé. Et sur sa lettre n'est point fait de mention de ladicte opposition, mais il a esté ordené que il soit ci enregistré.

Mercredi, xxiiij^e jour d'octobre, après disner.

Ledit messire Andry Marchant par lettres royaux, ausquelles messeigneurs les presidens ont obtemperé, comme au doz d'icelles a esté escript, a esté et est remis et restitué audit office de prevost de Paris[1].

Jeudi, xxve jour d'octobre.

Cedit jour, après disner, en la Tournelle criminelle,

---

1. Après toutes ces alternàtives de destitution et réintégration, André Marchand fut définitivement écarté de la Prévôté de Paris le 19 février 1415, et fut successivement appelé aux postes de bailli de Chartres, de Sens et d'Évreux (cf. le *Journal d'un bourgeois de Paris*, p. 45, notes 3, et 59).

messire Tenneguy du Chastel, chevalier, fut receu en l'office de gouverneur et capitaine de la Rochelle ou lieu de messire François de Grignaux [1], chevalier, sauf que se icelui de Grignaux vient par lettres ou autrement soy opposer, la Court lui fera raison aussi bien après ladicte reception comme devant. Et a ce esté dit audit messire Tenneguy et non mis toutevoie sur sa lettre et pour cause, *de precepto dominorum presidentium.*

Item, cedit jour, en ladicte Tournelle, monseigneur maistre Robert Mauger, premier presidens ceans, et commis par le Roy au fait des nominations, etc., par lettres enregistrées ou livre des Ordonnances [2], nomma ou colloca de ce jour tous les compris esdictes nominations pour la Court aux eglises et benefices qui par eulx et chascun d'eulx sont et seront prises et esléues. Et wolt et ordena que lettres en feussent faictes de cedit jour.

Mardi, xxxe jour d'octobre.

Maistre Jehan Soulas, ou nom et comme procureur de messire François de Grignaux, chevalier, s'opposa et oppose à la reception faicte jeudi precedent de messire Tenneguy du Chastel, chevalier, en son office

1. François de Grignols, chambellan du Roi, est l'un des trois gentilshommes qui combattirent en champ clos trois chevaliers portugais, le 21 février 1415 (v. à ce sujet le *Journal d'un bourgeois de Paris,* p. 59, note 4). Il prit part à l'assassinat de Jean sans Peur.

2. Ces lettres, en date du 14 octobre 1414, à l'adresse des présidents Robert Mauger et Simon de Nanterre, sont relatives à l'indult que le Pape venait d'accorder au Parlement pour la provision de 90 bénéfices (Ordonnances, X^{1a} 8602, fol. 294 r°).

de gouverneur et capitaine de La Rochelle, et à l'institution d'icelui, s'aucune en est faicte.

Matinées, VIII (X¹ᵃ 4790), fol. 146 rᵒ et vᵒ.

Mercredi, derrien jour d'octobre.

Sur le fait de iiij°° et x nominations octroyées par
le Pape à la Court, comme l'en dit, finablement mesdis
seigneurs pour ladicte Court ont accepté lesdictes
nominations, sauf de pourveoir tousjours sur ce,
ainsi que icelle Court verra estre necessaire et prouffitable[1].

Conseil, XIII (X¹ᵃ 1479), fol. 310 rᵒ.

Mardi, vjᵉ jour de novembre.

En la Tournelle criminelle, où estoient maistres
R. Mauger, P. Le Fevre et J. de Vaily, presidens, et
aucuns de messeigneurs de la Court, Chatart de Roche-
degoux, escuier, fut receu en l'office de seneschal de
Rouergue ou lieu de messire Raoulet de Laire, chevalier, sauf l'opposition d'icellui messire Raoulet, à la
dire ainsi bien après que devant. Et a fait ledit Chatart
le serement acoustumé, et n'est point fait mention au
dos des lettres dudit Chatart de l'opposition dudit de
Laire, mais seulement a esté ordené ce estre ci enregistré. Et a esté faicte ceste reception par vertu de
certaines lettres royaux adreçans à messeigneurs les
presidens, lesquelles, ou la copie collacionnée, sont
demourées devers la Court *inter deposita Parlamenti
ultimo lapsi.*

Ce jour, en ladicte Tournelle, a esté semblablement
receu en l'office de seneschal de Thoulouse messire

---

1. Cette faveur, paraît-il, fut complètement illusoire, comme
le remarque le greffier en marge : *Nichil secutum est.*

Jehan de Bonnay, chevalier, ou lieu de messire Jehan de Bonnebaut, chevalier, sauf l'opposition, etc., et par vertu de lettres, etc., comme dessus.

Item, cedit jour, en ladicte Tournelle, a esté receu *similiter* en l'office de gouverneur de Montpeslier et chastelain de Lates Ymbert de Grolée, escuier, ou lieu de Guillaume Sachet, escuier, qui dès long temps avoit exercé et exerçoit ledit office, sauf à dire son opposition, s'il est opposé ou veult opposer après comme devant, et par vertu de lettres royaux estans devers la Court, comme dessus est touché.

Matinées, VIII (X^{1a} 4790), fol. 147 r°.

Lundi, xij^e jour du moiz de novembre.

Messire Henry de Marle, chevalier, chancellier de France, tint le Parlement, presens les arcevesques de Sens, de Reims, les evesques de Noyon, du Puy, de Meaulx, de Paris, de Luçon, de Xainctes, d'Albit, de Chalon, d'Esvreux, Coustances, l'abbé de Saint-Deniz, les iiij presidens, pluseurs des maistres des Requestes de l'Ostel, les maistres des Chambres dudit Parlement, et furent leues les ordonnances et faiz les seremens acoustumez et par la maniere acoustumée.

Puiz fu leue une requeste baillée de par les procureurs de Parlement, requerens certeinnes lettres que l'en publioit chascun an au premier jour de Parlement dès l'an CCCC XIIII, par lesquelles l'en enjognoit auxdiz procureurs de pranre et requerir lettres de grace à plaider par procureur *in vim sui juramenti*, estre revoquées au moins moderées, attendu que le profit du seellé de telx lettres ne vient point au profit du Roy, et estoit le narré desdictes lettres faulx, et n'es-

toient que libelle diffamatoire. Et après ce que lesdiz
procureurs, requiz de l'adveu d'icelle requeste, l'eussent
advouée en general, fu par appoinctement de la Court
proposé par les gens du Roy ce qui s'ensuict :

Le procureur du Roy par maistre Guillaume Le Tur,
advocat du Roy, propose et dit contre la requeste par
escript qu'ont baillé lesdiz procureurs, en soustenant
selon raison le stile et usage des graces à plaider par
procureur[1], qu'il ne loit à aucun bailler requeste injurieuse d'aucun, par especial du Roy ne de ses officiers,
et toutevoie, combien que les lettres royaux dont se
deulent lesdiz procureurs recitent les droiz du Roy et
ce que fait la conclusion d'icelle, les procureurs dient
en injuriant le Chancellier et autres officiers royaulx
que l'argent qui ist du seel de la Chancellerie ne va
pas au profit du Roy; qui est faulx, car de ce sont
paiez les gages du Chancellier, des audienciers, du
rapporteur des lettres, des notaires, des chauffecires,
du parchemin et autres, et si dient que lesdictes
lettres n'estoient pas raison, qui est injure au Roy,
et si dit la requeste que les lettres sont libelle diffamatoire, qui est grant injure, attendue la peinne qui
est contre ceulx qui baillent telx libelles, en concluant
que la requeste soit dicte injurieuse, et comme telle
soit dessirée, et qu'ilz soient puniz comme appartendra et à tenir prison.

1. Par suite des exigences du fisc, les procureurs étaient tenus
de recevoir une procuration spéciale, chaque fois que la présence
de la partie plaidante était requise, de là l'usage des grâces à
plaider par procureur; la taxe appliquée était généralement de
7 sols par lettre (v. les exemples que donne M. H. Lot dans son
étude sur les *Frais de justice au XIVᵉ siècle, Bibl. de l'École des
charles,* 1872, p. 245).

Les procureurs dient au contraire que les lettres dont est question ne sont pas ordonnances, mais lettres simplement passées *per Regem*, et neantmoins l'en les lit comme ordonnances, et les astraint l'en par serement, et leur met l'en sus qu'ilx prennent l'argent, qui est à leur grant charge, combien qu'ilx soient communement riches et ne voudroient faire que bien et honneur, et pour ce avoient esté assemblez nagueres, car aucuns faisoient conscience de ce qu'il n'avoient pas gardé ce que porte ladicte lettre, aussi ne povoient la garder, car les povres gens ont assez à faire sans les grever de faire paier vj solz pour grace à plaider par procureur; et furent conseillez de bailler requeste devers la Court, laquelle aussi ont faicte de bouche, et se paroles a en celle qui est par escript qui semblent moins gracieuses, ne sont que à bonne fin, non pas à entention de injurier aucun, ne ilz ne cuidoient pas que la Court s'i arrestast si longuement. Et à ce que les lettres portent un narré que la requeste dit estre fait contre vérité, ce fait à leur cause, car le Roy fu informé d'aucuns contre verité, par ce qu'elles portent qu'ilx prennent l'argent et le mettent en leur bourse, qui n'est pas vray, et s'aucuns folx en ce avoient mesprins, ne failloit jà blasmer tous les autres procureurs, si n'y a point d'injure, et se les paroles n'estoient bien advenues, si ne seroient pas dictes à fin d'injurier. Et aussi pour ce que pluseurs prannent bourses de notaire sur l'emolument dudit seel, auroient dit que pour tel interest n'en venroit po ou neant au profit du Roy, car pour ce tendoient pluseurs à ce que le seel vaille plus. Quant au moz que les lettres sont libelle diffamatoire, il s'entent que les lettres contiennent injure parce que dient qu'il mettent l'argent en leur bourse, et pour ce l'appellent libelle diffamatoire, selon le *quid nominis*, car *libellus diffamatorius* n'est que escripture contenens paroles injurieuses, comme sont lesdictes lettres, sans pour ce volant injurier le Roy ne autre officier, et pour ce requeroient la revocation ou moderation, et concluent qu'il plaise à la Court recourir *ad mentem et intentionem eorum et non ad verba*, en concluant à ce et à l'effect de la requeste.

Tandem, lesdictes parties oyes à huiz cloz, après ce que aucuns desdiz procureurs ont dit que onques n'avoient veu le contenu de ladicte requeste et ne la voloient pas soustenir ès paroles qu'elle contenoit, mais bien requeroient la revocation ou moderation dont a esté parlé, la Court, après ce que lesdiz procureurs sont issus de la Chambre, et rappellez, eulx presens, a fait dessirer icelle requeste comme injurieuse, et a blasmé iceulx procureurs et par especial ceulx qui l'avoient faicte, et qu'il se gardassent une autre foiz *a similibus*, *aliàs* seroient griefment puniz, et leur a dit que s'il wellent bailler aucune requeste, la baillient en forme honeste et convenable[1].

Cedit jour, le procureur du Roy a requiz qu'il soit defendu à tous que à la Chancellerie plus ne baillent lettres à sceller en son nom, comme aucuns faisoient, sans parler à lui premierement, ce qui a esté defendu en pleinne Chambre par le Chancellier.

Item, a requiz ledit procureur general que le Chancellier seellast certeinnes lettres executoires d'aucunes

---

1. En marge se trouvent ces mots : *Dictum per Cancellarium hodiè*.

ordonnances royaulx sur l'exaction de pluseurs pecunes que l'en levoit et portoit à Court de Romme de ce royaume, comme *aliàs* avoit esté appoinctié au Conseil du Roy. A quoy a dit le Chancellier que, jusques à ce que le Roy sera en santé ou en point d'entendre à ladicte requeste, ne seellera lesdictes lettres[1].

Item, a requiz icellui procureur que aucuns des maistres de la Court fussent ordonnez à adviser ce qui seroit à requerir et observer pour les droiz du Roy et de l'eglise de France garder au Conseil de l'Eglise qui se doit tenir à Constance en Allemaigne[2], à quoy a esté respondu qu'il baille une cedule des noms de ceulx que welt avoir, et l'en y pourverra.

Puiz se partirent les seigneurs dessusdiz et les maistres de Parlement environ une heure après midi.

Conseil, XIV (X^{ia} 1480), fol. 1.

Mardi, xxe jour de novembre.

Messire Gadifer de la Sale, chevalier, requiert l'enterinement de certeinnes lettres de l'office de senes-

---

1. Au regard de ce paragraphe a été postérieurement ajoutée, dans la marge, la note suivante qui nous paraît écrite de la main de Clément de Fauquembergue, le successeur de Nicolas de Baye :

« Iste Cancellarius et suus filius, qui ad episcopatum Constanciensem fuerat per Papam, occasione hujusmodi denegationis aut dilationis promotus, post paucos dies miserabiliter interempti et trucidati fuerunt. »

2. Parmi les prélats et docteurs chargés de représenter la France à ce concile, on peut citer Benoît Gentien, professeur en théologie, délégué de l'Université de Paris ; Pierre de Versailles, religieux de Saint-Denis et professeur en théologie ; Jourdain Morin ; l'archidiacre de Paris et le duc de Bavière, envoyés par le roi de France, et nombre d'archevêques et d'évêques, notamment ceux de Besançon, de Vienne, de Chartres, d'Évreux et d'Arras.

chal de Bigorre estre enterinées et estre receu audit office.

Arnaudon de Leveden, soy disant seneschal de Bigore, s'oppose au contràire et requiert estre receu à opposition et avoir distribution de conseil.

Messire Guillaume, seigneur de Pugolx, chevalier, s'oppose pareillement à la reception dudit Gadifer audit office.

Matinées, VIII (X^{ia} 4790), fol. 160 r°.

Mercredi, xxj^e jour de novembre.

Ce jour, a esté ordonné par la Court que chascun des seigneurs de ceans qui sont comprins, eulx ou leurs enfans, freres ou nepveux, pour et ou nom d'eulx, es prerogatives octroiées par le Pape à la Court de ceans, paiera un escu pour satisfaire ceulx qui ont besoigné et traveillié à Court de Romme ou fait et poursuite d'icelles prerogatives, à pranre sur leur gages, se autrement ne le wellent paier, et dudit argent a ordonné que x escus seront bailliez au chevaucheur qui a apporté les lettres d'icelles prerogatives.

Conseil, XIV (X^{ia} 1480), fol. 3 r°.

Comme à la requeste du procureur du Roy en la senechaucée de Tholouse, monseigneur l'evesque d'Alby[1], qui à present est, et son official, et aussi le juge de sa temporalité, et son advocat et procureur et

---

1. Pierre III Nepos, chanoine de Narbonne et de Clermont, qui occupait le siège épiscopal d'Alby depuis 1410, était alors en procès avec son prédécesseur, Dominique de Florence, devenu archevêque de Toulouse, et lui réclamait des sommes considérables pour les réparations de l'évêché d'Albi, notamment pour certains moulins « en grant peril » (Matinées, X^{ia} 4790, fol. 179 r°).

autres ses officiers eussent esté adjornez en la Court
de Tholouze, soubz umbre de ce que ledit procureur
disoit que ledit official avoit donné une citation contenent que à nul appartient la prinse des clers, sinon
par la licence des gens d'eglise, laquelle citation ou
monition ledit evesque n'eust point fait bailler, et eust
esté faicte à son desceu, et la desavoua si tost qu'elle
vint à sa cognoiscence; ancores d'abondant ycellui
evesque desavoe icelle citation, et ne la welt ne wou-
droit en riens soustenir, et la revoque et rappelle en
tant que mestier est, et se tient pour adjourné en la
Court de Parlement aux jours des senechaucées de
Tholouse et de Carcassonne de ce present Parlement
pour respondre au procureur general du Roy à tout
ce que lui voudra demander pour cause et occasion de
ladicte citation, et pour proceder en oultre comme de
raison.

Maistre Benoit Pidalet, procureur d'Arnaut de la
Tour, seneschal de Pierregort, s'oppose que aucun ne
soit receu oudit office.

Matinées, VIII (X^{ia} 4790), fol. 161 v°.

Samedi, xxiiij^e jour de novembre.

Ce jour, a esté prins et esleu par les ij Chambres,
non pas par scrutine, maistre Bureau Boucher[1], nez
de Paris, en conseillier ceans en la Chambre des
Enquestes ou lieu de maistre Jaques Gelu[2], lequel le

1. Bureau Boucher devint maître des Requêtes de l'Hôtel au
mois d'avril 1417, en remplacement de Pierre d'Orgemont.

2. Jacques Gelu, maître ès arts, bachelier en décret et licencié
en lois, fut nommé archevêque de Tours, le 7 novembre 1414,
au concile de Constance, et consacré, le 13 janvier 1415, par
l'évêque de Paris, assisté des évêques de Beauvais et de Châ-

Pape a promeu en arcevesque de Tours, et lequel avoit resigné sondit office en la main du Roy au profit dudit Bureau, et a fait le serement acoustumé, combien qu'il n'eust pas ancores lettres de ladicte assumption ou election; vray est qu'il avoit lettre de la Chancellerie ou du Roy, signée et non seellée, ja soit ce que l'en n'eust point acoustumé de recevoir aucun sans lettre seellée.

Mercredi, xxviij[e] jour de novembre.

Cedit jour, ont esté leues certeinnes lettres closes envoiées par le duc de Bourgoigne à la Court, que j'ay portées au Chancellier par le commandement de la Court, signées par maistre Baude des Bordes, banny, comme l'en disoit, par lesquelles ledit duc se plaignoit de ce que ceulx de Chaalons et de Vitry en Pertoiz ne l'avoient laissié entrer esdictes villes, n'avoir des vivres pour son argent, à occasion d'un mandement royal, que disoit estre contre le traictié de la paix passé devant Arras[1]. Et si ce excusoit de ce qu'il

lons; le concile lui donna mission de faire une tentative d'apaisement auprès de l'antipape Benoît XIII; chargé en 1418 par le Dauphin d'une mission pacificatrice à Corbeil, il faillit être massacré à Paris au mois de juin de la même année, et s'estima très heureux de pouvoir reutrer à Tours; en 1427, il passa au siège archiépiscopal d'Embrun.

1. Monstrelet, dans sa chronique (t. III, p. 48), confirme le fait en question; après avoir séjourné quelque temps à Mézières, Jean sans Peur se présenta devant Châlons, « à l'encontre duquel ceulx de ladicte ville cloirent leurs portes par la vertu d'unes lettres du Roy à eulx envoiées, contenens que icellui ne ses gens ne meissent en leur ville. » Le duc de Bourgogne, fort irrité de ce procédé, s'en alla vers Vitry, mais n'obtint pas davantage l'entrée de la place, et se retira à Saint-Dizier, puis gagna Dijon, où il se trouvait le 30 octobre.

metoit la forteresse de Tonnerre, à l'occasion de laquelle se faisoient moult de maux, en tel estat que les bonnes genz du païz demourroient en paix et asseurs[1], car ce faisoit pour le bien de paix qu'il disoit moult desirer.

Conseil, XIV (X^{ia} 1480), fol. 3 v°.

Mercredi, v^e jour de decembre.

La Court a commiz les seigneurs de ceans qui *aliàs* avoient esté commiz à mettre par escript les reformations à faire et poursuir devers le Pape, par le moien du cardinal de Pise, pour la reformation de la bulle des nominations octroiées au Roy, devers qui chascun nommé poursuira sa lettre.

Conseil, XIV (X^{ia} 1480), fol. 4 v°.

Venredi, vij^e de decembre CCCC XIIII.

La Court, à la relation de certains commissaires ordenez sur le fait de la Marchandise des harens et poissons de mer à Paris, a permis et octroyé que la somme de iiij^{xx} x escus d'or, iij nobles, ij demy nobles, ij mantelez, v frans, un mouton, un pietre et une maille d'or, d'une part, et la somme de vij^c xlvij escus d'or, iij nobles et un blanc de viij deniers parisis, d'autre

---

1. Dès son arrivée en Bourgogne, Jean sans Peur fit attaquer la ville et le château de Tonnerre, que venaient de quitter les gens d'armes du comte de Tonnerre placés sous les ordres d'Hélion de Jacqueville. Aux termes de certaines lettres closes à l'adresse de Charles VI, le duc de Bourgogne crut devoir notifier au Roi la destruction du château de Tonnerre « qu'il avoit fait faire, disait-il, pour ce que le conte, son vassal, s'estoit rebellé par pluseurs foiz contre lui et sans cause, en le defiant et entreprenant sur sa terre, » mais, ajoutait ce prince, ce n'était nullement pour enfreindre le traité d'Arras (*Monstrelet*, t. III, p. 49).

part, lesquelles sommes appartenoient à ladicte Marchandise et estoient en garde en l'ostel de maistre Jehan Bailli, procureur en Parlement et d'icelle Marchandise, soient baillées par ledit Bailli aux executeurs du testament de feu messire Phelippe de Molins, jadiz evesque de Noyon, en paiement de partie de xiiij[c] escus que les esleuz sur le fait de ladicte Marchandise et ledit procureur devoient bailler ausdiz executeurs pour la vente de certain droit appellé hellebic[1], que ledit feu evesque prenoit sur les poissons de mer et harens amenez par les marchans forains es hales de Paris, lequel hellebic iceulx executeurs ont vendu ausdiz esleuz et procureur ladicte somme de xiiij[c] escuz.

Après-Dinées, I (X[1a] 8301), fol. 563 r°.

Lundi, x[e] jour de decembre.

Maire et jurez de Noyon ont miz devers la Court certeinnes lettres royaulx par lesquelles ilz puent appeller au conseil de la ville des habitans de la ville, bourgoiz ou autre, et à y venir les contraindre, qui sont ceans contencieuses, et a esté dit qu'il n'useront desdictes lettres jusques à ce que, parties oyes, au landemain des Roix prouchain en soit autrement ordonné.

La Court a octroyé à maistre Guillaume Laillier, conseillier du Roy ceans, d'aler et rapporter devent

1. Ce droit de hallebic, prélevé sur le poisson de mer aux halles de Paris, existait dès le xive siècle (v. l'ordonnance citée par Ducange, où ce droit se trouve désigné comme une « fausse coustume estant à Paris sur le poisson, par laquelle les marchands etalliers, par chacun panier, puis le prix fait, rabatoient à la fois 12 solz, à la fois 10, à la fois 8, selon leur volenté »).

certains commissaires un procès d'entre le duc de
Bourbon ou son procureur, d'une part, et messire
J. de Priet, dit Petit mareschal, d'autre part, pourveu
que, s'il est appellé desdiz commissaires, ycellui Laillier ne sera point au jugement de la cause d'appel.

Matinées, VIII (X¹ᵃ 4790), fol. 171 rᵒ, 172 vᵒ.

Jeudi, xiijᵉ jour de decembre.

La Court, oye la relation de certains commissaires,
a donné delay pour touz delaiz à messire Simon de
Cramaut, cardinal de Reins, de faire foy de certeinne
quictance par luy proposée contre les executeurs du
testament feu maistre Guillaume de Gaudiac, et à
proceder en oultre comme de raison, à ij moiz.

Matinées, VIII (X¹ᵃ 4790), fol. 175 rᵒ.

Venredi, xiiijᵉ jour de decembre.

Ce jour, maistre Martin Derian, secretaire du Roy,
a dit à la Court de par monseigneur le Chancellier que
le Roy defendoit à la Court qu'elle ne cogneust de
present de la cause pendant ceans entre le seigneur
de Dampierre, d'une part, et messire Clignet de Breban, d'autre part, pour l'office d'admiral, et surseist
de ce la Court jusques à ce que le Roy en averoit autrement ordonné.

Conseil, XIV (X¹ᵃ 1480), fol. 5 rᵒ.

1415.

Mercredi, ijᵉ jour de janvier.

Le seigneurs de la Chambre se sont plus tost levez
que n'ont acoustumé pour aler devers le Roy à S. Pol.

Conseil, XIV (X¹ᵃ 1480), fol. 6 rᵒ.

Venredi, xj[e] jour de janvier.

Sur ce que Pierre d'Ay, escuier, que l'en disoit avoir transporté ou fait transporter hors ce royaume J. de Bremont[1], prisonnier, avoit dit qu'il avoit renuncié dedans temps deu à certain appel par lui fait ceans et offroit faire foy par escript de sadicte renunciation, la Court a retenu prisonnier par la ville de Paris ycellui d'Ay, à la caution qu'il a baillée en la main de Guillaume de Buymont, huissier de Parlement, jusques à ce qu'il ait fait foy de sadicte renunciation par escript, et lui enjoint ladicte Court qu'il face diligence de faire remettre ledit prisonnier en la main du Roy, ce que ledit d'Ay a promiz faire.

Conseil (X^{1a} 1480), fol. 6 v°.

Lundi, xiiij[e] jour de janvier derrien passé[2].

Vint avant les plaidoiries le cardinal de Pise, legat *a latere* du Pape es provinces de Sens, Reins et Rouen, en la Chambre et print *pro themate* les paroles de l'Evangile de dimanche prouchain selon l'usage de Court de Romme : *In his que patris mei sunt oportet me*

1. Ce paragraphe se trouve inséré dans le registre du Conseil après le mercredi 16 janvier.

2. Raoul de Brémont, habitant de Soissons, fait prisonnier lors du sac de cette ville, par Pierre d'Ay, qui avait fixé sa rançon à 800 écus d'or, s'était provisoirement libéré en donnant son fils Jean en otage ; innocenté des cas à lui imposés, il obtint lettres du connétable d'Albret, enjoignant à Pierre d'Ay de mettre en liberté Jean de Brémont ; sur l'appel interjeté par le dit Pierre, qui s'était permis de mettre la main sur des biens de son adversaire déposés en l'abbaye de Longpont, le Parlement, par arrêt du 27 février 1415 (n. st.), convertit les attentats en excès, ordonna l'élargissement de Jean de Brémont, qui avait été amené à la Conciergerie, et renvoya le jugement de l'affaire au lendemain du dimanche de *Letare* (Jugés, X^{1a} 60, fol. 267 v°).

esse[1], pour quoy estoit venu devers la Court pour iij choses, pour recommender les besoignes de l'Eglise et du Pape, les siennes et soy offrir pour la Court, car il faloit qu'il s'en retournast au Pape[2] pour le Conseil general qui se devoit tenir à Constances en Alemaigne, où le Pape estoit, ja avoit iiij moiz, et si avoit esté ordonné ledit à la requeste et instance des Françoiz, et si n'y avoit ancores audit lieu aucun prelat de France[3], combien que le Pape attendist ilecques.

Samedi, xix⁰ jour de janvier.

Pour ce que maistre J. de Saint Verain, president en la Chambre des Enquestes[4], estoit en necessité de maladie, dès passé a près d'un an, et telement que bonnement il ne pouvoit vaquer à sondit office, la Court a au jour d'ui surrogué et surrogue, election par voie de scrutine precedent, maistre Adam de Bau-

---

1. Ce texte est emprunté à l'Évangile selon saint Luc, chap. ii, vers. 49 : *Nesciebatis quia in his quæ patris mei sunt oportet me esse.*

2. Alaman de Pise se trouve cité au nombre des cardinaux présents à la seconde session du concile, tenue, le samedi 30 mars, en l'église cathédrale de Constance (cf. le *Religieux de Saint-Denis,* t. V, p. 487).

3. Suivant le *Religieux de Saint-Denis,* t. V, p. 439, les délégués du Roi de France et de l'Université de Paris se mirent en route au mois de janvier. V. dans la même chronique l'indication des prélats français qui assistèrent au concile.

4. Le président Jean de Saint-Vrain, chanoine de Notre-Dame de Paris, vécut encore quelques années ; à son testament du 21 juillet 1409 il ajouta deux codicilles, le 14 septembre 1418 et le 2 février 1420 (v. Bibl. nat., coll. Moreau, 1162, fol. 433 r°), et décéda le 5 février suivant ; il fut inhumé à Notre-Dame, sa tombe en pierre le représente debout, sous une arcade, tenant un livre (v. *les Tombes et Épitaphes de Notre-Dame,* LL 488 *bis,* fol. 80).

driboz, conseiller du Roy nostre Sire, à l'exercice dudit office de president en ladicte Chambre des Enquestes *in vicem* dudit de S. Verain.

Conseil, XIV (X^{1a} 1480), fol. 7 r° et v°.

Jeudi, derrien jour de fevrier.

La Court a enjoint au premier huissier qu'il lieve c solz de maistre Guillaume Intrant et André Cotin et d'un chascun d'eulx c solz, sans espargner ne eulx ne autre de cy en avant, quant ilz faudront à estre presens à plaider leurs causes, mesme quant l'en les appelle au roole, et à moy que je l'enregistre. Et depuiz ancores a esté dit que sur maistre J. de Ramaiz, advocat, non comparent, soient levez c solz, *pro simili causa*.

Matinées, VIII (X^{1a} 4790), fol. 213 v°.

Mardi, xij^e jour de mars.

En present sont venus les Angloiz veoir le Parlement.

Matinées, VIII (X^{1a} 4790), fol. 219 v°.

Samedi, xvj^e jour de mars.

Ce jour, ont esté publiées les lettres de la paix ordonnée par le Roy[1], laquelle ont jurée devers le Roy les seigneurs du sanc du Roy et autres, et ceans pluseurs prelas, chevaliers, tous les seigneurs des Chambres, tous les advocas et procureurs, notaires et autres, en la main du Chancellier, et moy aussy, et

---

1. A la suite de plusieurs conférences avec le duc de Brabant et les gens du duc de Bourgogne, la paix d'Arras fut définitivement conclue et publiée à son de trompe le 23 février, « à grande joie parmy la ville de Paris, dit Juvénal des Ursins, p. 504, et envoyée par toutes les bonnes villes du royaume. » (Cf. le *Journal d'un bourgeois de Paris*, p. 60, note 1.)

en general tous autres. Et est la cinquiesme paix ou
tractié juré touchant les descors des seigneurs à occasion de la mort perpetrée par le duc de Bourgoigne
ou de par lui en la personne du feu duc d'Orleans,
frere germain du Roy, dont tout le royaume est
demouré moult afoibli et desert en trop de manieres.
Dieu par sa pitié y pourvoie.

Conseil, XIV (X^{1a} 1480), fol. 11 v°.

Lundi, xviij^e jour de mars.

La Court a au jour d'ui confessé avoir receu de Nycolas Bonnet, changeur du Tresor, la somme de xx libvres ordonnée par les gens des Comptes estre baillée
à icelle Court pour convertir et emploier en la façon
d'un tableau pour la Chambre des Enquestes[1], et
laquelle somme vient de certeinne composition faicte
par le procureur dudit Seigneur avec Girart Cyole et
Constantin de Nycolas, marchans lombars demourans
à Paris[2].

Mardi, xixe jour de mars.

Les Prevost des Marchans et eschevins de Paris ont
juré en la Court au jour d'ui la paix ordonnée par le

---

1. E. Boutaric, dans ses *Recherches archéologiques sur le Palais
de justice de Paris* (*Mém. de la Société des Antiquaires de France,*
t. XXVII, p. 32), ne mentionne que le tableau placé en 1406
dans la Grand'Chambre et décrit par Nicolas de Baye dans son
journal personnel. V. ci-après, à la date du 1er janvier 1406 (n. st.).

2. Ces marchands lombards étaient actionnés par le procureur
du Roi pour l'acquit du droit d'entrée de joyaux introduits dans
le royaume; on voit, à la date du 6 septembre 1413, le Parlement
décider que les marchands en question subiraient un interrogatoire, dont furent chargés les conseillers Adam de Beaudriboz et
J. Gencien, et qu'on entendrait de part et d'autre les témoins pouvant éclairer le débat (Conseil, X^{1a} 1479, fol. 264 r°).

Roy et par lettres qui, samedi derrien, furent ceans
publiées, et ont fait ledit serment par main souverainne
et sans le prejudice du prevost de Paris et de sa commission qu'il avoit à recevoir le serment de ladicte
paix, et sans le prejudice desdiz Prevost des Marchans
et eschevins.

Matinées, VIII (X¹ᵃ 4790), fol. 224 rᵒ, 225 rᵒ.

Samedi, xxijᵉ jour de mars.

Sur ce que à occasion de la guerre que l'en attendoit des Angloiz contre ce royaume, l'en avoit miz
suz aydes pour secourir aux frontieres, ouquel les
seigneurs laiz de la Court avoient esté miz à la somme
de environ vjᶜ xl libvres parisis, et avoit l'en ordonné
au Conseil du Roy que l'en les requerroit de paier, et
de ce estoit chargié maistre Simon de Nanterre, president ceans, pour admonester sur ce lesdis seigneurs
de ceans de par le Roy ou son Conseil, deliberé a esté
qu'il seroit respondu de par la Court en la excusant,
et iceulx laiz par especial de par icelle, que attenduz
les petis gages et profiz qu'ilz ont, et leur charge, et la
franchise en laquelle ont esté tenus de tout temps
jusques à ores, combien que ou temps passé a eu moult
grans neccessitez en ce royaume, n'est point leur
entention que lesdiz laiz paient ledit subside, consideré ce que dit est, et pluseurs autres choses qui sont
à considerer, et de ce respondre a esté chargié ledit
president de par la Court.

Conseil, XIV (X¹ᵃ 1480), fol. 12 rᵒ.

Mardi, xvjᵉ jour d'avril.

Ce jour, fu plaidoiée une cause criminelle contre
Barat de Forges et autres habitans de Vauchamps

jusques au nombre de viij, pour cause de la mort d'un homme de Nogent l'Artaut[1].

Pierre Lentier, receveur des aydes es terres du Roy à Viviers en Valentinoiz et à Vienne, s'oppose que aucun ne soit receu en son office sans le oïr, et s'aucune chose il faisoit ou consentoit de bouche par renunciation ou autrement en personne, ou autrement, proteste que ce ne lui prejudicie comme faicte par craincte ou paeur, contraincte ou induction violente, ne à son opposition, pour les causes qu'il entent à dire *tempore et loco*.

Matinées, VIII (X^{1a} 4790), fol. 234 v°.

Venredi, xxiiij^e jour de may.

La Court a recreu de cy au landemain de la S. Remi prouchain à l'evesque de Beauvaiz[2], à sa caution, son

---

1. L'action criminelle en question avait été introduite à la requête de Nicaise Le Peleux et du procureur du Roi contre Barat de Forges, écuyer, Guillemin de Forges et consorts. Au retour d'un pèlerinage à Saint-Gaude, près de Nogent-l'Artaud, Nicaise Le Peleux raconta la vie de saint Gaude à ses enfants, « qui pour ce orent voulenté d'aler audit pelerinage ; » ils passèrent par Vauchamps et voulurent traverser un champ de blé où se trouvait Guillemin de Forges, qui prétendit s'y opposer. Colin Le Peleux rompit une haie et, entrant à cheval dans le champ, s'écria : « Senglant vilain, je y ay autrefois passé, encore y passeray, » et il frappa Guillemin de son épée. Une rixe s'en suivit, dans laquelle un certain Étienne fut mortellement blessé. Aux termes des plaidoiries du 16 avril 1415, les poursuivants demandaient la fondation d'une chapelle à Vauchamps avec amende honorable à Nogent-l'Artaud (Criminel, X^{2a} 17).

2. Cette saisie du temporel de l'évêque de Beauvais avait été amenée par un procès relatif aux criées d'une maison de la ville, à l'enseigne de l'Écu de Flandre, appartenant aux héritiers de Jeanne Le Caron, procès dans lequel l'official, à ce que prétendait le bailli de Senlis, avait outrepassé ses droits et empiété sur

temporel qui avoit esté miz en la main du Roy, à la requeste du procureur du Roy, et par vertu d'une commission du bailli de Senliz pour certeinnes entreprises faictes par sa jurisdition ecclesiastique ou prejudice de la jurisdition temporelle, comme l'en disoit.

Conseil, XIV (X^{ᵗᵃ} 1480), fol. 19 v°.

Conseil, XIV (X¹ᵃ 1480), fol. 19 v°.

Lundi, xxvij° jour de may.

Par devent maistre Phelippe de Boisgillou, Guillaume Le Clerc, Phelippe du Puiz et Jaques du Gard, conseillers du Roy, et les Prevost des Marchans et eschevins de Paris, estans en la Chambre du Conseil estant près de la Chambre des Comptes à Paris, Robert Louvel, clerc de ladicte ville et commiz par lesdiz Prevost et eschevins à recevoir la tierce partie des aydes ayans cours en ladicte ville et banliue d'icelle, octroyée par le Roy à icelle ville pour les reparations d'icelle, a promis et promet en bonne foy en la presence desdiz Prevost et eschevins, et de leur consentement, bailler et delivrer des deniers desdictes aydes et de sa recepte à maistre J. du Boiz, graphier criminel de Parlement, la somme de mil libvres tournoiz dedans v moiz prouchainement venanz, c'est assavoir, chascun moiz ij° libvres tournoiz, à commencier à Paris, le derrien jour de juing prouchain venant, et ainsy en la fin de chascun moiz ensuivant jusques à fin de paie de ladicte somme de mil libvres tournoiz, pour icelle rendre et restituer à messeigneurs de Par-

---

la juridiction temporelle. L'évêque Bernard de Chevenon mit fin au débat en obtenant lettres du 1ᵉʳ août 1415, qui ordonnèrent l'annulation de la procédure et la mainlevée de la saisie (Jugés, X¹ᵃ 60, fol. 330 v°).

lement et autres officiers d'icellui Parlement, qui autrefoiz l'avoient paiée au profit du Roy ou de ladicte ville, comme apert par cedule ou lettre de quictance de Andri d'Espernon, changeur et bourgoiz de Paris, estant devers icelle Court, et laquelle lui sera rendue en fin de paie de la somme dessusdicte.

Conseil, XIV (X[1a] 1480), fol. 20 r°.

Messire Raoul de Loire s'oppose contre l'institution de Chatart de Violet à l'office de seneschal de Roergue, et requiert estre receu à opposition par vertu de certeinnes lettres, et requiert l'estat, et revenra Chatart venredi dire ce qu'il appartendra, et ont eû les parties distribution de conseil.

Matinées, VIII (X[1a] 4790), fol. 258 r°.

Mercredi, xixe jour de juin.

La Court a ordonné que les ij filles de la dame de Fosseux, qui ont esté baillées en garde à maistre Charles Culdoe, seront mises hors de sa main, veue sa requeste, et seront baillées à leur dicte mère qui est en la Conciergerie, *quousque aliàs* par la Court en sera ordonné[1].

Conseil, XIV (X[1a] 1480), fol. 22 r°.

Mardi, xxve jour de juin.

Ce jour, la Court a ordonné, en la presence du

---

1. La dame de Fosseux, emprisonnée à la poursuite du vidame d'Amiens, avait en quelque sorte été mise au secret, enfermée à la Conciergerie, dans la tour aux Joyaux, séparée de ses deux filles séquestrées et mises en certain hôtel en vertu d'une décision prise le 29 mai. Le Parlement se relâcha de sa rigueur le 1er juin et permit à la dame de Fosseux de parler à ses conseillers, procureurs, avocats, proches parents et amis, et gens d'honneur qu'elle désirerait voir (Criminel, X[2a] 17).

procureur du Roy géneral et de maistre J. du Boiz, procureur des religieux, abbé et couvent de S. Deniz en France, que par main souverainne et sans prejudice du procès pendent ceans entre lesdictes parties[1], et aussi sans le prejudice des droiz desdictes parties les biens et gages prins durant la foire du Lendict derrien passé sur aucuns forains extans à ladicte foire, pour cause de ce que en leurs loges ilz n'avoient miz, fait mettre, coudre ne attacher escripture, peincture, espeintre (*sic*) n'autre chose quelconque par quoy apparust des villes dont ilz estoient, seront pour ceste foiz rendus et restituez auxdis forains en baillant par devent maistres Jaques de Ver et Jaques Cardon, commiz à ce de par la Court, telle caution que pourront bailler d'ester à droit sur ce.

Matinées, VIII (X¹ᵃ 4790), fol. 275 vᵒ.

Lundi, viijᵉ jour de juillet.

Cedit jour, avant les Plaidoiries, a esté receu en office de senechal de Belcaire ou lieu de messire Guillaume Seignet, docteur, messire Guy, seigneur de Pesteil, sauf l'opposition dudit Seignet à dire en temps et en lieu, et l'appoinctement de la Court autrefoiz fait en ceste matiere demourant en sa vertu, et sans icellui innover, et a fait ledit Pesteil le serment acoustumé.

Conseil, XIV (X¹ᵃ 1480), fol. 24 vᵒ.

Venredi, ixᵉ jour d'aoust.

Au jour d'ui, messire Robert, sʳ de Peletot, chevalier, en sa personne presens, d'une part, et maistre

---

1. V. les plaidoiries du 18 juin précédent (Matinées, X¹ᵃ 4790, fol. 272 vᵒ).

Garnier de Scepeaux, procureur du s[r] d'Ivoy, d'autre part, par vertu de la procuration dudit d'Ivoy, de laquelle est apparu à la Court, ont consenti en la Court que messire Robert de Montauban, chevalier, soit receu à l'office de bailli de Coustantin, dont lesdiz de Peletot, d'une part, et d'Ivoy, d'autre part, contendoient ceans.

Matinées, VIII (X[1a] 4790), fol. 307 r°.

Mardi, xiij[e] jour d'aoust.

Ce jour, s'est levée la Court, environ ix heures, pour aler aux exeques de maistre Deniz de Passy, conseiller de ceans, qui est alé de vie à trespas[1].

Ce jour, a esté receu par lettres royaulx messire Robert de Montauban en bailli de Coustantin, non obstant qu'il fust absens, du consentement des seigneurs d'Ivoy et de Peletot[2] qui contendoient dudit office, et a esté ou sera mandé au bailli de Caen qu'il reçoive le serment de lui acoustumé à faire ceans,

---

1. Denis de Pacy était déjà conseiller au Parlement en 1392. Le 23 août, Hue de Dicy, son neveu et exécuteur testamentaire, vint soumettre au Parlement l'exécution de ses dernières volontés; le testament de Denis de Pacy, en date du 1er février 1415, n'existe plus en original, mais se trouve transcrit dans le volume 1162 du fonds Moreau, fol. 10 v°.

2. On voit, par un procès criminel plaidé le 5 juin 1414, que Robert Peletot, pendant l'exercice de la charge de bailli du Cotentin, s'était signalé par de telles exactions que l'autorité royale avait dû demander sa suspension. Non content de contracter des emprunts qu'il ne remboursait point, notamment au préjudice de l'évêque de Coutances et de l'abbé d'Essay, il avait même reçu de l'argent pour empêcher certaines poursuites judiciaires, et « tenu en sa compagnie gens de mauvaise vie, lesquelx ont commis pluseurs crimes dont il n'a fait aucune justice » (Criminel, X[2a] 17, au 5 juin 1414).

pourveu que quant il venra à Paris, il fera en la Court
le serment dessusdit, et a esté ce fait *ex causa*, car il
et sa presence estoient necessaires en Normendie, où
il estoit. Matinées, VIII (X¹ᵃ 4790), fol. 310 v°.

Venredi, xxiij^e jour d'aoust.

La Court a commiz maistres Pierre Doger et Bertran
Quentin, conseillers du Roy ceans, à entendre à accorder les religieux de Resbès en Brie avecques leur
abbé[1], et ou cas que ne les pourront accorder, averont audience mardi prouchain.

Matinées, VIII (X¹ᵃ 4790), fol. 317 v°.

Venredi, xxxe jour d'aoust.

Ce jour, Pierre Crochet, procureur, si comme il
disoit, du seigneur de Besloy en la court du Roy à
Amiens, a confessé avoir eu et receu de messire

---

1. Aux termes d'un accord passé le 3 septembre 1415, Jean
Cousinot, abbé de Saint-Pierre-de-Rebais en Brie, et les religieux de ce couvent déclarèrent accepter l'arbitrage de l'abbé de
Saint-Faron de Meaux, de G. Le Tur, avocat du Roi, et de
J. Aguenin, procureur général du Roi, « pour mettre bon gouvernement oudit monastère, tant en espirituel comme en temporel » (Accords homologués au Parlement, X¹ᶜ 110). Les arbitres
firent de « belles ordonnances », dont les religieux ne tinrent
aucun compte et s'associèrent avec des gens de guerre pour
mettre tout au pillage. Il fallut faire le siège en règle de l'abbaye
durant deux jours; les moines rebelles furent pris, garrottés et
conduits à Meaux sur un chariot. Ces faits ressortent des plaidoiries du 9 avril 1416 (n. st.). Au dire des religieux, leur abbé,
après les avoir malmenés, aurait délaissé l'abbaye, emporté la
vaisselle, vendu leur blé et le poisson d'un grand étang. Un arrêt
du 13 avril suivant ordonna la mise en liberté des religieux, et
leur comparution avec J. Cousinot devant l'abbé de Saint-Faron
de Meaux, chargé d'exécuter la sentence arbitrale précédemment
rendue (Matinées, X¹ᵃ 4791, fol. 71 v°; Conseil, X¹ᵃ 1480, fol. 53).

David, s^r d'Auxy, par la main de messire David de Brimeu, chevalier, la somme de mil frans, xvj solz parisis pour piece, en deduction de plus grant somme que devoit le s^r d'Auxy audit s^r de Belloy par certain accort fait entr'eulx, pour arrerages de c libvres parisis de rente viagiere, en quoy est tenu ledit d'Auxy audit s^r de Besloy, pour lesquelx avoit fait exposer en vente les terres de Hangest sur Somme et de Famechon, et en estoit question ceans.

Samedi, derrien jour d'aoust.

Cedit jour, Robin Mutel, frere de Rogerin Mutel, bourgoiz de Rouen, et Regnaudin Langloiz, sergent du Roy nostre Sire à Rouen, ont amené à Paris, comme ilz dient, Jehannette d'Orleans[1], et laquelle ilz ont mise au Heaume en la rue Nueve S. Merry pour amener ceans au plaisir de la Court, et requierent ledit Rogerin estre excusé, pour ce que par appoinctement de la Court la devoit faire amener ou amener dedens ce derrien jour d'aoust.

Matinées, VIII (X^{1a} 4790), fol. 323 r°.

Hec omnia, his metris contenta, habebantur his diebus CCCC XV, in hoc regno :

> Chief essoignié de piteuse aventure,
> Jeune regent plain de sa volenté,
> Sang si divis l'un de l'autre n'a cure,
> Conseil suspect de parcialité,

1. Cette Jeannette d'Orléans fut séquestrée dans le logis du greffier criminel, Jean du Bois, et parvint à s'évader de sa prison, avec la connivence de Jeannette de Douai, chambrière du greffier, qui fut mise à la Conciergerie, y tomba malade et fut élargie provisoirement sous caution, le 27 novembre 1415 (Criminel, X^{2a} 17).

Peuple destruit par prodigalité,
Feront encor tant de gens mendier
Qu'à un chascun fauldra faire mestier.

Noblesse fuit encontre sa nature,
Le clergié craint et cele verité,
L'umble commun obeit et endure
Fains protecteurs lui faire adversité,
Mais trop souffrir induit necessité
Dont avendra, que ja veir ne quier,
Qu'à un chascun fauldra faire mestier.

Foible ennemi en grant desconfiture,
Victorien et pou debilité,
Provision verbal, qui petit dure,
Dont nulles riens n'en est executé,
Regne, des tiens mesmes persecuté,
Ta fin sera et ton estat dernier,
Qu'à un chascun fauldra faire mestier [1].

Conseil, XIV (X¹ᵃ 1480), fol. 33 rᵒ.

Mardi, xijᵉ jour de novembre mil CCCC XV.

Maistre Robert Mauger, presidens premier ou Parlement, absent le Chancellier et extant avecques le Roy à Rouan en expedition [2], tint le Parlement, pre-

1. On peut rapprocher de cette poésie la pièce de vers, composée après le désastre d'Azincourt par « aucuns clercs du royaume de France, moult esmerveillez, » et reproduite par Monstrelet, dans sa chronique, t. III, p. 123 ; elle diffère notablement de notre leçon qui se trouve intercalée dans le registre du Conseil, à la fin du Parlement de l'année 1414-1415, et que nous insérons dans notre journal, quoiqu'elle ait été comprise par Félibien parmi ses extraits du Parlement (*Histoire de la ville de Paris,* t. IV, p. 561), et donnée en note par M. Douët d'Arcq, dans son édition de Monstrelet ; le texte n'est point de la main de N. de Baye, qui a seulement écrit à la marge la note latine pour accompagner la poésie en question.

2. Suivant *Juvénal des Ursins* (p. 507), Charles VI se trouvait à Vernon le lundi 7 octobre, et rejoignit le duc de Guyenne à Rouen le samedi suivant.

sens maistres S. de Nanterre, P. Le Fevre, presidens, les evesques de Paris, de Luçon, de Meaux, d'Albit, de Coustances, de Chartres, l'abbé de S. Deniz, m. H. de Savoisy, N. Fraillon, P. de l'Esclat, maistres des Requestes de l'Ostel, maistres N. d'Orgemont, G. Le Clerc, maistres en la Chambre des Comptes, et les autres maistres des iij Chambres de Parlement, et furent leues les ordonnances à huiz cloz touchans lesdiz maistres de Parlement et les huissiers, et les huis ouvers celles qui touchent les advocas et procureurs et les parties qui ont à faire oudit Parlement, et firent le serment acoustumé les advocas et procureurs, auxquelx fu enjoint qu'ilx preissent les ordonnances qui leur touchent, puiz se partirent advocas, procureurs et parties, hors les procureur et advocas du Roy qui demourerent en la Chambre, et firent aucunes requestes :

La premiere, qu'il fust pourveu sur les finances qui, sans mesure, se wident et de pieça hors du royaume, tant à Court de Romme où l'en a acheté arceveschiez et eveschiez et autres benefices, sans distinction, comme au inquant, ce savans mesme les princes et gouverneurs du royaume et ce voians[1].

Item, sur ce que les advocas viennent après disner trop tart au Palaiz, car ilz soloient venir et doivent

---

1. Juvénal des Ursins, dans sa chronique (p. 504), s'élève contre ces abus : « C'estoit, dit-il, grande pitié des exactiŏns qu'on faisoit lors à cause des benefices, tant prelatures, graces expectatives que autres; » et il ajoute : « L'an mille quatre cens quinze, le gouvernement alloit tousjours aucunement mal, au regard des exactions d'argent sur le peuple, non distribué au profit de la chose publique. »

entre ij et iij heures, et ainsy le soloient faire, et maintenant viennent à iiij heures.

Item, sur les reparations des edifices des benefices du royaume, tant des prelatures que autres, dont pluseurs tiennent cardinaulx.

Item, sur la reformation de l'estude d'Orleans[1], où les escoliers ne portent nulx livres à l'escole, les docteurs qui soloient lire l'ordinaire par heure et demie ne lisent pas demi heure, et idem des heures des bachelers; et si vont les escoliers court vestus par ville, dagues et cousteaux à la ceincture. Sur quoy a esté dit que sur ce que requiz est seront ordonnez commissaires pour y adviser et pourveoir, et l'adviz fait seroit rapporté au Conseil du Roy.

Item, pour ce qu'il y avoit pluseurs plainctes de aucuns procureurs qui faisoient deshonneur à la Court, qui de ce avoit plaincte, a esté advisié que commissaires seroient ordonné pour veoir ceulx dont est plaincte, et parler à eulx et à ceulx qui demandoient estre receuz de nouvel à faire le serment.

Jeudi, xiiij^e jour de novembre.

Ce jour, fu deliberé sur ce que les gens d'armes

---

1. L'Université d'Orléans, dont l'enseignement juridique était fort en renom, avait déjà été soumise à une réformation, en 1389, pour raison d'abus analogues : déjà, à cette époque, on reprochait aux docteurs de ne faire leurs cours qu'avec négligence, et de dispenser les étudiants des leçons et temps d'études exigés pour l'obtention des grades ; de leur côté, les écoliers, fort turbulents, jetaient le trouble dans la ville et ne se gênaient point pour parcourir les rues avec dagues à la ceinture (cf. Thurot, Documents relatifs à l'Université d'Orléans, *Bibl. de l'École des chartes*, 1871, p. 379).

destruioient tout le pueple en ce royaume, et aussi
sur ce que les finances du royaume s'en aloient dehors
en la destruction du royaume, sur quoy n'est pas
conclu.

Venredi, xve jour de novembre.

Item, sur ce qui estoit miz en deliberation touchant
les gens d'armes qui gastent et destruient ce royaume[1],
et les finances qui ont esté et sont exportées, a esté
dit, par v ou vj des maistres du Conseil sera advisée
une instruction qui sera baillée à aucuns qui seront
deputez à aler devers le Roy à Rouan pour ly monstrer les inconveniens de ce royaume et les remedes
advisez, veues les ordonnances *aliàs* advisées et faictes
sur le gouvernement du royaume, et certeinnes lettres
faictes et conseillées et non seellées touchant lesdictes
finances.

Mardi, xixe jour de novembre.

Ce jour, ont esté leues certeinnes instructions faictes
tant par maistre André Cotin que maistre Guillaume
Le Clerc et le procureur du Roy general, pour adviser celx qui auront à proposer devent le Roy, et pour
ce faire a esté esleu ledit Cotin, arcediacre d'Angiers
et advocat du Roy, auquel assisteront l'un des presidens et iij ou iiij des maistres de Parlement, ij de la

---

1. Le royaume était effectivement en proie aux gens de guerre;
d'une part, ceux que le duc de Guyenne avait ramenés autour de
Paris et qui avaient pris leurs quartiers d'hiver à Saint-Denis,
Corbeil, Melun, et dans les places fortes sur la Seine, la Marne
et l'Oise, dévastaient le pays; d'autre part, les gens d'armes que
Jean sans Peur avait fait venir de Bourgogne, de Savoie et de
Lorraine avaient pillé et ruiné de leur mieux la Champagne et la
Brie (cf. le *Religieux de Saint-Denis*, t. V, p. 583, 585).

Chambre des Comptes, ij ou iij du Grant Conseil et autres, de par lesquelx, en representant lesdiz college et à l'onneur et au proufit du Roy et de son pueple, parlera en monstrant les inconveniens qui sont et ont esté en ce royaume, et les remedes qui pieça avoient esté advisés par bonnes ordonnances qui les garderoit.

Conseil, XIV (X^{1a} 1480), fol. 36, 37 r°.

Maistre J. Le Bugle, procureur du baron d'Ivry, s'est opposé et oppose que aucun ne soit receu à la maistrise generale des Eaues et Forests, soubz umbre de ce que l'en disoit que ledit baron estoit trespassé en la besoigne que ont eu les Angloiz contre le Roy, car ledit baron estoit et est prisonnier en la main des Angloiz en la ville de Merc près de Calaiz[1].

Cedit jour, la Court, present et non contredisant le procureur du Roy, a eslargi Floridas de Lisach, bailli de Morteigne, et J. Bouquet, sergent oudit bailliage pour le duc de Toureinne, lesquelx estoient adjornez ceans en personne pour certains excès et attemptas faiz sur les gens et officiers du Roy ou bailliage de Tournay et Tournesis, comme l'en dit, jusques au lendemain de Quasimodo prouchain venant, et a prins

---

1. Charles, baron d'Ivry, seigneur d'Oisery, avait remplacé comme grand maître des Eaux et Forêts de France Pierre des Essarts, en vertu de lettres du 19 septembre 1412; privé de sa charge sous prétexte de certaines conspirations par lui machinées, il y fut rétabli le 17 août 1413, eut à soutenir un procès pour la maîtrise générale des Eaux et Forêts avec le comte de Tancarville et le sire de Graville, du 19 novembre 1414 au 14 août 1415, et assista, sous les ordres du comte de Vendôme, à la bataille d'Azincourt; il échappa, en effet, à ce désastre et périt, en 1421, dans une rencontre en Picardie pour le Dauphin contre le duc de Bourgogne.

et miz et met, et prant lesdiz officiers et gens du Roy en son especial garde, et a defendu auxdiz bailli et sergent, *sub pena indignationis regie*, qu'ilx ne meffacent, n'en fait n'en diz, auxdiz gens et officiers.

Cedit jour, le seigneur de Graville a requiz estre receu en office de general maistre des Eaues et Forests que tenoit le baron d'Ivry, qu'il disoit estre mort, allegans par l'occupation des Angloiz, ennemiz du royaume, entour Harefleu avoir perdu sa terre qui monstoit à bien v mil libvres, ce que a refusé la Court, obstant l'opposition dessusdicte.

Mercredi, xxᵉ jour de novembre.

Maistre J. Le Bugle, procureur de Moreau de Molon, s'oppose que nul ne soit receu ou lieu qu'il a en la capiteinnie de Montargi.

Matinées, IX (X¹ᵃ 4791), fol. 3 rᵒ.

Lundi, ijᵉ jour de decembre.

Fu en la Chambre monseigneur le Chancellier et pluseurs autres du Grant Conseil, et fu deliberé et ordonné que maistre R. Mauger, premier president, proposeroit ou Conseil du Roy ce qui a esté advisié et miz par articles sur la provision et reformation de ce royaume, *de quo infra.*

Conseil, XIV (X¹ᵃ 1480), fol. 38 rᵒ.

L'Ermite de la Faye, par maistre Benoit Pidalet, s'oppose à ce que messire Jaques de Montmor, chevalier, ne soit receu en l'office de maistre des Eaues et Forests de Champaigne et de Brie.

Matinées, IX (X¹ᵃ 4791), fol. 9 vᵒ.

Jeudi, vᵉ jour de decembre.

Ce jour, furent mandez les gens du Roy ou Chastellet pour pranre garde à la seurté de la ville de Paris[1], à occasion de ce que l'en disoit et semoient pluseurs aval Paris que, la nuit derrien passée, l'en devoit crier par Paris à l'ayde du Roy et du Dauphin et du duc de Bourgoigne, et qui sailleroit hors à ce cry, l'en le tueroit, qui estoit perilleuse chose et controvée[2].

Cedit jour, à iiij heures après disner, furent exposez certeins articles advisez et conseillez par la Court et ceulx du Grant Conseil et de la Chambre des Comptes, en la presence de monseigneur le Dauphin, presens le roy Loiz, le conte de Pontiu, frere de mondit seigneur le Dauphin, le duc de Berry et pluseurs autres chevaliers, et ceulx du Grant Conseil, des Comptes et de ceans, en l'ostel de Bourbon près le Louvre, par

1. Par lettres du 3 octobre 1415, Charles VI avait mandé aux présidents du Parlement de prendre, de concert avec le Conseil du Roi et l'Échevinage, toutes les mesures propres à garantir la sûreté de la capitale, « tant sur le fait des réparations des murs, portes, fossés et arrière-fossés, voiries, abillemens de guerre, que de garnisons et provisions de vivres, et pour la ville avitailler » (Ordonnances, X^{1a} 8602, fol. 303 v°; Jugés, X^{1a} 60, fol. 332 r°).

2. Les rumeurs les plus étranges étaient répandues dans Paris et agitaient les esprits. Juvénal des Ursins (p. 524) rapporte que l'on « disoit tout communement parmy Paris que ceux qui gouvernoient pour lors la ville avoient intention de faire mourir les adhérents du duc de Bourgogne, et avaient fait faire quatre mille haches aux fers vernissez et quatre mille jaquettes noires pour ne pas attirer l'attention, » si bien que, durant les dernières nuits du mois de novembre, « toute la ville estoit en doute et en aguet; » les religieux de Saint-Martin-des-Champs et les Bernardins firent même du feu toute la nuit, mais, observe le chroniqueur, « ce n'estoient que toutes bourdes controuvées qu'on semoit pour cuider faire une grande commotion et tuer ceux qui lors estoient entour du Roy. »

maistre Robert Mauger, premier president ceans[1].
Lesquelx articles sont contenuz et enregistrez ou livre
des Ordonnances[2].

Conseil, XIV (X^{1a} 1480), fol. 38 v°.

Cedit jour, n'a pas esté plaidoié, pour ce que l'en
a besoigné avecques les gens du Roy ou Chastellet
pour aucuns prisonniers[3], pour lesquelx monseigneur
de Bourgoigne avoit rescript ceans.

Matinées, IX (X^{1a} 4791), fol. 11 r°.

1. D'après *Juvénal des Ursins* (p. 525), le Conseil se réunit une
première fois à l'hôtel de Bourbon, le mercredi soir, mais, le duc
de Guyenne ayant dîné trop tard, rien ne fut fait. L'on y retourna
le lendemain ; le premier président, Robert Mauger, ayant pris
pour thème : *Domine, salva nos, perimus,* fit un discours fort
judicieux, où il exposa les maux sans nombre causés par les
luttes intestines des princes du sang, « à la grant destruction du
royaume et du povre peuple, » et démontra que le Roi n'avait que
trois amis, le duc de Touraine, son fils, le duc de Bourgogne et
le duc de Bretagne. Juvénal des Ursins ajoute que dans cette
assemblée « furent publiez aucunes ordonnances qu'on avoit fait
en Parlement sur le gouvernement de ce royaume; » quoique.
Nicolas de Baye déclare que les articles délibérés par le Parlement, la Chambre des comptes et le Grand Conseil furent insérés au livre des Ordonnances, ce registre n'en contient aucune
trace.

2. Félibien (t. IV, p. 566) reproduit le premier paragraphe, et
le second se trouve dans Douët d'Arcq, *Choix de pièces inédites
relatives au règne de Charles VI,* t. I, p. 375.

3. Juvénal des Ursins parle à mots couverts, dans sa chronique (p. 528), des « prisonniers de la ville, » probablement des
partisans que le duc de Bourgogne comptait à Paris, successivement élargis et incarcérés vers la fin de 1415, et rapporte de
curieux propos échangés à ce sujet entre le duc de Berry et le
prévôt de Paris, à qui ce prince demandait « ce qu'il avait fait
des prisonniers de Paris. » Tanneguy du Chatel répondit « qu'il
les avoit delivré, pour ce que, par information, il ne les avoit
aucunement trouvez chargez pour quoy on les deust tenir. » Le
duc de Berry, fort mécontent, répliqua « qu'il seroit une fois

Lundi, ixe jour de decembre.

Curia vacat, propter solennisationem festi Concep-
tionis beate Marie, que heri propter dominicam et
Adventum fieri non potuerat, secundum usum Parisiensem.

Matinées, IX (X[1a] 4791), fol. 12 v°.

Mercredi, xj[e] jour de decembre.

Cedit jour, survindrent en la Chambre les chancelliers de France, du Dauphin, de la Royne, le prevost
de Paris, le capitaine de Paris[1] et pluseurs autres,
tant chevaliers que autres du Grant Conseil, et appellées les Chambres, fu conseillié et advisé sur ce que,
contre la volenté du Roy et de monseigneur le Dauphin, comme l'en disoit, venoit et s'approuchoit de
Paris à moult grant compaignie de gens d'armes, tant
de Savoie, de Lorreinne, d'Alemaigne, comme d'autres
estrangiers qui gastoient et destruioient les païz de la
riviere de Seinne et de Marne, le duc de Bourgoigne.
Et combien que appoinctié eust esté qu'il pourroit
venir à Meaulx, ledit de Bourgoigne, pour parler aux
seigneurs ordonnez pour le Roy, sans grant foison de
gens d'armes, toutevoie s'efforsoit de venir à Paris,
car desjà estoit à Laigny sur Marne et ses gens d'armes
par tout le païz[2].

---

prevost de Paris à son tour, paroles qui firent grand peur à beaucoup de gens. »

1. La défense de Paris fut confiée à Bernard d'Armagnac,
assisté de Raymonnet de la Guerre, Barbasan et autres que le
Bourgeois de Paris (p. 61) qualifie de « tous mauvais et sans pitié. »

2. Jean sans Peur arriva le 21 novembre à Troyes, mais ne put
obtenir l'entrée de Meaux, malgré les instances de ses ambassadeurs, qui furent dépêchés à Paris le 5 décembre, et offrirent au
nom du duc de Bourgogne le comte de Charolais comme otage;

Item, aussi fu advisié sur la seurté de la ville de
Paris, car il y avoit grant murmure de sedition, et
par especial avoit esté prins la nuit derrienne un patis-
sier demourant devent la grant boucherie de Paris[1],
que l'en disoit estre interrogué et conveincu d'avoir
fait lettres et envoiées jusques à Braye-Conte-Robert
par un enfant de x ou xij ans, qui portoient ou conte-
noient que monseigneur de Bourgoigne se hatast de
venir, et qu'ilx estoient plus de v^m à Paris tous prests
à le recevoir et ly ouvrir la porte de Montmartre ou
de Saint Honoré[2].

Jeudi, xij[e] jour de decembre.

Se leva la Court des plaidoiries environ ix heures,
et se mist au Conseil, survenuz les chancelliers de

le duc de Guyenne refusa net de laisser Jean sans Peur venir à
Paris, à moins qu'il ne renvoyât son armée. Le duc de Bourgogne se rendit à Lagny et y séjourna du 10 décembre 1415 au
27 janvier 1416; il y reçut une députation envoyée par Charles VI,
composée des présidents de Nanterre et de Vailly, de l'évêque de
Chartres, et chargée de « luy faire defense de non venir plus
avant, et commandement qu'il renvoyast ses gens d'armes »
(cf. *Monstrelet*, t. III, p. 129; *Juvénal des Ursins*, p. 524, 525).

1. Suivant *Juvénal des Ursins* (p. 525), ce pâtissier du nom de
Robert Copil fut arrêté le mardi soir 10 décembre en son hôtel,
à la porte de Paris, et décapité le lendemain aux Halles, son
corps fut porté de nuit au gibet; le bruit courait qu'il venait du
camp du duc de Bourgogne, et qu'il avait écrit à ses amis de
mander ce prince, attendu « qu'ils estoient plus de quatre mille
à Paris qui luy ouvriroient une porte. » Dans la nuit du mercredi,
on incarcéra au nom du Roi « grand nombre de gens à Paris,
seulement pour les garder qu'ils ne fissent aucune commotion
en la ville. »

2. Félibien (*Hist. de la ville de Paris,* t. IV, p. 560) et Douët
d'Arcq (t. I, p. 376) reproduisent le paragraphe du 11 décembre;
celui du 12 décembre n'a été donné que par ce dernier éditeur.

France, du Dauphin, de la Royne, Prevosts de Paris
et des Marchans, capitaines et eschevins de Paris,
pluseurs prelas et autres du Grant Conseil et des
Chambres sur la provision des gens d'armes.

Conseil, XIV (X^{1a} 1480), fol. 39 r°.

Venredi, xiij^e jour de decembre.

Messire Pierre de Hallenviller, chevalier, s'oppose
par son procureur que aucun ne soit receu en bailli
d'Esvreux sans le oïr.

Maistre J. Fourcaut, procureur de monseigneur d'Estouteville, Grant Bouteiller de France, s'est opposé et
oppose oudit nom que aucun ne soit receu à l'office
de Grant Bouteiller de France, vacant par la mort de
messire Robert de Bar.

Matinées, IX (X^{1a} 4791), fol. 14 r°, 15 r°.

Samedi, xiiij^e jour de decembre.

Messire Pierre de Hellenviller, chevalier, s'est opposé
et oppose à ce que Planterose, ne autre, ne soit receu
à faire le serment de bailli dudit bailliage et à l'enterinement de lettres de don d'icellui office.

Matinées, IX (X^{1a} 4791), fol. 15 r°.

Ce jour, en la Chambre, furent esleuz messire Thomas de Larzy, chevalier, en bailli de Vermendoiz;

Messire Raoul de Gaucourt, en bailli de Rouan;

Le seigneur de Humbercourt, en bailli d'Amiens;

Le seigneur de Beins, en bailli de Tournay et de
Tournesiz;

Messire Olivier de Mauny, en bailli de Caen;

Messire André Marchant, en bailli de Chartres[1].

Conseil, XIV (X^{1a} 1480), fol. 39 v°.

---

1. Monstrelet (t. III, p. 131) mentionne ces nominations

Mercredi, xviij[e] jour de decembre.

Cedit jour, monseigneur Loiz de France, ainsné filz du Roy nostre Sire, Dauphin de Viennoiz et duc de Guienne, moru de l'aage de vint ans ou environ[1], bel de visaige, suffisamment grant et gros de corps, pesans et tardif, et po agile, voluntaire et moult curieux à magnificence d'abiz et joiaux *circa cultum sui corporis*, desirans grandeur d'onneur de par dehors, grant despensier à ornemens de sa chappelle privée à avoir ymages grosses et grandes d'or et d'argent, qui moult grant plaisir avoit à sons d'orgues, lesquelx entre les autres oblectations mondains hantoit diligemment. Si avoit-il à musiciens de bouche ou de voix, et pour ce avoit chappelle de grant nombre de jeune gent, dont en avoit levé puiz ij ans vj ou vij des petiz

de baillis ; seulement il ajoute les noms de Mansart d'Esne, comme bailli de Vitry, et de Pierre d'Aunay, comme bailli de Senlis ; celui-ci fut remplacé le 27 décembre par Guillaume de Han ; à la même date, André Marchand devint bailli de Sens. Le premier de la liste, Thomas de Larzi, succédait à Pierre de Beauvoir, seigneur de Bellefontaine, tué à Azincourt.

1. Le *Religieux de Saint-Denis* (t. V, p. 587) nous apprend que le Dauphin tomba malade au commencement de décembre d'une violente dysenterie qui se compliqua d'une fièvre pernicieuse, et l'emporta le 18 décembre (et non le 16) ; ce chroniqueur porte un jugement fort sévère sur ce jeune prince, qui, dit-il, passait son temps à jouer de la harpe et de l'épinette avec ses serviteurs dans les coins les plus retirés du palais, et avait l'habitude de prolonger ses repas fort avant dans la nuit. D'après le même *Religieux*, le duc de Guyenne avait pris en aversion sa femme, fille du duc de Bourgogne, et voué la plus tendre affection à une demoiselle d'honneur de la Reine, fille de Guillaume Cassinel, que l'on nommait la Cassinelle. V. au sujet de la mort du duc de Guyenne le *Journal d'un bourgeois de Paris*, p. 66, note 3, et *Juvénal des Ursins*, p. 526.

enfans de l'eglise de Paris à une seule foiz, et pluseurs
de la Saincte Chappelle du Palaiz, et si avoit bon
entendement, tant en latin que en françoiz, mais il
emploioit po, car sa condition estoit à present d'emploier la nuit à veiller et po faire, et le jour à dormir,
disnoit à iij ou iiij heures après midi et soupoit à
minuit, et aloit coucher au point du jour ou à soleil
levant souvant, et pour ce estoit aventure qu'il ves-
quist longuement[1].

Conseil, XIV (X^{ia} 1480), fol. 39 v°.

Jeudi, xixe jour de decembre.

Cedit jour, ont esté receuz et ont fait le serment
acoustumé messire Thomas de Larzy, en bailli de Vermendois, messire J. de Beins, en bailli de Tournay et
de Tournesiz, messire Raoul de Gaucourt, en bailli de
Rouan, et messire David de Brimeu, seigneur de
Hubertcourt, en bailli d'Amiens.

Et avant ce que lesdiz chevaliers aient fait le serment ou ayent esté receuz, le procureur du Roy a
requiz que aux dessusdiz et à autres bailliz soit enjoint
qu'ilx pourvoient de bons lieutenens en leurs bailliages et les salarient competemment.

Item, qu'ilx ne tiennent autres offices avecques lesdiz offices de baillie.

Item, qu'ilx ne facent renouveller le povoir des
sergens.

Item, que à leur bien venue ne facent aucuns nou-
veaux sergens.

---

1. Ce portrait du Dauphin avec le récit de ses obsèques, à la
date du 23 décembre 1415, ont été donnés par D. Félibien (*Hist.
de la ville de Paris*, t. IV, p. 560, 561).

Item, qu'ilx ne reçoivent past pour la garde de leurs baillies.

Item, qu'ilx ne demandent ou ne reçoivent pour leur bien venue aucun don pecuniel.

Item, principaument qu'ilx facent residence sur les principaulx lieux de leurs baillies.

Item, qu'ilx ne empetreront ne congié ne dispense au contraire, et se empetré estoit, que de ce ne useront point.

Item, qu'ilx ne pranront gages, fors pour le temps qu'ilx averont fait residence sur leurs bailliages.

Si leur a enjoint la Court à garder et faire ce que dit est, car telle est l'entention de la Court, et s'il avient qu'ilx facent au contraire, la Court a enjoint audit procureur du Roy qu'il poursuie contre ceulx qui au contraire feront, afin qu'il soit reparé.

Matinées, IX (X¹ᵃ 4791), fol. 17 v°.

Lundi, xxiij⁰ jour de decembre.

Et cedit jour furent faictes les exeques de monseigneur Loiz, Dauphin de Viennoiz et duc de Guienne, ainsné filx du Roy, environ x heures, à Nostre Dame de Paris, moult solennelles, auxquelles furent present les duc de Berry, oncle du Roy, le conte de Pontiu, filx du Roy, pluseurs prelas et la Court de Parlement, et fu enterré en ladicte eglise entre le grant autel et les chaieres où se sient le prestre et diacre à la grant messe.

Venredi, xxvij⁰ jour de decembre.

Furent au Conseil monseigneur le Chancellier, les arcevesques de Bourges, les evesques de Paris, de Clermont, de Chartres, de Saint Pons, le prevost de

Paris, le seigneur de Belleville, maistres Simon de Nanterre, P. Le Fevre, J. de Vailly, presidens, m. R. Le Masson, chancellier de la Royne, m. J. de Nourry, messire J. Juvenel, messire David de Brimeu, maistre G. Le Clerc, m. N. d'Orgemont, Micheau de Lailler et autres pluseurs du Grant Conseil et des ij Chambres de ceans.

Et furent esleus en baillifs, c'est assavoir : messire Phelippe de Bonnay, baillif de Mascon, messire André Marchant, de Sens, Pierre Le Verrat, de Montargi, messire Guillaume de Han, de Senliz, messire Pierre de Montmorin, bailli de S. Pere le Moustier, le seigneur de Guitry à Esvreux ; toutevoie, s'il welt pranre Vitry, pour ce qu'il requiert homme chevaleroux pour les frontieres, il l'avera, et le seigneur de S. Cler avera Esvreux où cas qu'il y feroit residence.

Conseil, XIV (X^{1a} 1480), fol. 40 r°.

Lundi, xxxe jour de decembre.

Pierre Le Verrat s'est opposé en personne à la reception de messire André Marchant, chevalier, en bailli de Sens, combien que desjà avoit esté receu, à quoy ne par avant ne s'estoit point opposé, et pour ce le procureur du Roy a dit que l'opposition n'estoit pas à recevoir, attendue l'election faicte dudit Marchant audit office, et par l'ordonnance du Roy et du Conseil, et que ledit Verrat s'advisast et conseillast, *aliàs* se leveroit le procureur du Roy et requerroit contre ledit Verrat ce qu'il apartendroit, pour quoy a ledit Verrat prins distribution de conseil pour soy conseillier qu'il avera à faire.

Matinées, IX (X^{1a} 4791), fol. 18 v°.

1416.

Jeudi, ij^e jour de janvier.

Messire Jaques de Montmor requiert l'enterinement de certeinnes lettres de don de maistre des Eaues et Forests de Brie et Champaigne.

L'Ermite de la Faye, ou son procureur, s'oppose au contraire et dit que à lui appartient ledit office et non à autre, et est prisonnier, et par ce sont les lettres inutiles de Jaques, et n'y fait, s'il en a esté ou est procès, car il n'est pas trespassé. Si conclut à inutilité.

Montmor replique et dit que l'Ermite est trespassé, et ainsy le doit l'en presumer, puiz qu'il n'apert *de vita, et postquam viveret*, toutevoie, quant il revenra, retournera au droit, s'aucun en a, pareillement comme des baillifs l'en fait, et dit qu'il est grant nécessité de pourveoir audit office, attendu que l'Ermite est mort, comme mesme le tesmoignent ses serviteurs, et n'y aura point de commiz autre que lui, si conclut *ut supra*.

L'Ermite dit qu'il n'est pas mort, et jusques à ce qu'il sera sceu, pourra estre miz un commiz. Appoincté que iiij ou v tesmoins seront oïz par Longueil et Gaillart, et tout joinct avecques les lettres fera droit la Court[1], *et infra quindenam fiet examen.*

Matinées, IX (X^{1a} 4791), fol. 19 r°.

---

1. Par arrêt du 22 janvier 1416, le Parlement adjugea l'état de l'office à Jacques de Montmor, en accordant à l'Ermite de la Faye un délai de trois mois pour faire examiner ses témoins (Conseil, X^{1a} 1480, fol. 42 v°).

Samedi, iiij^e jour de janvier.

Oudart Le Compasseur, procureur du conte de Tancarville, s'oppose que aucun ne soit receu souverain
maistre des Eaues et Forests sans le appeler et oïr.

Matinées, IX (X^{1a} 4791), fol. 21 r°.

Venredi, x^e jour de janvier.

Cedit jour, furent assemblées les ij Chambres, et fu
advisié et conclu que maistre R. Mauger, premier president ceans, iroit au Grant Conseil, et reprises les
choses nagueres proposées au Conseil en la presence
du Dauphin nagueres trespassé en l'ostel de Bourbon,
accompaignié de x ou xij des seigneurs de ceans, parleroit en soy adreçant au duc de Berry, au conte de
Pontieu, filx du Roy, au conte d'Armignac, connestable, en tandent à l'union des seigneurs. Et advisera
maistre J. de Vailly, president ceans, qui, avecques
maistre S. de Nanterre, president ceans, et avecques
l'evesque de Chartres et autres, estoit revenu de Laigny[1], où estoit logié le duc de Bourgoigne à tout
moult grant nombre de gens d'armes de pluseurs
nations et païz qui tenoient toute la Brie et partie de
la Champaigne, et les riviere de Marne et de Seinne,
avoit esté pour traicter et appaiser les besoignes,
quant il sera temps d'aler audit Conseil.

Conseil, XIV (X^{1a} 1480), fol. 41 r°.

---

1. S'il faut en croire *Juvénal des Ursins*, p. 527, le duc de
Bourgogne aurait renvoyé à Paris, le vendredi après l'Épiphanie,
l'évêque de Chartres avec le président de Vailly, et retenu Simon
de Nanterre, Guillaume Le Clerc et Olivier de Mauny, qui ne
seraient revenus que le vendredi 17 ; ce n'est pas absolument
exact, car Jean de Vailly est cité dans le registre du Conseil
parmi les présidents présents le 3 janvier. Simon de Nanterre
n'est mentionné que le samedi 25 janvier.

Lundi, xx⁰ jour de janvier.

Ne fu point plaidoié pour ce que l'en attendoit le Chancellier en la Chambre, et pour ce au Conseil sans conseil, car l'en n'a comme rien fait.

Mardi, xxjᵉ jour de janvier.

Furent au Conseil, après ix heures, monseigneur le Chancellier, l'evesque de Clermont, de Chalon, de Chartres, le Prevost de Paris, sire J. Coignet, le maistre des aubalestiers, maistre R. Le Masson, maistre P. de l'Esclat, et les seigneurs des ij Chambres et les advocas et procureur du Roy, et furent esleuz messire Renault de Montejan, chevalier, en bailly de Tourainne, et messire Mansart d'Ayne, bailli de Vitry.

Conseil, XIV (X¹ᵃ 1480), fol. 42 v°.

Mercredi, xxijᵉ jour de janvier.

Furent en la maison de monseigneur le Chancellier, au Conseil le Chancellier dessusdit, m. R. Mauger, premier president, m. Guillaume Le Clerc, Buffiere, Rabay, Baillet, Perriere, Branlart, du Gard, Ponce, Canu, Vitry.

Et fu visité et jugié le procès de maistre J. Fusoris[1],

1. Le chanoine Jean Fusoris, accusé d'avoir noué des intelligences avec les Anglais, notamment avec l'évêque de Norwich, fut jugé par le chapitre ; après une longue instruction ouverte au Châtelet par les commissaires du Parlement désignés pour suivre le procès, qui firent subir un interrogatoire à Jean Fusoris les 7 et 17 septembre 1415, le chapitre déclara, le 24 juillet 1416, qu'il n'y avait matière ni à condamnation ni à absolution, que Jean Fusoris serait envoyé à Mézières (Seine-et-Oise), localité d'où il tirait son origine, et qu'il n'entretiendrait aucun rapport avec le duc de Bourgogne, sous peine d'être convaincu du crime à lui imputé et frappé d'une amende de 50 marcs d'argent ; on lui imposait

maistre en ars, en medicine, et bachelier en theologie, lequel procès avoit esté fait de par le Roy, non pas de par la Court de Parlement, par aucuns commissaires nommez entre les dessusdiz, sur aucunes accusations et suspeçons touchant crime de lese magesté, d'avoir ledit Fusoris avoir favorisé et conseillié le roy d'Engleterre et Anglois contre le bien publique du royaume. Et le requeroit le chapitre de Paris comme leur chanoinne.

Tout veu et consideré, il sera dit que ledit Fusoris sera rendu audit chapitre qui lui fera justice, et à faire son procès aura iij ou iiij des conseillers du Roy en son Parlement.

Et sont les commissaires donnez maistre Guillaume Le Clerc, maistre en la Chambre des Comptes, Gerard Perriere, Phelippe du Puiz et Jaques du Gard[1], *et postmodùm, loco dicti Perriere qui effectus est canonicus Parisiensis* [2], *surrogatus est magister J. de Vitri, xiiij februarii CCCC XV*[3].

Conseil, XIV (X¹ᵃ 1480), fol. 42 v°.

ce lieu d'exil en lui laissant cependant la faculté de se rendre à Reims, où il avait une prébende canoniale. Jean Fusoris devait quitter Paris dans le délai de deux jours; il accepta cette décision et promit de s'y conformer (Archives nationales, *Procès de Jean Fusoris,* LL 188, fol. 59 v°).

1. A ces noms il convient d'ajouter ceux d'Oudard Baillet, d'Oudard Gencien et de Pierre Buffière, conseillers au Parlement, présents à l'interrogatoire de Fusoris.

2. Gérard Perrière obtint le 12 février 1415 la prébende vacante par le décès de Thibaud Hocie.

3. Tout ce passage, sauf le dernier paragraphe, qui semble être une addition postérieure mise à la suite et en marge, a été reproduit par M. Douët d'Arcq dans son *Choix de pièces inédites relatives au règne de Charles VI,* t. I, p. 376.

Venredi, vij[e] jour de fevrier.

Ce jour, maistre J. Rabateau, procureur du duc de Berry, s'oppose à toutes fins à ce que maistre Bureau Boucher ou autre ne soit receu à l'office de maistre des Requestes de l'Ostel du Roy nostre Sire, et qu'il n'en soit miz en possession et saisine, que tenoit maistre J. de Norry.

Samedi, viij[e] jour de fevrier.

Me Vidal de Leon s'oppose à ce que maistre Bureau Boucher, n'autre, ne soit receu en office de maistre des Requestes de l'Ostel du Roy, ou lieu de maistre J. de Norry, sans le oïr.

Matinées, IX (X[1a] 4791), fol. 35 r°.

Mercredi, xij[e] jour de fevrier.

Sur la requeste de maistre Nycolas Veau, evesque de Limoges, faicte à la Court afin d'avoir des executeurs du testament de feu messire Hugues Manhac[1], son predecesseur, certeinne somme d'argent montant mil libvres ou environ, ordonnée pour convertir es reparations des edifices dudit eveschié :

La Court a consenti et consent que la moitié de ladicte somme soit delivrée audit evesque, à sa caution et du temporel de sondit eveschié, pour soy aider à faire l'execution de son arrest obtenu ceans sur le fait de la possession dudit eveschié contre maistre Renoul de Peyrusse, parmi ce que icellui evesque prometra rendre ladicte somme, se mestier

---

1. Le testament d'Hugues de Magnac, en date du 1er mai 1409, avec un codicille du 2 novembre 1412, fut soumis au Parlement; il se trouve dans le volume 1161 de la coll. Moreau, fol. 634 v°.

est, ou la convertir esdictes reparations, et obligera à ce tous ses biens[1].

Cedit jour, ledit Veau, evesque de Limoges, a promiz et s'est obligié et tous ses biens par la forme dessusdicte au registre.

Cedit jour, maistre Nycolas Potin, conseiller du Roy ceans, soy disant envoié par le chancellier de Berry, a dit de par le duc de Berry que l'en eslargisse par Paris Guillaume Simon, et que l'en ly face justice sur le principal, qui ceans pent entre ledit duc et les habitans de Cugant et de Gastiné, d'une part, et ledit Simon, d'autre part, et aussi sur certeinnes informations contre lui faictes à la requeste dudit duc nagueres[2].

Conseil, XIV (X¹ᵃ 1480), fol. 45 v°.

1. Après la mort d'Hugues de Magnac, en 1412, son siège resta vacant quelque temps par suite de la compétition de Nicolas Viaud et Renaud de Peyrusse; ce dernier prit possession des maisons et domaines de l'évêché et conserva l'épiscopat de Limoges. Nicolas Viaud, qui garda le titre d'évêque de Limoges, décéda vers le mois de juillet 1419; son testament, en date du 13 mai 1418, fut présenté le 19 juillet 1419 au Parlement, et fut inséré au registre des Testaments (V. coll. Moreau, 1162, fol. 337 r°).

2. Les habitants de Cugand (Vendée, arr. de la Roche-sur-Yon, cant. de Montaigu) et de Getigné (Loire-Inférieure, arr. de Nantes, cant. de Clisson), ainsi que le duc de Berry, comte de Poitou, étaient en procès depuis 1409 avec Guillaume Simon, ancien châtelain de Clisson, à l'occasion de la levée d'un subside par le duc de Bretagne; ils se plaignaient d'avoir été molestés et quelques-uns d'entre eux emprisonnés; quoiqu'un arrêt du 22 juin 1414 eût ordonné la mise en liberté de Jean Noyau, habitant de Nantes, et de Jean Tiron, et qu'un nouvel arrêt eût été rendu le 15 septembre dans le même sens, Guillaume Simon avait refusé l'élargissement, prétendant exiger caution des prisonniers, et s'était même permis d'arrêter un certain nombre d'habitants de Nantes en frappant d'amendes d'autres non comparants; le

Dimenche, premier jour de mars.

Ce jour, entra à Paris monseigneur Sigismond, roy de Honguerie et roy des Romains [1]. Et alerent au devant de lui à cheval les prelas, qui lors estoient à Paris, le duc de Berry, le cardinal de Bar, les chevaliers, les seigneurs de ceans et de la Chambre des Comptes, le Prevost de Paris, le Prevost des Marchans, les advocas et procureurs, tant de ceans que de Chastellet, et les bourgoiz de Paris, tous à cheval, qui alerent les aucuns à Estampes, les autres à Longjumel, les autres, comme Berry et conseillers du Roy, jusques au molin à vant vers le Bourg la Royne. Puiz entra à Paris et ala au Louvre loger, accompaignié comme dessus [2].

Matinées, IX (X¹ª 4791), fol. 45 v°.

22 décembre 1414, le Parlement fit relâcher J. Noyau, défendit à Guillaume Simon de mettre en cause les habitants de Cugand et Getigné ailleurs qu'en la Cour, sous peine de 500 marcs d'argent, et prescrivit une enquête (Conseil, X¹ª 1479, fol. 298 v·; Matinées, X¹ª 4791, fol. 19 r°; Jugés, X¹ª 60, fol. 257 r°).

1. L'empereur Sigismond fit son entrée par la porte Saint-Jacques et vint descendre au Palais où l'attendait le roi Charles VI; il fut logé au Louvre. Juvénal des Ursins (p. 529) raconte les fêtes données par lui-même en l'honneur de sa suite, et le dîner d'apparat que l'empereur offrit aux dames et demoiselles de Paris, se composant surtout de brouets et potages fortement épicés et de viandes abondantes; chaque dame reçut à table un de ces couteaux d'Allemagne qui valaient un petit blanc et plus tard une bague en or de même valeur, lors du départ du souverain allemand, qui laissa d'ailleurs partout les traces, non de sa munificence, mais de sa parcimonie (V. à ce sujet le *Journal d'un bourgeois de Paris,* p. 69, note 2).

2. Ce récit de l'entrée à Paris de l'empereur Sigismond a été inséré par M. Douët d'Arcq dans son *Choix de pièces inédites relatives au règne de Charles VI,* t. I, p. 382.

Mardi, iij[e] jour de mars.

Pour ce que le bailli de Vitri ne s'estoit pas hier
representé en personne en la Court, auquel jour se
devoient les bailliz de Champaigne presenter et estre
en personne en la Court, pour ce que à ce jour estoient
receuz les procès dudit bailliage, combien qu'il fust à
Paris, dont se tenoit la Court mal contente, s'est venu
excuser publiquement, disans que l'en lui avoit retran-
chié de ses droiz, comme le profit du seel, et que
desjà avoit esleu et prins et garni maison à Vitri,
mais il avoit esté empeschié pour la venue du roy des
Romains, et avoit entention d'y aler, mais qu'il eust
sa verification telle qu'il doit avoir, et qu'il ne des-
plaise à la Court.

Le procureur du Roy dit au contraire que messire
Mensart d'Ayne[1] est grant seigneur et sage et advisié,
et l'office de bailli de Vitri grant et noble, auquel ledit
Mensart fu evoqué et esleu, et lors lui furent dicte la
charge et l'onneur et la necessité dudit bailliage, et
sur ce fu receu et fit serment de resider, et neantmoins n'est ancores alé en son bailliage, et ancores est
venu à Paris et ne s'est point presenté à la Court,
comme il devoit faire à ses jours, et si doit obeir, car
il a juré et resider, car il a juré, et si est très grant
necessité plus que en bailliage de ce royaume. Si dit
qu'il a moult failli, et touche ce sa loyauté, si requiert

---

1. Mansart d'Esne figure parmi les personnages envoyés par le
roi de France en avril 1418 pour conférer à la Tombe, près Montereau, avec les députés du duc de Bourgogne. En 1423, il était
toujours capitaine de Vitry et y fut fait prisonnier par La Hire,
qui, malgré d'anciennes relations d'amitié, le mit à forte rançon,
le dépouilla totalement et le retint longtemps « et bien estroicte-
ment » en captivité (Cf. *Monstrelet,* t. III, p. 246, t. IV, p. 132).

que la Court y advertisse de faire tenir ledit Mansart
tenir son serment, *aliàs*, faudra que l'en y pourvoie,
et ce que dit le tient pour dict aux autres bailliages.
Si lui a la Court dit, et admoneste la Court qu'il face
son devoir et residence, comme l'a juré.

Matinées, IX (X^{1a} 4791), fol. 46 v°.

Jeudi, xij^e jour de mars.

Messire Guillaume Seignet[1] requiert l'enterinement
de certeinnes lettres à occasion de l'office de senechal de Belcaire que l'en lui avoit osté soubz umbre
que l'en disoit qu'il seroit general, ce que ne wolt
pas estre.

Le procureur du Roy dit que incontinent, ou avant
au moins que Seignet fust miz hors de son office,
s'absenta et ne residoit pas, combien qu'il eust fait
ceans le serment de residence ; et si est ancores de
nouvel ordonné que officiers du Roy, par especial
senechaux ou bailli, n'averont que un office et ne
serviront autre, ne d'autre averont dons ou pansions,
et si feront residence. Si requiert, que se la Court le
reçoit, que ce soit par la maniere que dit est, et qu'il
preigne les instructions à ce pertinens par escript[2].

Messire Guy, seigneur de Pestel, chevalier, requiert
que, comme ait esté prins des Angloiz et soit retourné,

---

1. Guillaume Seignet fut proscrit après le triomphe de la cause
bourguignonne. L'hôtel qu'il possédait à Montpellier avec Pierre
Benazit fut confisqué le 5 août 1418 et annexé à l'office de garde
du petit scel de cette ville, « pour avoir favorisé et soubstenu le
dampnable party de feu Bernart, soy disant conte d'Armagnac »
(*Trésor des chartes*, JJ 170, fol. 204).

2. V. ce passage dans Douët d'Arcq, *Choix de pièces relatives
au règne de Charles VI*, t. I, p. 383.

qui par avant estoit et est senechal, il soit oy et ait
distribution de conseil, ce qui lui est octroié.

Matinées, IX (X^{1a} 4791), fol. 52 r°.

Lundi, xvj^e jour de mars.

En la cause de messire Guillaume Seignet, d'une
part, et messire Guy Pestel, chevaliers, d'autre part.

Et ce jour, pour ce que monseigneur Sigismond,
empereur ou roy des Romains et roy de Honguerie,
qui estoit venu oïr les plaidoiries[1] et veoir la Court, a
oïr proposer contre ledit Seignet, par le conseil de
Pestel, que icellui Seignet n'estoit pas chevalier, et
ledit Pestel l'estoit, a, presens tous, lui assiz dessus les
presidens et au plus hault, appellé ledit Seignet, en
disant que à lui apartenoit bien de faire chevaliers. Et
print d'un de ses gens son espée, et ledit Seignet miz
à genoulx près du graphier, frapa iij grans couz ledit
Roy sur le doz dudit Seignet; puiz fit deschaucer l'un
de ses esperons dorez et ly fit chaucer par l'un de ses

---

1. D'après Juvénal des Ursins (p. 529), l'empereur d'Allemagne
« voulut sçavoir ce que c'estoit de la cour de Parlement, et y
vint un jour de plaidoirie; » il rencontra nombreuse compagnie de
conseillers et d'avocats, et s'assit au-dessus du premier président,
occupant la place réservée au Roi; ce manque d'égards indisposa
plusieurs des assistants, qui disaient que l'empereur Sigismond
aurait bien pu prendre place au-dessus des prélats. S'il faut en
croire le récit de Monstrelet (t. III, p. 137), les présidents et
conseillers furent les premiers coupables, car ils « lui firent très
grant honneur et reverence, et le firent seoir ou siege royal. »
Lorsque Charles VI et son Conseil apprirent que le roi des
Romains avait armé chevalier Guillaume Seignet en séance du
Parlement, ils ne goûtèrent que médiocrement cette usurpation
de l'autorité souveraine; « toutesfoiz la chose se passa sans dis-
simulation et n'en fut aucunement monstré nul semblant au dessusdit empereur. »

gens, et ly ceindre une ceincture où estoit pendu un cousteau long pour espée. Car aussi avoit-il par avant recommendé l'avancement de la cause dudit Seignet[1].

Matinées, IX (X^{1a} 4791), fol. 54 v°.

Mercredi, xviij^e jour de mars.

Furent au Conseil les seigneurs, presidens, conseillers des iij Chambres et maistres des Requestes de l'Ostel, laiz, pour conseillier et juger les erreurs baillées par la vesve[2] et heritiers de feu messire Pierre des Essars, qui, passé a ij ou iij ans, avoit esté par certains commissaires condempné à estre trayné et decapité et pendu, et par ceste maniere avoit esté executé[3].

Conseil, XIV (X^{1a} 1480), fol. 50 r°.

Lundi, xxiij^e jour de mars.

Ce jour, maistre Pierre Chazote, procureur de messire Guy, seigneur de Pestel, chevalier, a dit en la Court qu'il se deportoit et se deporte de son opposi-

---

1. Cette visite de l'empereur Sigismond au Parlement est rapportée dans le *Choix de pièces inédites relatives au règne de Charles VI,* t. I, p. 382.

2. Marie de Ruilly, veuve de Pierre des Essarts, obtint, le 5 août 1413, restitution des biens confisqués après la mort de son mari, à l'exception des château et seigneurie de la Motte-Tilly donnés, en décembre 1420, à Jean de Puligny. Pierre des Essarts laissa deux fils et une fille, Robert des Essarts, mort non marié, Philippe des Essarts, évêque d'Auxerre, qui décéda en 1416, et Marie des Essarts, mariée le 18 mai 1391 à Anceau de Belloy, seigneur de Morangles.

3. Cet extrait, relatif à la revision du procès de Pierre des Essarts, figure parmi les preuves du t. IV de l'*Histoire de Paris* par Félibien, p. 561 ; l'affaire fut examinée au greffe criminel, et Lespoisse fut chargé d'en tenir registre (Conseil, X^{1a} 1480, fol. 51 r°).

tion qu'il avoit à l'encontre de messire Guillaume Seignet pour l'office de senechal de Beaucaire.

Matinées, IX (X^{1a} 4791), fol. 60 r°.

Mardi, xxxj^e jour de mars.

Hec de aliena littera registrata fuerunt in papiro, quia absens eram pro exequiis et funeralibus cujusdam bone mulieris, que mihi per xv annos et iiij menses, et predecessori meo per ix annos, et suo predecessori graphario per iij annos fideliter servierat. Ejus anima requiescat. Amen[1].

Matinées, IX (X^{1a} 4791), fol. 66 r°.

Lundi, vj^e jour d'avril.

Pierre de Castellain et maistre J. Matieu, serviteurs du duc de Berry, ont dit à la Court que Rolant Prevost, prisonnier ou Chastellet, au pourchas du duc de Berry, est chargez de pluseurs delicts et fautes, comme povoit apparoir par informations dont la copie est par deçà.

Matinées, IX (X^{1a} 4791), fol. 70 r°.

Mardi, vij^e jour d'avril.

A conseiller certeinnes requestes et lettres presentées par André du Molin, bourgoiz de Paris, contre Jehanne la Marcelle, sa femme, icelles veues et les informations, interrogatoires et responses et tout consideré :

Il sera dit que la Court a ordonné et ordonne que ladicte Jehanne la Marcelle sera mise et enfermée en

---

1. Cette mention est inscrite par N. de Baye en marge du fol. 66 du registre IX des Matinées, folio dont l'écriture est effectivement d'une autre main que celle de notre greffier, vraisemblablement de la main de son clerc.

un lieu seur, honeste à par soy, et de ce faire donne congié et permission la Court audit André soubz ij clefs despareilles, dont ledit André aura l'une, et J. Marcel, bourgoiz de Paris, cousin d'icelle femme, aura l'autre clef, lesquelx André et J. Marcel auront le gouvernement et administration de ladicte femme et chambre, et pourverront à icelle femme et comme de raison à ses enfans de vivres, vesteure et de toute autre maniere d'alimens necessaires et pertinens sur les biens de ladicte Jehanne la Marcelle, auxquelx ladicte Court les donne curateurs pour yceulx, inventaire premierement fait, garder, gouverner et cultiver deument aux despens, raisons d'iceulx biens, l'alienation des immuebles à eulx interdicte, et sans ce que des meubles ilx puissent aucune chose ailleurs mettre ne emploier que en ladicte provision de ladicte femme et de ses enfans et l'administration, garde, gouvernement desdiz biens sans le congié et licence de ladicte Court, dont ilz seront tenus de rendre compte en lieu et en temps convenable.

Après laquelle ordonnance ainsi faicte et declarée auxdiz André et Marcel, la Court, a pris le serment d'eulx de bien et loyaument faire, gouverner et exercer lesdiz garde, provision et gouvernement ou administration et d'en rendre compte selon ladicte ordonnance.

Conseil, XIV (X[1a] 1480), fol. 52 r°.

Mercredi, viij[e] jour d'avril.

La Court a donné congié au s[r] de Guitry, bailli d'Esvreux, d'aler devers les Angloiz selon ce que promiz l'avoit pour sa rançon, pourveu qu'il ait bon lieutenent à son bailliage, et il a dit qu'il y avoit laissié et commiz ij bons lieutenens, c'est assavoir, pour la justice maistre J. des Hayes, et le s^r de Rumilly, chevalier, au surplus.

Matinées, IX (X^{1a} 4791), fol. 71 v°.

Venredi, x^e jour d'avril.

Ce jour, la Court a donné congié à Cochereau jusques au juedi après Quasimodo inclus.

Matinées, IX (X^{1a} 4791), fol. 72 v°.

Samedi, xj^e jour d'avril.

Ce jour, m'a esté commendé de faire lettres par maniere de mandement à J. d'Aunay, bailli de Chaumont, que l'en disoit estre à Provins en reformation, et ne faisoit ne n'avoit fait residence en son bailliage, passé a ij ans, dont pour les grans dammages et perilx qui estoient avenu et venoient, et estoient tailliez d'y venir, consideré le temps qui couroit et la situation du lieu, pour quoy s'en estoit le procureur du Roy et autres complains à la Court. Si lui estoit mandé que, les lettres veues, alast incontinent faire residence en sondit bailliage, selon ce que juré l'avoit et que les ordonnances le portent, autrement ledit procureur procederoit à la privation d'icellui bailli et autrement.

Conseil, XIV (X^{1a} 1480), fol. 52 v°.

Jeudi, derrien jour d'avril.

Maistre Nycolle d'Orgemont, filx de feu messire Pierre d'Orgemont, chancellier de France jadiz, et frere de messire Pierre d'Orgemont, nagueres evesque de Paris, qui longuement avoit esté conseiller du Roy ceans, et depuiz maistre en la Chambre des Comptes d'icellui Seigneur, chanoinne de Paris, doien de Tours, arcediacre d'Amiens, chanoinne de S. Ger-

main l'Aucerroiz à Paris et de Champeaux en Brie,
de Peronne, lequel avoit esté en son temps de moult
grant auctorité et l'un des plus riches clers de France,
comme l'en disoit, lui estant diacre, a esté au jour d'ui
amené en l'auditoire du chapitre de Paris, tant par
pluseurs des chanoines de Paris que des gens du Roy,
armées et non armées, de la forteresse de la porte
S. Antoinne à Paris, où avoit esté miz prisonnier dès
le xxj[e] d'avril derrienement passé[1], et le venredi après
avoit esté mené en un tumbereau es hales de Paris avec
Robin de Besloy, drapier et bourgoiz de Paris[2], et
maistre Regnaut Maillet, qui se disoient clers, et ledit
Regnaut, homme d'eglise et curé, et lesquelx ij Robin
et Regnaut, present icellui d'Orgemont, furent deca-
pités, et icellui ramené ou Chastellet, son cas publié,
et au vespre rendu au chapitre de Paris, moy comme
chanoinne de Paris present, puiz remené comme en
prison empruntée en ladicte forteresse, et present
moult grant pueple a esté rez en estat de diacre. Puiz
a esté declaré estre attaint et conveincu de crime de
lese magesté, et a esté privé de tous offices et benefices
ecclesiastiques, et condempné en chartre perpetuel à
pain de doleur et eaue d'angoisse, à tenir prison

1. Nicolas d'Orgemont, dit le Boiteux d'Orgemont, impliqué
dans le complot tramé à Paris, qui devait éclater le jour de
Pàques, à l'effet de mettre à mort le roi de Sicile et le duc de
Berry, fut condamné, le 30 avril 1416, par le chapitre de Notre-
Dame à perdre tous ses bénéfices et à tenir prison perpétuelle
(V. la note qui lui est consacrée dans le *Journal d'un bourgeois
de Paris,* p. 70).

2. Robert de Belloy, riche drapier et échevin pendant la période
cabochienne (V. également le *Journal d'un bourgeois de Paris,*
p. 71, note 2).

ecclesiastique au bon plaisir du Roy et de l'Eglise ou chapitre de Paris, et que publiquement, le chapitre present, ou parviz de Nostre Dame, ledit d'Orgemont present en eschafaux seroit preschié pour exemple. Et ainsy fu fait, les rues d'environ Nostre Dame, et le parvis et grant partie de l'Eglise toutes pleinnes de pueple, tant à cheval que à piet, armez et non armez. Lequel par avant, par le Conseil du Roy avoit esté pour le delict commun condempné en iiij[xx] mil escus d'amende envers le Roy, et privé de tous offices royaulx obtenus et à obtenir, considerée la confession dudit d'Orgemont faicte, comme l'en dit, presens les roy de Sicile et duc de Berry voluntairement, et aussy quant à la sentence dudit chapitre, veue et considerée la confession, simplement, franchement et voluntairement faicte en la presence de viij ou x des seigneurs dudit chapitre, commiz à faire le procès d'icellui Orgemont, presens pluseurs des officiers et conseillers du Roy nostre Sire; toutes lesquelles choses sont merveilleuses, considerée l'auctorité que *nudius tertius* avant sa confession avoit icellui Orgemont[1].

Conseil, XIV (X[1a] 1480), fol. 54 r°.

Samedi, ij[e] jour de may.

La Court a consenti que messire Nycolas Viaud, evesque de Limoges, ait la somme de vj[xx] xvij livres tournois, ou environ, restant du depost consigné devers J. du Goul par les executeurs de feu messire Hugue de Manhac, jadis evesque de Limoges, pour le fait des

---

1. Tout ce passage est reproduit par D. Félibien, *Histoire de la ville de Paris,* t. IV, p. 561.

reparations dudit eveschié, et lui soit delivrée icelle somme selon la forme d'une autre delivrance à lui faicte le xije de fevrier derrien passé, pour convertir et soy en ayder en l'execution de son arrest obtenu contre maistre Renoul de Peyruce sur le fait de la possession dudit eveschié.

Venredi, viije jour de may.

Ce jour, ont esté ostées les chaennes atachées es rues de Paris[1], de par le Roy à foison de gens d'armes, à l'occasion d'une grande conjuration et conspiration proposée et faicte par pluseurs de Paris, comme l'en dit, dès avant Pasques et par especial la sepmaine peneuse, et que l'en devoit executer contre l'onneur du Roy et ou peril de son sanc et pluseurs des principaulx officiers royaulx, Chancellier et autres, le jour de Pasques à ij heures après minuit[2]; laquelle conjuration

---

1. Ces chaînes de fer, enlevées le 8 mai, furent portées par ordre du Roi à la bastille Saint-Antoine, et restituées deux jours après à l'Échevinage en vertu de lettres de Charles VI, du 10 mai, « pour estre couverties au prouffit et decoration de Paris, » à condition qu'il serait rendu compte de leur emploi (cf. le *Journal d'un bourgeois de Paris,* p. 72, note 2).

2. Juvénal des Ursins, dans sa chronique (p. 531), raconte tout au long la façon dont fut découverte cette conspiration par un gentilhomme du duc de Berry, le sr de Montigny, qui, en passant à une heure avancée de la nuit par la rue aux Fèves, près de l'hôtel d'un riche bourgeois, Colin Dupont, aperçut par une fenêtre trois compagnons armés, et s'empressa de donner l'éveil au seigneur de Traignel. L'avortement de ce complot entraîna plusieurs exécutions capitales, outre Robert de Belloy et Regnault Maillet; on décapita, le premier samedi de mai, Jean Roche, sergent d'armes du Roi, possesseur de l'hôtel de l'Ours, à la porte Baudoyer, un teinturier, Durand de Bry, maître de la soixantaine des arbalétriers, et un épinglier, Jean Perquin (cf. le *Journal d'un bourgeois de Paris,* p. 71).

a esté, ledit jour saint de Pasques, detegée et descou-
verte d'aventure[1].

Conseil, XIV (X^{1a} 1480), fol. 54 v° et 55 r°.

Mardi, xij^e jour de may.

Maistre J. Guerart requiert contre maistre Robert
de Halebuterne que, comme le Roy dès l'an CCCC VIII
ly eust donné l'office de maistre de la maçonnerie de
Paris, à quoy fu receu, combien que Halebuterne ly
mist ou s'efforça mettre empeschement, et depuiz
jusques à ores ait esté empeschié pour le duc de Berry
à Bourges, et ancores a le Roy lui octroié lettres de
joïr comme devent, si requiert l'enterinement de ses
lettres et soit maintenu et gardé en son dit office, au
moins ait l'estat ou recreance et despens.

Halebuterne, ou son conseil, dit au contraire qu'il
est absent, et lui appartient ledit office, et en a joy dès
l'an CCCC VI, et eut le don et fu institué par le Prevost des marchans et eschevins de Paris. Si sera
mandé Halebuterne et à lundi revenront les parties, et
sera oy aussi le Prevost des marchans et les eschevins,
se aucune chose wellent dire[2].

---

1. Ce paragraphe se trouve dans D. Félibien (*Hist. de la ville
de Paris,* t. IV, p. 561).

2. L'affaire fut plaidée le 20 août suivant; Robert de Hellebuterne, entendu, déclara que l'office de maître de la maçonnerie
à Paris lui avait été donné, non simplement par le Prévôt des Marchands Culdoe; mais par le Roi, en Grand Conseil, et fit valoir ses
mérites en se vantant d'être « grant geometrier et charpentier, ce
qui était supérieur à maçon. » Les débats révèlent de curieux
détails sur les travaux de voirie à Paris ; ainsi l'on voit qu'en ce
qui concernait les fontaines, Robert de Hellebuterne fut d'avis de
substituer des canaux de pierre aux tuyaux de plomb « pour ce
que en yver se geloit le plom et se crevoit; » le même Hellebuterne attaqua en passant la compétence de J. Guérart, comme

Sur ce que maistre J. Porcher, conseiller du Roy nostre Sire, maistre J. du Boiz, graphier criminel, et sa femme[1], requeroient contre maistre J. de Vailly, president ceans, maistre Pierre de l'Esclat, et leur femmes, qu'ilx repreissent ou delaissassent les arremens ou procès d'entre ledit Porcher, du Boiz et sa femme, demandeurs, d'une part, et maistre Dreue, defendeur, d'autre part, lesdiz Vailly et l'Esclat, et leur femmes, ont respondu qu'ilz ne se wellent ne n'ont volu porter pour heritiers dudit Dreue. Lettre à Phelippe *per cedulam procuratorum*.

Matinées, IX (X^{1a} 4791), fol. 83 v°.

Venredi, xxixe jour de may.

La Court a defendu, à peinne de x^m livres, à Clignet de Breban qu'il ne transporte messire Lupart de Velus, ne n'attempte à sa personne[2].

Matinées, IX (X^{1a} 4791), fol. 92 v°.

Samedi, xxxe jour de may.

Sur le debat meu entre l'evesque de Paris, d'une part, et le procureur du Roy, d'autre part, pour occa-

---

architecte, lequel fit « despendre au Dauphin derrien trespassé grant finance à adviser de faire un edifice oultre le chastel de boiz qui est oultre le Louvre, qui eust cousté plus de iij^c mil frans » (Matinées, X^{1a} 4791, fol. 135 r°).

1. Le greffier J. du Boiz avait épousé la fille de J. Porcher.

2. Gilles de Velu, dit Lupart, chevalier, originaire du pays de Namur, était gouverneur des terres de la comtesse de Nevers en Champagne; il fut capturé par vingt hommes d'armes au service de Clignet de Breban, notamment le capitaine de Vignorry, et retenu prisonnier; quoique Pierre de Breban se prétendît étranger à son arrestation, la Cour lui fit défense, le 1er juin, de transporter son prisonnier « de lieu en autre et de lui porter aucun préjudice, ainsi qu'à Marie de l'Épine aux Bois, femme dudit Lupart » (Criminel, X^{2a} 17).

sion dé l'immunité des XV[xx] de Paris, que l'en disoit estre enfraincte par les gens du Roy ou Chastellet, pour ce qu'ilx avoient prins pluseurs malfecteurs oudit lieu, puiz un po de temps, et pour ce l'en cessoit *a divinis* en icellui lieu[1], et requeroit l'evesque et iceulx XV[xx] la reparation, il a esté appoinctié, du conseil du procureur du Roy, d'une part, et de l'evesque de Paris, d'autre part, que lesdiz des XV[xx] repranront et feront le service divin jusques à viij jours inclus prouchain venans, pourveu que *interim* l'evesque ne procedera contre aucun à occasion de la prise faictes des prisonniers malfecteurs dessusdiz, ne aussy les gens du Roy ne procederont contre l'evesque, ne ses officiers, pour la poursuite desdiz prisonniers que fait icellui evesque, ne contre lesdiz prisonniers et sans le prejudice desdictes parties et du procès, et aussi desdiz XV[xx] et de leur droiz, privileges et exemptions.

Ce jour, a esté esleu Richart Pocaire, escuier, en bailli de Montargi par la resignation de Pierre Le Verrat, escuier, et a fait le serment acoustumé.

Conseil, XIV (X[ía] 1480), fol. 58 r°.

Lundi, xve jour de juin.

Ala de vie à trespas monseigneur J. de France, duc

---

1. Le *Journal d'un bourgeois de Paris* (p. 73) fait allusion à cette suspension des offices motivée par l'arrestation de certains malfaiteurs, qui fut opérée, le 25 mars, en vertu des ordres du prévôt de Paris, au mépris de l'immunité des Quinze-Vingts, et dit qu'on ne chanta ni messe ni vêpres dans leur église avant la Saint-Laurent, et encore, ce jour-là, « y avoit, paroit il, commissaires et sergens qui faisoient chanter devant eulx telz prebstres qu'ilz vouloient, malgré ceulx dudit lieu. »

de Berry, oncle du Roy nostre Sire, frere de son pere, aagié de lxxvij ans[1].

Conseil, XIV (X¹ᵃ 1480), fol. 59 rᵒ.

Venredi, xxvjᵉ jour de juin.

Ce jour, la Court a condempné par arrest l'evesque de Lisieux[2] à paier à l'evesque de Meaux[3] la somme contenue en certeinne ordonnance faicte par maistre Pierre Le Fevre, president ceans, et J. Charton, conseiller du Roy nostre Sire, aux termes qui s'ensuivent, c'est assavoir : presentement vjᶜ frans, à Noel

1. Jean, duc de Berry, « s'acoucha malade à Paris en son hostel de Neelle, et fut grandement visité de par le Roy, son neveu, qui lors estoit assez en santé, et par les autres seigneurs du sang royal » (*Monstrelet*, t. III, p. 145); il décéda le 15 juin, et fut inhumé à Bourges dans la cathédrale, son cœur fut enterré à Saint-Denis. Ce prince laissa deux filles de sa première femme : l'une, Bonne de Berry, épousa Amédée VII, comte de Savoie, et en secondes noces Bernard, comte d'Armagnac; l'autre, Marie de Berry, fut mariée en secondes noces à Jean, duc de Bourbon. D'après le *Religieux de Saint-Denis*, t. VI, p. 31, le duc de Berry se distinguait entre tous par sa munificence et dota plusieurs églises, notamment l'abbaye de Saint-Denis et le chapitre de Notre-Dame, de joyaux enrichis de pierreries. Du reste, « il se delectoit fort, dit Juvénal des Ursins (p. 532), en pierres précieuses, et se plaisoit à en faire venir d'Orient; » les ornements ecclésiastiques entassés par ses soins auraient pu habiller les chanoines de trois cathédrales. Le duc de Berry festoyait très largement les étrangers; mais, par suite de ses prodigalités, il se trouva obéré de plus de 200,000 écus dus à ses fournisseurs.

2. Pierre Fresnel avait occupé le siège épiscopal de Meaux, du 20 novembre 1391 au 20 août 1409; transféré à cette date à l'évêché de Noyon, il devint évêque de Lisieux en février 1417, par bulle du pape Jean XXIII au concile de Constance.

3. Jean de Sàints, ancien chanoine de Notre-Dame de Paris et de Meaux, passa de l'évêché de Gap à celui de Meaux, le 20 août 1409, et occupa ce siège jusqu'à sa mort, 20 septembre 1418. Son testament, du 2 septembre 1416, fait partie du volume 1162 de la coll. Moreau, fol. 281 rᵒ.

prouchain venant v^c frans, à Pasques après ensuivant v^c frans, à la S. Jehan Baptiste prouchain après ensuivant v^c frans et le surplus à la S. Martin d'iver après ensuivant, pour tourner et convertir es reparations de l'eveschié de Meaulx[1], selon ladicte ordonnance sur ce faicte par mesdis seigneurs les commissaires. Et promet ledit mons^r de Lisieux paier lesdictes sommes auxdiz termes, et à ce welt et consent estre contraint par la prise de son temporel et par toutes autres voies deues et raisonnables. Fait du consentement des dictes parties, comme appert par la cedule sur ce passée qui est devers la Court.

Matinées, IX (X^{1a} 4791), fol. 105 r°.

Lundi, vj^e jour de juillet.

Ce jour, maistre R. Mauger, premier president, qui estoit commiz de par la Court au college de Dormans, selon la forme contenue en certeinnes lettres enregistrées ou livre des Ordonnances de ladicte Court, a renuncié à ladicte commission, et a esté en son lieu commiz maistre Regnault Rabay, conseiller du Roy nostre Sire ceans, avecques maistre P. Buffiere[2].

Conseil, XIV (X^{1a} 1480), fol. 60 v°.

---

1. Le nouvel évêque de Meaux, prétendant qu'il avait trouvé « les maisons et autres édifices de l'evesché en grant ruyne et desolation, » réclamait une somme de 17,000 livres pour les réparations; après enquête et visite faite par les gens du métier, tant à Meaux qu'à Paris, en un hôtel devant Saint-Pol appartenant à l'évêché, les commissaires évaluèrent les réparations à 3,000 livres, et les parties acceptèrent ce chiffre en vertu d'un accord passé le 16 juin 1416 (Accords homologués au Parlement, X^{1c} 111).

2. Renaud Rabay et Pierre Buffière, avec Thiebaud, Thiessart, vicaire de l'abbé de Saint-Jean-des-Vignes, restèrent chargés jusqu'en 1418 de l'administration du collège de Beauvais.

Mercredi, xve jour de juillet.

Ce jour, survindrent en la Chambre et furent au Conseil... messeigneurs les Chancellier, l'arcevesque de Reins, l'evesque de Lisieux, l'evesque de Paris, maistre Nycolas Fraillon, J. de Nourry, G. Chanteprime, maistres des Requestes de l'Ostel, messire J. Juvenel, president aux Generaulx, maistre Hugues Grimault, G. Perriere, J. de Saint Romain, G. Aimeri, le procureur du Roy, maistres André Cotin, G. Le Tur, advocas du Roy, maistres Miles d'Angeul, J. de la Croix, Hugues de Guinghen, G. de Champeaux, maistres de la Chambre des Comptes.

Ce jour, fu esleu Gassot de Villette, escuier, en bailly de Gisors.

Conseil, XIV (X^{ia} 1480), fol. 61 v[.].

Mardi, xxj^e jour de juillet.

Furent environ ix heures, après les plaidoieries, au Conseil le Chancellier, maistre R. Mauger, S. de Nanterre, P. Lefevre, presidens, l'evesque de Lisieux, l'evesque de Paris, m. Robert Le Masson, chancellier de la Royne, l'abbé de Monstier Erraine, etc...

Ce jour, fu conseillié sur le bail du duchié de Touraine, qui estoit à faire au conte de Pontieu, et *non conclusum*[1].

Conseil, XIV (X^{ia} 1480), fol. 62 r°.

Lundi, xxvij^e jour de juillet.

Ne fu pas plaidoyé et furent au Conseil maistres R. Mauger, P. Lefevre, presidens.

---

1. Après la mort du duc de Berry, le duché de Touraine fut attribué à Charles, comte de Ponthieu, « mainsné filz de Charles VI » (cf. *Monstrelet,* t. III, p. 146).

Depuiz, survint le Chancellier et les maistres des Requestes de l'Ostel et autres du Grant Conseil, c'est assavoir : maistres J. de Norry, N. Fraillon, G. Chanteprime, A. de Marle, messire J. Juvenel, chevalier, maistre M. d'Angeul, J. de la Croix, les procureur et advocas du Roy, et fu receu messire Robert d'Esne, chevalier, en bailly d'Amiens.

Conseil, XIV (X^{1a} 1480), fol. 62 v°.

Mardi, xxviij^e jour de juillet.

Remonnet de la Guerre requiert l'enterinement de certeinnes lettres d'office de maistrise d'Eaues et Forests de Languedoc et de Guienne.

Le procureur du Roy dit au contraire que ledit office requiert ij personnes à continuelment besoigner, car aussi sont-ce ij offices, desquelx chascun requiert residence de ij personnes notables, car aussi y a-il un chastel grant et fort à iiij grosses tours, qui est entre ij grosses villes et sur la Garonne; or est bien necessaire Remonnet par deça *pro expeditione rei publice*[1], et si dit que l'office vaque par resignation, combien que cellui que l'en dit avoir resigné onques ne fu miz en possession deument et ne fit onques le serment acoustumé, veu qu'il y a judicature, si dit que Remonnet s'en puet trop bien deporter, et aussi faudroit-il savoir de la maniere de la resignation, et au surplus s'en rapporte à la Court.

Remonnet replique et dit que ledit office vaque pre-

---

1. Raymonnet de la Guerre, capitaine armagnac, était l'un des chefs des bandes placées sous les ordres du connétable; il fut envoyé au mois de septembre à Noyon et Nesle pour défendre le pays contre les gens du duc de Bourgogne, de concert avec Thomas de Liersis, bailli de Vermandois (cf. *Monstrelet,* t. III, p. 161).

mierement par mort, puiz fu donné à Robinet d'Estampes qui le resigna, et fu donné au derrien possesseur qui l'a resigné sans profit avoir pecuniel; quant à ce que cest office requiert residence, etc., dit que de present y a po d'occupation en fait de justice, et y a le Roy po d'emolumens de present; et quant au chastel de Verdun[1], le maistre des Eaues et Forests y a acoustumé de demorer; or a-il un frere bon escuier qui par delà demourra et fera bien la besoigne pour lui, et ne faut point qu'il y face residence, ne n'est acoustumé aussy, et si a pluseurs bons lieux tenans en pluseurs lieux, et est quant à sa personne bien empeschié par deça pour le bien du royaume, combien qu'il a bonne volenté d'aler faire residence, se la guerre cesse, et à ce que dit que onques ne fu receu le derrien possesseur, dit que sa lettre porte *vel aliàs quocumque modo vacans*, et si puet bien aucun resigner son droit ou collation sans avoir eu possession, si conclut, *ut supra*. Appoincté que la Court verra les lettres et parlera où parler fauldra, et au Conseil.

Matinées, IX (X^{1a} 4791), fol. 122 v°.

Jeudi, xxxe jour de juillet.

Pierre de Chasotes, procureur de messire Ymbert de Grolée, chevalier et chambellan du Roy, s'oppose à l'enterinement des lettres impetrées par messire Pierre, seigneur de Beauvau, pour l'office de gouverneur de Montpellier et de chastellain de Lates, et qu'il ne soit receu aud. office sans le oïr.

Matinées, IX (X^{1a} 4791), fol. 124 v°.

1. Verdun-sur-Garonne (Tarn-et-Garonne), arr. de Castelsarrasin, chef-lieu de canton.

Venredi, vij⁰ jour d'aoust.

Cedit jour, vindrent en la Court plusieurs maistres
en theologie et en autres facultez de par l'Université
de Paris, de par laquelle maistre Gerart Machet,
maistre en theologie et chanoinne de Paris, proposa
et dit qu'il estoient icy venus pour tout le bien commun et par especial de ce royaume, et à la loenge et
exaltation de la foy, à la correction des vices et amen-
dement des meurs, et pour venir et descendre plus
especialment à son propos, print la parole divine du
prophete : *Psalmo octogesimo octavo*. . . . .[1].
Propose et dit que l'Université, sa mere, participans
d'icelle beatitude dont est escript en l'evangile, *beati
qui esuriunt et sitiunt justiciam*, etc., dit une escripture faicte en un quaier, appellée la *Justification du duc
de Bourgoigne*, estre injurieuse à la justice du Roy, à
la police et bien commun de son royaume, contenens
sedition, ouvrans voie à parjuremens et homicides, à
flentez et trahisons et à tous autres maulx, qui a donné
racine aux ij seditions derrienement avenues puiz
Pasques en ce royaume, par especial à Paris, par
lesquelles les peres estoient en peril d'estre tuez par
leur enfans et *e contrà*, et pour ce requiert que icelle

---

1. Du Boulay, dans son *Histoire de l'Université de Paris*, t. V,
p. 301, ne dit mot de cette proposition développée par Gérard
Machet, au nom de l'Université, et se borne à donner le texte de
la décision prise par le Parlement le 16 septembre suivant ; il
reproduit la condamnation des doctrines de Jean Petit par l'évêque
de Paris et l'inquisiteur de la foi en 1414, qui fut publiée au Parlement le 4 juin 1416, avec les lettres patentes du 16 mars 1414
relatives à la *Justification du duc de Bourgogne,* à titre de protes-
tation contre la sentence prononcée au concile de Constance.

escripture soit dessirée à son de trompe, et que ainsy
doie estre fait il apert, car elle pretend front de dampn-
ation, c'est assavoir, de justification et non pas de
excusation sur la mort inhumaine, trahiteuse, advisée,
pourpansée du duc d'Orleans, frere germain du Roy,
car il n'y a droit qui justifie tel mort sans l'auctorité
et licence du prince, à qui est donné le gleve de justice et à nul autre..... Or est-il ainsy que cely qui a
fait ladicte escripture conclu que le duc de Bourgoigne du fait avenu ne doit point estre reprins, mais
le doit le Roy guerredonner en honneur, en amour, en
richesses et autres biens, comme fit Dieu, S. Michiel et
Phinées. O doleur intolerable, que le Roy appreuve
murtre et loue pechié, auquel est donné le gleve à la
vengence des mauvaiz et louange des bons, comment
pourra-il souffrir tel chose? comment loura-il l'acteur
de si grief crime qui n'avoit mesmement point auctorité de lui? comment approuvera-il la maniere du fait
qui fu par aguet, par fait pourpansé, par trayson, par fla-
terie, par ambition, par convoitise, par envie, par fein-
tise et simulation, etc., à heure de tenebres et de nuit,
en la capital ville du prince, en la fonteinne de justice?
que puet l'en dire de tel cas, que puet l'en clamer.
O gendres de sacrileges! O meurs! O justice foulée!
O equité grevée! O roial magesté blecée! O nature vio-
lée! O souverainne justice deshonorée! Qui se tenra
de exterminer telle injustice qui donne auctorité à tous
de tuer maufaicteurs, les drois se taisient, soient cloz
les livres, voisent soy respondre les loiz; resveillez-
vous, juges, levez-vous, procureur et advocas royaulx
et toutes cours de justice à venger tel crime, autrement il redundera sur vous, car mesme avoit oy dire

au Chancellier que, lui estans presidens en la Court, avoit esté menacié d'estre tué . . . .

Au regart de la dicte injurieuse escripture, et se l'en dit que de ce pend la cause ou Conseil general de Constance, respont que icy est à considerer double justice, une qui regarde la foy, et de ceste ne parle pas, l'autre est legale, à laquelle est obligée la Court, et posé que ladicte escripture ne fust pas erronée en la foy, si est-elle injurieuse et scandaleuse à bonnes meurs et à toute police, et par ce doit estre vengée par la Court, combien que *virtualiter* elle mesme se condempne en sa mauvaise doctrine, si comme le dit aussi le cardinal de Cambray[1]. Et se l'en dit que desjà iij cardinaulx ont fait sur icelle leur jugement et donné leur sentence[2], à ce respont que ce a esté, partie non appellée suffisamment, ne son procureur, et si estoient à ce commiz par le pape Jehan, qui estoit tel quel, et tel que chascun scet, et pour ce a esté deposé du papat[3], car il estoit indigne à tel dignité. Et ladicte

1. Pierre d'Ailly présida la session du concile de Constance après le départ du pape Jean XXIII.

2. En effet, on voit qu'à la poursuite de Martin Porée, docteur en théologie, évêque d'Arras, et d'autres députés du duc de Bourgogne, fut rendue, le 15 janvier 1416 (n. st.), une sentence annulant le procès de condamnation fait par l'évêque de Paris contre m^e Jean Petit; elle fut prononcée par Jourdain, cardinal, évêque d'Albano, Antoine Pancerino, cardinal d'Aquilée, et François Zabanella, cardinal de Florence (cf. *Monstrelet*, t. III, p. 134). Juvénal des Ursins (p. 529) mentionne cette « sentence donnée à Constance par iceux trois cardinaux, et dit que copie en fut apportée à Paris. »

3. Jean XXIII, créé pape après la mort d'Alexandre V, fut déposé par le concile de Constance dans sa douzième session tenue le 29 mai 1415, et resta prisonnier en Allemagne jusqu'en 1419.

escripture est telle de soy, et descendist du ciel ou
venist de la terre, qu'elle est digne d'estre dessirée,
comme l'en a veu autre foiz de pluseurs escriptures,
comme de l'evangile de S. Thomas et autres traictiez
antitulez des sains, pluseurs qui furent dempnez et
condempnez, et le pareil a esté fait autrefoiz en icelle
Court de l'espitre de Tholouse, du temps du pape
Benedict, qui fut dessirée comme injurieuse et scandaleuse par la Court, aussi furent, n'a pas long temps
et environ le temps de ladicte epistre, dessirées certeinnes bulles qu'avoit envoiées ledit Pierre de Lune
contre le Roy et son royaume; et ce est assez conforme à raison qui welt que, se l'en trueve aucun libelle
diffamatoire, incontinent l'en le doit rompre et dessirer, afin qu'il n'engendre esclande ou plus grant peril.
Si conclut que la Court qui a serment à justice et equité
face pareillement de ladicte escripture, afin que les
supposts d'icelle soient de ceulx dont parle Sapience
en les remunerant : *Sapientie tertio. Fulgebunt justi
tamquam scintille*, etc., *quod eis concedat.*

Ce fait, fu dit par le president de la Court qu'elle
n'avoit point desplaisir de ce qu'estoit proposé bien et
notablement, et qu'elle verroit le mandement du Roy,
instrumens et lettres, et parleroit au procureur et
advocas du Roy, et respondroit ce qu'il appartendroit.

Matinées, IX (X[1a] 4791), fol. 131 r°, 133 r°.

Mardi, xj[e] jour d'aoust.

Ce jour, n'a pas esté plaidoié pour ce que les
iij Chambres ont esté assemblées pour conseiller *quid
agendum* sur certeinnes lettres closes envoiées par
aucuns bailli et officiers du Roy en Picardie et sur cer-

tain vidimus d'un mandement envoié par le duc de
Bourgoigne en ses terres de Picardie, par lequel defendoit que nul de ses subgiez ou enclavez entre ses subgiez ne s'armast contre les Angloiz, pour quelque
mandement de quelque personne que ce fust, sinon
par le sien, pour ce qu'il avoit fait treves ou abstinence de guerre avecques les Angloiz de la S. Michiel
qui vient en un an, et toutevoie le Roy avoit ordonné
la guerre contre les Angloiz. Sur quoy a esté advisé
que l'en feroit mandement à tous bailliz et prevosts
royaulx de faire crier l'ordonnance du Roy et commander à tous vassaulx et subgiez de soy mettre sus
en armes, nonobstant ledit mandement qui y seroit
inseré de mot en mot, et ce seroit reporté au Conseil.

Mercredi, xij^e jour d'aoust.

Et cedit jour, fu leue et advisée certeinne lettre de
mandement pour faire venir au mandement du Roy
tous vassaulx et subgiés du duc de Bourgoigne, subgiez du Roy, contre les Angloiz que l'en attendoit
de jour en jour en France, nonobstant certain mandement qu'avoit fait publier le duc de Bourgoigne
en ses terres et païz, par especial de Picardie, que
nul, de quelque estat fust, ne se armast contre lesdiz
Angloiz pour mandement ou quelque commandement
de quelque personne sans son congié, à peinne de
corps et de biens, pour ce que icellui duc avoit fait abstinence de guerre de la S. Michiel qui vient en un an
avec icelx Angloiz, combien que chascun savoit la
guerre qui estoit entre le Roy et les Angloiz. Et me
fu commandé que je monstrasse la minue au Chancellier.

Jeudi, xiij^e jour d'aoust.

Ne fu point plaidié, tant pour ce que ledit mande-
ment, dont est parlé le xij^e de ce moiz, fu releu et corrigié en aucuns mos, que aussy pour ce que la Court et
advocas et procureurs et les habitans de Paris furent
moult tourblez et esmeuz de ce que grant nombre des
gens d'armes du duc de Bourgoigne, banniz et autres,
voians que le connestable et gens d'armes estoient alez
contre les Anglois à Harefleu, que lesdiz Angloiz occu-
poient, et ailleurs, estoient venu soudainnement du
païz de Tierache et de vers Reins et de Picardie, de
nuit au portes de Paris pour entrer dedans et de com-
movoir la ville, comme *aliàs* avoient essayé, et pour ce
qu'il trouverent les portes closes, pillerent et roberent
le plat païs puiz la porte S. Deniz jusques à Dompmar-
tin et Beaumont sur Oise¹, et se retrahirent, comme
l'en dit, audit Beaumont, et prirent le chastel et tuerent
grant nombre d'ommes et femmes, et puiz s'en alerent
par le pont².   Conseil, XIV (X¹ª 1480), fol. 64 v°.

---

1. Le *Religieux de Saint-Denis,* t. VI, p. 45, et *Monstrelet,* t. III,
p. 151, racontent avec détails cette tentative des Bourguignons
sur Paris, dirigée par un chevalier picard, Pierre de Solre, qui,
traversant l'Oise à Auvers, vint s'embusquer au point du jour
près de l'église Saint-Laurent, et, n'ayant réussi à pénétrer dans
Paris, se rabattit sur Beaumont, faisant partie des domaines du
duc d'Orléans. Cette place fut emportée, le capitaine massacré,
nombre d'habitants furent égorgés ou noyés ; les bandes bourgui-
gnonnes, sous les ordres de Maulroy de Saint-Léger, Jeannot
de Poix, Hector et Philippe de Saveuses et d'autres capitaines,
dont Monstrelet donne les noms, traitèrent de la même façon
Nesle en Vermandois, se livrant partout sur leur passage aux
plus grands excès ; Juvénal des Ursins (p. 532) et Monstrelet
s'accordent à dire que les gens du duc de Bourgogne autour de
Paris faisaient maux innombrables et inestimables.

2. Ce dernier paragraphe est donné par D. Félibien, *Histoire
de la ville de Paris,* t. IV, p. 562.

Ne fu pas plaidoié, pour ce que la Court, advocas et procureurs et habitans de Paris furent tous esmeux et tourblez de ce que grant nombre de gens d'armes estoient venu devant Paris, banniz et autres, du costé du duc de Bourgoigne, comme l'en dit, et avoient essayé de nuit entrer dedans Paris, et de fait à ce matin avoient prins tous les chevaulx qu'avoient peu trouver, de la porte S. Deniz jusques à Beaumont, où l'en dit qu'ilx se sont retraiz. Et estoient venu soudainnement, ne de ce s'estoit l'en aucunement aperceu, pour ce que lesdictes gens d'armes avoient fait grant chemin en moult petit de temps. Et à Beaumont ont tué, comme l'en dit, plus de xxviij personnes[1].

Matinées, IX (X^{ta} 4791), fol. 129 v°.

Lundi, xvj^e jour d'aoust.

Furent au Conseil maistres R. Mauger, P. Lefevre, presidens, l'evesque de Lisieux, maistre R. Le Masson, messire R. d'Angennes. Depuiz, est venu en la Court le Chancellier, l'arcevesque de Bourges, le recteur de l'Université, iij maistres en theologie et iij en decrez, maistre Pierre de l'Esclat, G. Chanteprime, Phelippe de Corbie, Arnault de Marle, maistres des Requestes de l'Ostel, maistre R. de Tuillieres, le procureur du Roy et les advocas du Roy et pluseurs autres, tant de l'Université que du Conseil du Roy, pour conseiller la provision à faire contre ces pillars et banniz qui courent par le royaume, pillans et murtrissans toutes manieres de gens; et a esté mise en termes la bulle de pape Urbain que donna contre les gens de com-

---

1. Cette seconde version de la venue des Bourguignons aux portes de Paris a été imprimée par M. Douët d'Arcq dans son *Choix de pièces inédites relatives au règne de Charles VI*, t. I, p. 385.

paigne qui pour lors semblablement pilloient le royaume[1].

Conseil, XIV (X^{ta} 1480), fol. 65 r°.

Lundi, derrien jour d'aoust.

Ce jour, a esté conseillié jusques à ix heures, à savoir, se sur l'ordonnance faicte par le Roy ou par son Conseil ceans de la duchié d'Auvergne qu'elle seroit mise en la main du Roy et soubz icelle gouvernée, l'en bailleroit executoire promptement, ou se l'en attendroit ancores, attendu les empeschemens du temps qui est; et a esté appoinctié que promptement sera ladicte ordonnance executée le plus courtoisement que faire se pourra.

Item, admonesta le Chancellier les seigneurs de ceans de soy armer et garnir de gens, et que ung chascun advisast quel ayde il pourroit faire à la defense de Paris dedans, et se mestier estoit, dehors, et idem avoit esté fait et dit aux notaires et secretaires du Roy, et pareillement à moy et autres notaires de ceans.

Conseil, XIV (X^{ta} 1480), fol. 66 r°.

Messire J. Juvenel, chevalier, s'est opposé et oppose que certeinnes lettres obtenues et presentées ceans de

---

1. Monstrelet (t. III, p. 152) donne le texte des mandements royaux qui furent envoyés en Picardie, à cause des brigandages et déprédations que commettaient certains aventuriers se prétendant au service du duc de Bourgogne, notamment une compagnie de « fuselaires se nommant les Begaulx, » auxquels se joignirent tous les bannis de la révolution cabochienne ; ces brigandages sont énumérés tout au long dans ces lettres patentes à l'adresse du bailli d'Amiens, qui furent publiées dans cette ville le 7 septembre.

par monseigneur le Chancellier touchant l'usage de la Conciergerie ne soient enterinées ne aussi publiées.

Matinées, IX (X¹ª 4791), fol. 139 r°.

Venredi, iiij^e jour de septembre.

Ce jour, a esté enjoint aux seigneurs de ceans et serviteurs de la Court et advocas et procureurs qu'il alassent à S. Martin monstrer comment ilz estoient armez, et qui seroit empeschié, si y envoiast, et qui ne pourroit au jour d'ui recouvrast à demain. Si m'a falu armer, qui m'a cousté plus de xl frans, non obstant que je soie prestre. De bonne estrainne soit-il frans et quicte par qui faut que prestres se arment.

Conseil, XIV (X¹ª 1480), fol. 66 v°.

Ce jour, sont venues en la Court Jaquelot du Pont, femme de Colin du Pont[1], mercier du Palaiz, et bien xx ou xxx autres bourgoises et habitans de Paris, requerans, que comme maistre Robert Le Maçon, chancellier de la Royne, hier leur eust dit à Saint Jaques de la Boucherie qu'elles widassent de Paris, et de ce eussent appellé, et nul ne voulsist estre de leur conseil, que la Court leur pourveust, et la Court que ce estoit fait, comme l'en dit, par ordonnance et que la Court de telles choses ne se melloit, et se elles avoient appellé, qu'elles relevassent leur appel, comme il appartient en telz cas ; si ont requiz à conseil maistres Guillaume Intrant, G. Cloistre, J. de Ramaiz, Deniz

---

1. Colin du Pont, riche bourgeois de Paris, avait été compromis dans la conspiration de Pâques 1416 ; c'est dans son hôtel de la rue aux Fèves, à l'enseigne de la Croix-d'Or, que se réunirent les conjurés découverts par le sire de Montigny, gentilhomme du duc de Berry ; il fut banni et ses biens confisqués (cf. *Juvénal des Ursins*, p. 531).

du Molin et Junien Le Fevre, et pour conseil Jaques Le Fer, Benoist Pidalet, que la Cour leur a octroié J. du Boiz et la Rose. Desquelles femmes l'en dit leur mariz banniz[1]. Matinées, IX (X¹ᵃ 4791), fol. 141 vᵒ.

Mercredi, ixᵉ jour de septembre.

Furent au Conseil le Chancellier, maistres R. Mauger, P. Lefevre, presidens, l'arcevesque de Bourges, l'evesque de Lisieux, l'evesque d'Esvreux, le chancellier de la Royne, le chancellier d'Orleans, maistre J. de Nourry, maistre P. de l'Esclat . . . . le confesseur du Roy, le presidens de Provence, m. Phelippe Le Besgue.

A conseiller la requeste faicte par l'Université de Paris le vijᵉ d'aoust derrienement passé sur le dessirement et rompement de certain quaier appellé : *la Justification du duc de Bourgoigne. Non est conclusum*[2]. Conseil, XIV (X¹ᵃ 1480), fol. 67 rᵒ.

Jeudi, xᵉ jour de septembre.

Sur la requeste hier faicte après disner par maistre Phelippe de Boisgillou, evesque de Chartres, d'une part, contre maistre Martin Gouge, evesque de Clermont et paravant de Chartres[3], sur les reparations de l'eveschié de Chartres :

Il sera dit que ledit Martin venra aux jours d'Amiens

1. Ces deux extraits se trouvent dans le *Choix de pièces inédites relatives au règne de Charles VI*, t. I, p. 386, 387.

2. Le Parlement s'occupa encore de cette requête de l'Université du 10 au 15 septembre.

3. Martin Gouge de Charpaignes occupa le siège épiscopal de Chartres de 1406 au 13 mai 1415 ; son successeur, Philippe de Boisgilloud, du 4 septembre 1415 au 21 septembre 1418.

du Parlement prouchain proceder sur la demande dudit Phelippe, comme de raison, et *interim* sommera ceulx qu'il voudra sommer.

Conseil, XIV (X¹ᵃ 1480), fol. 67 vᵒ.

Mercredi, xvjᵉ jour de septembre.

A conseiller la requeste de l'Université de Paris sur certain quaier ou escripture appellée : *la Justification du duc de Bourgoigne*, sur le registre du vijᵉ d'aoust derrien passé, et tout consideré :

Il sera dit que la Court defent de par le Roy, sur peinne de corps et de biens et sur quanques un chas-cun se puet mesfaire envers le Roy, que aucun, de quelque estat ou condition qu'il soit, d'ores en avant ne die, publie, afferme ou enseigne en la signeurie du Roy qu'il soit loisible à quelque vassal ou subgiet ou autre occirre aucun par aguet, blandices ou decep-tions, sans attendre sentence ou commandement de juge competent, quelconque serment ou quelque pro-cès qu'il ait avecques luy[1]. Et defent la Court, sur les dictes peinnes, que d'ores en avant aucun n'escripve, copie, exemplifie, tiegne, ne ne face escripre, copier, exemplifier ne tenir devers soy aucunes telles escrip-tures, quaiers ou copies appellées comme dessus[2]. Et en oultre commande la Court, sur lesdictes peinnes, que quiconques aura aucun tel ou telx quaiers, copies ou escriptures appellées comme dessus, qu'il les apporte par devers la justice du Roy incontinent et sans delay après la publication de ceste ordonnance pour envoier

---

1. La fin de la phrase depuis les mots *juge competent* a été grattée dans le texte.

2. Ici quelques mots ont été grattés.

devers la Court à en faire ce qu'il apartendra. Et ancores commande au procureur du Roy, que s'il trueve aucuns faisans le contraire, qu'il les face punir ainsy qu'il apartendra ; et oultre ordonne que ces choses soient publiées ou Chastellet de Paris et es lieux principaulx des baillies, senechaucées, prevostez et autres lieux royaulx, afin que aucun n'en puisse pretendre ignorance.

Item, a esté deliberé que ladicte ordonnance sera publiée et pronuncée par le president aux premiers. arrests[1].

Conseil, XIV (X^{1a} 1480), fol. 68 v°.

Jeudi, xxiiij^e jour de septembre.

Ce jour, ont esté commiz maistres G. de Villiers et M. du Boz à soy informer de l'insuffisance de messire Simon de Dreux, bailly à present de Chartres, et de la suffisance de Giles d'Eschanviller.

Lundi, xxviij^e jour de septembre.

Fu le Chancellier ceans et les seigneurs en grant nombre ; et, veues certeinnes informations *de quibus die precedenti*, fut esleu Gilles d'Eschanviller, escuier, en bailli de Chartres ou lieu de messire Simon de Dreux, lequel a le Roy deschargié dudit office, et l'avoit fait son maistre d'ostel, comme apparoit par certeinnes lettres veues par mesdis seigneurs.

Conseil, XIV (X^{1a} 1480), fol. 69 v°.

Jeudi, xij^e jour de novembre.

Monseigneur Henry de Marle, chancellier de France,

1. Cette décision a été reproduite par D. Félibien dans ses extraits du Parlement (*Histoire de la ville de Paris,* t. IV, p. 562).

chevalier, tint le Parlement, presens maistres Robert
Mauger, premier, et J. de Vailly, president, les arcevesques de Reins, de Tours, les evesques de Lisieux,
de Paris, de Clermont, de Luçon, d'Albit et de Coustances et l'abbé de Saint Deniz, maistres J. de Norry,
G. Chanteprime, Arnault de Marle, maistres des
Requestes de l'Ostel du Roy, et les maistres des
iij Chambres de Parlement jusques au nombre de
liiij ou environ, et furent leues les ordonnances et les
sermens accoustumez fais par les advocas et procureurs.

Ce jour, fu esleu maistre Adam de Cambray[1], conseiller du Roy en la Chambre des Enquestes à gages
de clerc, aux gages de lay que tenoit et avoit en son
vivant maistre Regnault de Sens[2], conseiller dudit Seigneur ceans, à la requeste dudit de Cambray, pour ce
que puiz qu'il avoit eu ledit office de clerc s'estoit
marié, non obstant lettre seellée presentée par maistre
Pierre l'Orfevre, filz de feu maistre Pierre l'Orfevre,
jadiz chancellier d'Orleans, du don dudit office lay
que tenoit icellui de Sens; et par ce vacca l'office

---

1. Adam de Cambrai était conseiller aux Enquêtes depuis 1412;
lorsque les Bourguignons entrèrent à Paris, il suivit le parti du
Dauphin et fut pourvu de la charge de premier président du
Parlement de Poitiers en 1434, après la mort de Jean de Vailly,
conserva même ses fonctions lorsque le Parlement fut rétabli à
Paris, et occupa le lieu et place de Philippe de Morvilliers; il
mourut le 15 mars 1456 et fut inhumé aux Chartreux de Paris,
ainsi que sa femme, Charlotte Alexandre, décédée le 12 mars 1473
(cf. Blanchard, *les Éloges des premiers présidents du Parlement de
Paris*, p. 29).

2. Son testament, en date du 15 octobre 1416, faisait partie du
registre des Testaments (fol. 424); il se trouve dans la copie de
la collection Moreau, vol. 1162, fol. 110 r°.

clerc que tenoit ledit de Cambray en la Chambre des Enquestes.

Et ce mesme jour, je requiz à messeigneurs dessus nommez que, comme par la grace de Dieu, du Roy et de sa Court, eusse servi ceans et exercé l'office de graphier par l'espace de seze ans tous entiers et continuez, car par lesdis xvj ans onques n'y avoie failli jour, exceptez viij jours, ores avoit xj ou xij ans, que j'avoie esté malade au lit et telement que je cuidié morir, et eusse exercé mondit office le plus loyaument et le plus diligemment que j'eusse peu selon ma fragilité et plus loyaument que sagement ou gracieusement, car, en office si publique que est ledit office, n'estoit pas bien possible faire à la grace d'un chascun, si comme miex le savoient, et y me deust suffire d'avoir servi oudit office si longuement; car aussi estoie-je aucunement debilité de ma veue et ne povoie pas bien enregistrer sans avoir lunettes; combien que je me sentoie ancores sain et entier, et n'estoie ne rompu ne froissié, mais seulement ploié, si povoie ancores bien servir oudit office, mais avant que piz me venist, entendiz que j'estoie en santé, me sembloit bon issir dudit office; et il vacast un lieu de clerc en la Chambre des Enquestes, y pleust à la Court moy descharger de l'onneur et charge dudit office, et moy pourveoir dudit office de clerc, pourveu que icellui office excersasse en la Grant Chambre, comme mes autres seigneurs d'icelle Grant Chambre, car attendu ledit temps que j'avoie servi ledit Seigneur et sa Court en la dicte Grant Chambre, moins mal le deveroie servir en icelle Chambre que en ladicte Chambre des Enquestes. Ce fait, monseigneur le Chancellier me fit retraire et, fait sur ce conseil, fu appellé et me fu respondu que la Court m'octroioit ma requeste.

Conseil, XIV (X^{1a} 1480), fol. 73 r°.

Mardi, xvij^e jour de novembre.

Hier, avant les plaidoiries, sont venus en la Chambre les procureur et advocas du Roy, Michiel de Laillier, maistre en la Chambre des Comptes, et J. de la Fonteinne, changeur et marchant de Paris, d'une part, et maistre J. du Boiz, procureur du conte de Harcourt, d'autre part ; et a offert ledit procureur du Roy audit maistre J. du Boiz oudit nom l'argent de la terre de Manneval, que tient ledit conte, montant viij^m frans ou environ, et laquelle terre puet racheter le Roy et ravoir entrecy et trois ans ou environ, selon certain accort passé ceans nagaires entre lesdiz procureur du Roy et conte[1] ; et a requiz que ledit du Boiz oudit nom preist ledit argent et rendist ou feist rendre ladicte terre au Roy selon ledit accord. Et ledit du Boiz oudit nom a dit qu'il faloit qu'il escripsist premierement sur ce que dit est audit conte, et eue sa response, fera ce qu'il apartendra. Et ce fait, ledit procureur du Roy a requiz ce que dit est estre enregistré, qui lui est octroié, et demoure ledit argent en la main dudit Fontainne, ou là où il est arresté de par la Court *quousque* pour emploier en ce que dit est.

Matinées, IX (X^{1a} 4791), fol. 148 r°.

---

1. Le comte de Harcourt avait acquis du seigneur de Breauté la terre de Menneval en Normandie ; mais, à la suite de la saisie opérée par le bailli d'Évreux, procès s'était engagé au Parlement entre le comte et le procureur général du Roi ; l'accord qui intervint le 20 février 1416 (n. st.) donnait au Roi la faculté de prendre et de réunir cette terre au domaine, à charge d'exercer

Lundi, vij^e jour de decembre.

Ce jour, messire Pierre Minée, curé de S. Thomas de la Cauchie, comme il dit, maintient que ladicte cure vaca ou moiz d'octobre derrienement passé par le decès de feu messire J. du Mesnil, et le vj° jour dudit moiz fu présenté entre x et xj heures au matin et plus près de x que de xj.

Et messire Ysembart Alixandre, soy disant curé de ladicte cure, dit que le Roy en venant de son retrait en sa garde robe de sa chambre environ x heures, le Roy, avant qu'il alast à sa messe ne qu'il disnast, ly donna ladicte cure de S. Thomas, et si la donna audit Minée, ce fu au lever du disner du Roy et après son don. Et Minée dit que ce auroit esté environ xj heures de matin et après le disner du Roy, ouquel y estoit bien avancié et après son don[1].

Matinées, IX (X¹ᵃ 4791), fol. 158 rᵒ.

Lundi, xiiij^e jour de decembre.

Ce jour, ont esté receuz les procès par escript du bailliage d'Amiens, et pour ce que par l'empeschement des gens d'armes qui sont par les païz, telement que l'en n'ose rien porter par le païz, la Court a reservé aux parties à debatre les evangiles d'iceulx procès.   Matinées, IX (X¹ᵃ 4791), fol. 160 rᵒ.

---

ce droit dans le laps de quatre ans et de rembourser le prix d'achat (Accords homologués au Parlement, X¹ᶜ 111).

1. Aux termes d'un accord du 13 février 1417 (n. st.), Pierre Minée reconnut que la cure de Saint-Thomas-de-la-Cauchie avait été donnée par le Roi à Ysambard Alexandre le 6 octobre, et, se désistant de toutes prétentions, consentit à la mise en possession de son compétiteur par l'archevêque de Rouen (Accords homologués au Parlement, X¹ᶜ 113).

Samedi, xixe jour de decembre.

La Court a baillié la detention de damps Robert de Villers, Jaques de Boves, Guillaume Le Raté, Jaques d'Avredoing, J. Le Normant et Jaques Le Brun, religieux de S. Joce sur la mer, à leur abbé qui leur fera leur procès au regart du delict commun ; et a defendu la Court audit abbé qu'il ne procede à sentence diffinitive jusques à ce que la Court ait determiné du delict privilegié, et interrogueront maistres P. de Oger et G. Petit Sayne lesdis religieux sur les cas dont sont accusez, et *interim* accorderont iceulx commissaires les parties, si puent.

Jeudi, xxiiij^e de ce moy.

Ou Chastellet de Paris furent commiz à poursuir les commissaires sur le fait des finances pour le paiement des gages des seigneurs de ceans par messeigneurs qui vacoient aux prisonniers oudit Chastellet.

Conseil, XIV (X^{1a} 1480), fol. 77 r°.

1417.

Jeudi, xiiij^e jour de janvier.

La Court a commiz maistres Ja. du Gard et O. Gencien pour aler à Compiegne devers monseigneur le Dauphin, avecques les ambaxateurs de l'Université de Paris et de la ville de Paris, et les a chargé la Court de supplier audit seigneur de pourveoir à la guerre que font en ce royaume les Angloiz, et aussi à ce que les pillars, qui en plusieurs lieux de ce royaume se tiennent, soient boutez hors[1], et aussi que ly plaise

---

1. Jean, duc de Touraine, qui avait séjourné au Quesnoy et à

adviser de approcher Paris, se bon lui semble, et de
ly monstrer le profit et necessité qui en puet avenir[1].

Conseil, XIV (X¹ᵃ 1480), fol. 78 r⁰.

Mercredi, xxᵉ jour de janvier.

La Court a baillié la detention de messire Jaques
Aynier, prestre, prisonnier en la conciergerie du
Palaiz à Paris, pour lui faire son procès sur le delict
commun jusques à la sentence diffinitive *exclusivè* par
l'official de Paris, et maistres J. Mauloé et J. Charton.

Conseil, XIV (X¹ᵃ 1480), fol. 78 vᵉ.

Venredi, xxijᵉ jour de janvier.

Maistre Adam de Baudriboz, conseiller du Roy, a
dit et declaré qu'il n'eut onques entention de soy
charger et ne se charge, ne ne chargera aucunement
de l'arbitrage du descort d'entre maistre Pierre Olier,
d'une part, et l'arcevesque de Tours, d'autre part.

Matinées, IX (X¹ᵃ 4791), fol. 179 r⁰.

Saint-Quentin avec son beau-père Guillaume de Bavière, comte
de Hainaut, se trouvait à Compiègne depuis les Rois ; suivant
Monstrelet (t. III, p. 167), il envoya aux baillis d'Amiens et de
Vermandois lettres scellées de son grand sceau avec injonction
de faire publier « que tous gens de guerre cessassent leurs
rapines et se retrayssent, sous peine de confiscation de corps et
de biens. Lesquelles lettres, observe le chroniqueur, proufitèrent
peu au peuple, car pour tant ne laisserent point iceulx gens
d'armes à tenir les champs. » On voit, en effet, par le *Religieux
de Saint-Denis*, t. VI, p. 89, et par *Juvénal des Ursins*, p. 534, la
situation intolérable causée par les incursions continuelles des
gens de guerre de tous partis, et des bandes de paysans armés
sous le nom de *brigands*, qui dans l'Ile-de-France, dans les
forêts de Hallate, de Senlis et de Montmorency, tenaient la cam-
pagne et se livraient à d'innombrables excès, tuant tous ceux qui
tombaient entre leurs mains.

1. Ce passage est reproduit par D. Félibien, *Hist. de la ville de
Paris,* t. IV, p. 562.

Lundi, xxve jour de janvier.

La Court a prins et miz en sa garde Colas Guerin, Macé Hatry, Guillaume Guilleu, Jamet du Boiz Gamar, Estienne d'Auniere, Estienne Loiseau, Jamet Patarin, Bertran Savour, J. Gilet, Perrot Le Tourneur, Morice Le Seneschal, J. Parent, J. Lainsné, J. Ferron, messire J. Royer, prestre, Guillemin Haudecuer, J. Palet, messire J. Foucaut, maistre Guy Gobert, Geffroy Malon, Guillaume Le Sellier, J. Laurencin, Simon Rousseau et Ambroiz de Tinteniac, et aussy en son sauf conduit, lesquelx estoient venus ceans pour la cause que a la dame de Laval, ancienne, contre la juesne dame de Laval, et messire Guy Turpin, chevalier, et le procureur du Roy[1].

Matinées, IX (X1a 4791), fol. 180 v°.

Mercredi, xxvije jour de janvier.

Cedit jour, est venu en la Chambre monseigneur le Chancellier pour eslire graphier, et assemblées les ij Chambres, a esté esleu oudit office de graphier, après ce que ledit monseigneur le Chancellier m'a demandé

---

1. De graves dissentiments s'étaient élevés entre Anne de Laval, dame de Vitré, veuve de Jean de Montfort, et sa mère, Jeanne de Châtillon, qui, prenant prétexte de projets de mariage entre la dame de Laval et Gui Turpin, s'était emparée de ses forteresses, des biens de ses sujets et l'avait fait enfermer dans le château de Laval. Celle-ci lui intenta une action criminelle au Parlement pour infraction de sauvegarde, port d'armes, pillerie, meurtre, larcin, rébellion, et demanda restitution de ses biens jusqu'à concurrence de cent mille francs; elle fut soutenue dans ses revendications par le procureur du Roi, qui conclut à ce que Anne de Laval et ses enfants fussent mis sous la main du Roi et obtinssent réparation. (Voir les débats de cette affaire à la date du 1er février 1417 et jours suivants, Criminel, X2a 117.)

se plus vouloie faire ledit office, et que j'ay dit que
non, maistre Clemens de Fauquanbergue, qui estoit
conseiller du Roy nostre Sire en la Chambre des
Enquestes, et a fait le serment accoustumé, et j'ay fait
le serment de l'office de conseiller, auquel avoie esté
esleu le premier jour de ce present Parlement[1]. « Deo
gratias, a quo principium et finis quique michi fuit,
est et erit spes certa laborum.

Detque facilem cursum feliciter et annuat ceptis
per me Clementem de Fauquembergue, in utroque jure
licentiatum, illustrissimi principis regis Francorum
prothonotarium et curie Parlamenti antedicti grapharium, qui, intermisso jus dicentis officio, juxta illud
Virgilii, malui et mutas agitare inglorius artes[2]. »

Conseil, XIV (X^{1a} 1480), fol. 79 r°.

1. Une mention analogue se trouve au registre des Matinées,
X^{1a} 4791, fol. 281.

2. Cette dernière phrase est de la main du nouveau greffier,
qui inaugure ainsi la prise de possession de son office.

MÉMORIAL

DE NICOLAS DE BAYE[1]

1400.

iij[a] augusti CCCC°, decessit magister Johannes Wile-
quin[2], licenciatus in utroque, grapharius Parlamenti,
qui dictum officium per novem annos cum xj mensibus excercuerat ; decessit ex febre continue que eum
tribus ebdomadis detinuerat. Hic in officio prebendas

1. Ces notes personnelles de Nicolas de Baye occupent les
folios 14 v° à 23 r° du manuscrit 266 de la collection Dupuy
(Bibl. nat., département des manuscrits), et font suite, dans ce
volume, à un recueil d'ordonnances concernant le Parlement de
Paris ; elles constituent à proprement parler une double série : la
première (fol. 14 à 16) forme le complément d'extraits des registres
du Conseil à partir de l'année 1365 jusqu'à la fin de l'année 1407
et renferme plusieurs mentions où nous voyons le greffier inter-
venir en son nom personnel, mentions qui lui donnent le carac-
tère d'un journal. La seconde (fol. 16 à 23), également rédigée par
Nicolas de Baye, comprend, sous la rubrique *ex libris consiliorum,*
une chronique abrégée du Parlement pour les années 1401 à 1416.
La partie du manuscrit où se trouvent contenues ces notes
n'indique nullement par son écriture le commencement du
xve siècle, ainsi que le conjecture M. Boutaric (*Recherches archéologiques sur le Palais de Justice,* p. 32) ; il s'agit d'une transcrip-
tion uniforme exécutée dans la première moitié du xvie siècle.
2. Jean Willequin, chanoine de Saint-Merry, avait été nommé
greffier du Parlement en remplacement de Jouvence, décédé en
juillet 1390, et remplit ses fonctions de novembre 1390 à juillet 1400.

cappellaniorum Sancti Marcelli prope Parisius, cum decanatu et prebenda sancti Morici, de qua controversiam habebant cum cancellario Beate Marie, nactus fuerat, et vacavit officium usque ad xvij^am diem mensis novembris subsequentis.

Die xvj novembris, anno CCCC°, que fuit veneris, ego Nicolaus de Baya, Cathalaunensis diocesis subdiaconus, magister in artibus, licenciatus in jure civili et bachalarius in decretis, canonicus Suessionensis et curatus de Montigny Lacoux, Senonensis diocesis, etatis mee xxxv vel vj annorum, et anno quinto quo de Aurelianis studio redieram, congregatis domini Regis consiliariis tam de Parlamento quam de Magno Consilio, et prelatis pluribus, per scrutinum usque ad numerum iiij^xx, electus fui in grapharium, quamvis indignus, et feci illo die solitum juramentum. Sequenti die, dixit michi dominus J. de Popaincuria in domo sua exhortando ac precipiendo ne commissiones absque licencia presidentis Curiam tenentis significarem, ne taxationem expensarum favore inordinato distribuerem, easque latitatas a clericis simul significarem.

1401.

xviij^a maii CCCC I, dictum fuit et ordinatum quod in Domo Dei Parisiensi porci non nutrirentur, nec alibi Parisius persimile.

xxx^a junii, quidam dictus Convertus, subdiaconus, qui verbaliter injuriatus fuerat cuidam clerico in Curia, emendavit honorabiliter procuratori Regis et dicto clerico utiliter de lx libris, licèt idem Converte esset subdiaconus.

xiiij[a] julii CCCC I, deliberata fuit executoria precisa Delphino et marquisio Salusciarum arresti lati contra comitem Sabaudie de anno CCC nonagesimo, que hactenus impedita fuerat, et, ne traderetur, prohibita per Regem.

xxvj[a] augusti, rebellarunt multi cordigeri Regi seu preposito Parisiensi et clien° (*sic*), unde eorum aliqui muros de nocte transcenderunt, fugientes alii incarcerati fuerunt usque ad numerum lx.

xxix octobris CCCC I, advocata fuit causa contra magistrum Radulphum Witard, clericum Camere Compotorum, que pendebat in Camera predicta contra procuratorem Regis super delictis et excessibus nonnullis, sed advocatio non fuit sortita effectum propter expediens inventum per dominum Cancellarium.

ij[a] decembris CCCCI, mihi fuit inhibitum per primum presidentem ne alicui dominorum signarem commissionem, quousque retulisset processus referendos in Curia, si quos habebat judicandos.

vij[a] decembris, michi fuit inhibitum ne processus tangentes aliquos de propinquo regio sanguine tradam visitandos, inconsulta priùs Curia.

<h2 style="text-align:center">1402.</h2>

xxx[a] januarii, magna altercatio fuit pro Curia contra Cancellarium super sigillatione adjornamenti in casu appellationis comisse a gentibus Compotorum, in tantum quòd opportuit quòd Curia adjornamentum daret signatum per me et executandum per prepositum Parisiensem, et nota dies precedentes de hac materia.

Nota xvj februarii, illo anno, causam contra gentes

Compotorum appellacionis interjecte ab eis per magistrum Jo. d'Aigny in curia Parlamenti agitatam.

Prima die marcii, inhibitum mihi fuit ne signarem commissiones.

Premier jour de mars CCCC, me fut defendu que je ne signasse commission à nul des seigneurs, sinon du consentement du president tenant le siege.

Nota, que l'evesque d'Amiens ne les curés d'Abbeville ne doivent point refuser aucun enterrer sans prendre argent, pourtant, s'il n'a fait testament, s'il n'y a autre canonicque empeschement, et si est en la faculté d'un chacun executeur ou heritier de soumettre dedans l'an le testament du defunct à la court seculiere ou de l'eglise, lequel qu'il veullent, sans contraincte. *Alia plura notabilia sunt in dicto arresto de prima marcii CCCC II.*

iij[a] marcii, declaratum fuit in Curia quod ordinaciones facte Trecis super officio tabellionatus Trecensis tenerentur apud Calvummontem et Vitriacum, et facte fuerunt dicte ordinaciones anno precedenti quo Curia dies Trecenses tenuerat.

Archiepiscopus Remensis nichil pro ordinibus potest exigere a canonicis seu servitoribus ecclesie Remensis, viij marcii.

xvij[a] marcii, presentata fuit epistola Tholosana per Guigonem Flandin, doctorem Tholosanum, invectiva contra subtractionem factam Benedicto pape XIII, et obediencie sibi restituende inductiva, que fuit per arrestum anni CCCC VII in fine dicti Parlamenti condemnata et lacerata tanquam scandalosa.

xvij[a] aprilis, revocate fuerunt donaciones facte per Regem, non tamen avunculis suis, Regine, fratri, et filiis Regis, prout cavetur in dicta ordinacione que est in libro Ordinacionum.

Jovis, xx aprilis CCCC° II°, dux Aurelianensis Ludovicus, germanus Regis, constitutus fuit superintendens financiis Regis et generalibus consiliariis super facto subsidiorum, sine quo nichil per quem post Regem omnia ad duos fratres extunc ne pecunie regie prodigè distribuerentur et darentur, sicut consueverat Rex ea prodigere, et ut ipse de eis suam utilitatem faciliùs idem dux faceret, prout fama laborabat a multis.

xxix^a aprilis CCCC II, in Curia ordinatum fuit quod in diebus Trecensibus non admittentur ad sedendum aliqui religiosi abbates, seu alii in consilio cum aliis dominis, licèt aliàs contrarium fuerit factum.

xxij^a maii, dux Burgundie contradixit taillie imposite per Regem, procurante, ut dicebatur, duce Aurelianensi, et suam quam dominus publicari fecerat.

Premier jour de juillet, allata fuit in Curia lictera Regia publicanda, qua Rex ordinaverat dominum Philippum, ducem Burgundie, patruum suum, generalem consiliarium super financiis suis, sine quo de dictis financiis nichil poterat fieri, nonobstante quod dux Aurelianensis superiorem generalibus aliàs ordinasset.

ij augusti, ordinatum quòd hostiarius, qui parabat et ordinabat cameram Parlamenti, iret ad dies Trecenses ad preconizandum causas et sedes parandum.

1403.

x maii CCCC III, omnes domini et advocati, hostiarii et registratores et grapharii Curie juraverunt solemniter esse fideles subjecti Regi, et sibi et postea Delphino primogenito, et nulli alii obedire.

xxj[a] maii CCCC° III°, decessit dominus Johannes de Poupaincourt, miles et primus presidens in Parlamento, qui notabiliter presidebat et magnum fructum in Curia fecisset, si vixisset et contentus fuisset, sed ad majora hanelabat, ad Cancellariatum forsan, licèt sibi sufficere debuisset. Hic ex excoriacione decessit, ut dicitur, quam receperat in diebus Trecensibus, preterito anno, Trecis, cotidieque, licèt uxoratus fuisset, dicunt ipsum fornicasse, etatis erat tempore mortis lx annorum vel eo circiter.

xxij[a] die dicti mensis, magister Henricus de Marla, qui tercio loco presidens erat, impetravit licteram presidencie in primo loco, qua quidem lictera noluit uti, nisi cum benigvolencia Curie, prout dixit in Curia, benè placuit autem Curie quod dicto primo loco fungeretur, et ita quasi per modum electionis functus est, licèt hoc gratum non habente domino P. Bouschet in secundo loco presidente, et se invito confecte.

x[a] septembris CCCC° III°, episcopus Parisiensis, qui capi fecerat aliqua bona pertinencia cuidam presbytero in domo J. Micheati, ante Sanctum Benedictum, compulsus fuit ibidem reponere illa bona et restabilire, et eciam bona capta in domo dicti episcopi ad eundem presbyterum pertinentia.

In dicto tempore fuerunt ordinati quidam et multi reformatores, cognituri super usurariis contractibus et super policia, et in novembri CCCC III propositi fuerunt errores ab eis ad Curiam pro parte Burelli de Dompnomartino, burgense et campsore Parisiensi, qui ab eis in ij[m] francis condemnatus fuerat.

1404.

v januarii CCCC III, publicate sunt lictere regie, quod Pape non solverentur vacancie beneficiorum de cetero etiam a xl annis citra.

xv februarii CCCC III, confiscatum fuit precium tricentum scutorum quo quidam emerat officium procuratoris Regis Meldensis ab alio qui ab ante procurator erat, et ex illa summa facta fuerunt armariola turris graphariatus, me procurante, et alia necessaria ex dicta et alia pecunia.

xxij aprilis CCCC IIII, super adjudicatione pignorum pretorii contra comitem Sabaudie et principem Achaye, dictum fuit propter eorum inobedientias quod ad proxima loca terrarum suarum et patriarum adjornarentur, responsuri procuratori Regis a duobus hostiariis Parlamenti, quos prisionarios detinuerant, et interim terre quas habebant in regno posite fuerunt in manu Regis quousque.

xxvj aprilis CCCC IIII, Parisius et in regno accidit quedam infirmitas pestilens, qua homines subito in tantam tussin et capitis et pectoris infirmitatem incidebant quod stare nequibant, nec bibere neque comedere, de qua egritudine multi decesserunt, et vocabatur vulgaliter *le tac*, eò quòd subitè homines capiebantur illa egretudine, qua ego ipse jacui quasi per quatuor dies.

iiijª junii, illo anno, ordinatum fuit in Parlamento quod de cetero non expendetur de mane in potando in camera Inquestarum, in estate, ultra octo solidos Parisiensium, quia antea frequenter ibidem magnus fiebat excessus.

iiij junii CCCC IIII, ordinatum fuit, obviando scandalis que ex potacionibus que in camera Inquestarum Parlamenti de mane excercebantur, quod solùm liceret potare viij solidos.

xxvijᵃ julii CCCC IV, quod puniantur accuratissimè illi qui de cetero libellos diffamatorios affigunt portis, januis et domibus, vel disferant, seu faciunt; occasio fuit quia alii super lectum Regis in cameris, in portis ecclesiarum et alibi affixi sunt libelli seu rithme contra honorem et ducis Aurelianensis, germani Regis, qui, ut mansuetus erat, quasi cuncta dissimulabat.

ixᵃ augusti, dictum fuit quod de reparationibus et aisanciis communibus ville et civitatis Laudunensis, clericus quartam partem solveret.

xixᵃ augusti, perorata fuit causa pro Universitate in Curia contra dominum Karolum de Savoisy, militem, cambellanum Regis principuum, per quemdam cordigerum, magistrum theologie, P. ad Boves nominatum, occasione quarumdam injuriarum nonnullis de Universitate eundo processionaliter ad Sanctam Katherinam, ut aliàs consuevit Universitas Parisiensis, de facto et violencia et manu illatarum, et cepit pro themate : *Deprecabantur eum ut manum eis imponeret*. Tandem, per arrestum Regis ordinatum fuit quod domus ipsius, que est juxta muros antiquos prope Sanctam Katherinam, dirueretur, cujus arresti executores fuerunt scolares dicte Universitatis, dicto cicius.

xijᵃ septembris CCCC° IIII°, Curia noluit obtemperare litteris regiis super retardatione arresti ferendi vel processus judicandi inter villam Altissiodorensem, ex una parte, et religiosos Sancti Germani Altissiodorensis ex altera, quod evenit ex revelatione secreti Curie.

1405.

iij^a januarii CCCC IV, mandati fuerunt nonnulli doc-
tores et scolares Aurelianenses, quibus Curia loqui
volebat, propter scandala ibidem orta occasione magistri J. de Corbie, nepotis Cancellarii.

xv^a aprilis, nota appunctamentum contra Camera-
censes.

iiij^a julii CCCC V, refutata fuit littera marche contra
Arragones domino Petro de Craon, eò quòd dudum
per Curiam bannitus fuerat, licèt Rex restituisset eum,
sed litteris non fuerat per Curiam obtemperatum, et
imò pro bannito reputabatur in Curia, licèt de facto
Parisius moraretur.

Eodem die, nota arrestum pro Guillelmo Daguin,
canonico Sancti Aniani Aurelianensis, contra Universitatem Aurelianensem, et malè per eam denegatum
inhibicionibus regiis, et eam malè privasse, et Daguin
benè appellasse, et dictam Universitatem in penam
incidisse.

xix^a augusti CCCC V, dux Burgundie, filius ducis
citra annum defuncti, cucurrit usque ad Gevisiacum,
qua transibat Delphinus eundo Meledunum, ubi erat
Regina, et eum Parisius reduxit cum comitiva armatorum et in Lupara eum collocavit, continuacio intes-
tinarum simultatum.

xvj^a septembris, errores pro magistro J. Audry contra reformatores judicati ad utilitatem dicti Haudry.

xxj^e jour de novembre CCCC V, inhibitum fuit, pro-
nunciando arresta, ut nullus clericus vel notarius se
nominaret grapharium, nisi grapharius Curie, et simi-

liter quoad hostiarios Curie, quòd nullus se hostiarius diceret, nisi de Curia.

xxiij^a novembris, facti et lecti sunt in Curia nonnulli
articuli pro reformatione justicie et statûs regni, ex
deliberatione Consilii Regii, occasione contentionis
intestine inter ducem Aurelianensem et Burgundie, qui
priusquam approbarentur seu publicarentur, quam-
plures infracti sunt et non servati.

xvj^a decembris CCCC V, facta fuit provisio executoribus testamenti magistri Dominici de Alixandria,
quamvis alienigena esset, eisdem executoribus, plenam
liberacionem bonorum habuerunt per arrestum xj februarii CCCC VI.

1406.

ix^a januarii, dictum fuit quod clericus Laudunensis
ad conservacionem horelogii et ponderis Laudunensis
non contribuet, sed ad alia communia aisiamenta ville
predicte pro quarta parte.

xiiij^a januarii CCCC V, fuit tabulla Camere Parlamenti cum ymaginibus ac ceteris adjacenciis perfecta,
in qua auctoritates tam prophetarum quàm circa sedes
philosophorum et poetarum et quorundam metropum
per me factorum de condicionibus quas debent habere
consiliarii qui incipiunt libare consiliis, etc. apponi
curavi, studui et feci ad animandum omnes cujuscunque
statûs ad eandem Parlamenti Curiam versantes. Tunc
temporis, ex ordinacione Curie et mei suggestione,
facte sunt sedes, et precedenti anno facta sunt armariola et alia utensilia Turnelle mee, mea cura, ex vj^c scutis venientibus de duabus emendis, videlicet cujusdam

procuratoris in Castelleto, dicti Corieu, et cujusdam, qui officium procuratoris regii Meldensis emerat, cujus precium confiscatum extitit et predictis negociis impensum per me.

xx^a januarii, Curia noluit differre pronunciacionem arresti domini Galcheri de Castellione, curatoris domini Johannis sui fratris, contra comitissam Haricurie, nonobstantibus regiis mandamentis id xxiij ejusdem.

xvij^a februarii CCCC V°, culpate fuerunt et convicioni deputate quedam lictere irisie Curie tradite, quibus presidentibus dabatur auctoritas puniendi èt cohercendi magistros Curie de officiis suis, insistendo diligenter per suspensionem vadiorum suorum et aliàs.

xxvij^a aprilis CCCC VI, ordinatum est bancha et scanna Camere Parlamenti de novo fieri, occasione cujusdam emende ccc francorum per J. Corieu, procuratorem in Castelleto, Curie illate, racione veritatis per eum supresse in quadam causa.

v^a junii sequentis, pulcherrima propositio et oratio facta pro Universitate, ac eciam viij junii sequentis, pro dicta Universitate et pro Rege contra ipsam et Tholose Universitatem et quandam epistolam per eos confectam contra aliàs factam subtractionem, que postmodum in Curia extitit condemnata, et fuerunt themata capta et pulcrè et eleganter et edificativè deducta ; et vj^a septembris CCCC VI, fuit subtractio omnium pecuniarum quas recipiebat Papa in regno et Delphinatu facta, prima pulcra oracione in Curia facta, sumendo pro themate : *Subtrahite vos ab omni facto ambulante inordinatè.*

xvj^a junii, illo anno, hora modicò post sextam, eclipsis solis tanta quòd vix videbatur per quartam partem hore; hoc mense etc., nix circa Parisius in Sancto Dionisio, grossior ovo galline, cecidit in magna copia.

x⁴ julii, eodem anno, condemnata fuit in Curia epistola Tholose missa Regi et Curie, que epistola vituperabat et damnabat subtractionem aliàs Benedicto pape factam, et fuit publicè lacerata, et dictum fuit quòd publicè, tanquam scandalosa regii sanguinis et cleri regni, supra pontem Avignionensem laceraretur et alibi.

Derrien jour de juillet, fut receu maistre Gilles de Clamecy ou lieu de maistre J. de Chanteprime par sa resignation, nonobstant ordonnance d'election faire, mais *racio fuit racione proximitatis dicti de Clamecy, qui nepos erat dicti Chanteprime, et quia eciam longo tempore servierat idem Chanteprime, similiter,* de maistre Pierre d'Arceiz qui *loco patris sui magistri* J. d'Arceiz.

xj⁴ septembris CCCC VI, facta fuit per Curiam subtractio pecuniarum primarum annatarum, fructuum et emolumentorum prelaturarum et aliorum beneficiorum quoruncunque et visitacionum ordinariorum, quarum procuratores de cetero pariebant eisdem, nec de arreragiis racione predictorum ampliùs solvetur a collatoribus Pape, relaxabunturque excommunicati racione predictorum, et hoc quousque aliàs ordinatum fuerit.

xij novembris CCCC VI, fui infirmus per tredecim dies ex nimia replectione qui in fluxum conversa fuit, et registravit in papiro Johannes Mileti, clericus meus.

1407.

xj[a] marcii CCCC VI, Curia obtemperavit litteris regiis quibus concedebatur heredibus defuncti domini Jo. de Maresiis, an° CCC° octogesimo II° Parisius decapitati, quòd ossa sua benedicte sepulture deputarentur, *il est temps, puis que le duc de Bourgongne est mort, qui le fit morir, comme dient aucuns.*

xxvj[a] aprilis CCCC VII, dictum fuit in Curia quòd ipsa de erroribus propositis per Meroflet a judicio Generalium super justicia cognosceret, nonobstantibus litteris in contrarium per eos impetratis, sed si adesse vellent, ipsi adessent, et redargutus fuit magister Simon de Nanterre, qui Generalis erat in justicia, postquam tamen et adhuc existens intus consiliarius, quòd requestam super interinamento dictarum litterarum faciebat, sedereque cum aliis monitus est, quod fecit.

xxij[a] augusti CCCC VII, agitata fuit causa in Parlamento in casu appellacionis emisse a gentibus Compotorum a Guillelmo Le Dyarre.

xij[a] novembris CCCC VII, nullus fuit presidens in principio Parlamenti, primo presidente occupato in Scacario, aliis in commissionibus existentibus, benè scandalizata fuit Curia, et ordinatum quòd presidens Requestarum presideret, eorum absencia durante, per Cancellarium, unde nonnulli de Parlamento indignati quòd de antiquioribus aliqui non presidebant, murmurantibus nonnullis de magistris Requestarum qui dicebant debere ex suo officio presidere.

xij[a] novembris CCCC VII, prima die Parlamenti,

nullus presidentum quinque erat in Curia, unde scandalizata est, et ex eo commissum fuit magistro J. du Drap, presidenti camere Inquestarum, quatinus locum presidentis in Camera Parlamenti excerceret, quousque rediissent, per me facta per Regem ad relacionem Consilii, unde verba suborta fuerunt inter magistros Requestarum Hospicii volentes dictum locum excercere et antiquiores de Curia idem pretendentes pro se, qui tandem consenserunt, sine prejudicio parcium, dictum du Drap excercere dictum officium[1].

xxiij[a] novembris CCCC VII, fuit trucidatus dux Aurelianensis Parisius in vico   , redeundo de domo Regine, juxta Albos Mantellos, hora viij, per quosdam murtrarios ex auctoritate ducis Burgundie, consanguinei sui, Rege fratre dicti ducis Aurelianensis ac aliis de sanguine regio existentibus, unde infinita subsecuta sunt mala.

xxiij[a] novembris, eodem anno, inhumaniter fuit trucidatus et interfectus dominus Ludovicus Francie, dux Aurelianensis et frater Regis, multùm astutus et magni intellectûs, sed nimis in carnalibus lubricus, de nocte, hora ix[a], per ducem Burgundie aut suo precepto, ut confessus est, in vico prope portam de Barbete, unde infinita mala processerunt, que diu nimis durabunt.

A dicto mense novembris CCCC VII usque ad xxvij[am] januarii, vigentissimus frigus quàm unquam

---

1. Nous croyons devoir rapprocher les deux versions de ce conflit provoqué par l'absence des présidents, insérées parmi les extraits de notre manuscrit, à cause des variantes intéressantes que l'on y remarque; c'est pour la même raison que nous reproduisons le double récit de l'assassinat du duc d'Orléans.

fuerit visum, viguit, ut vix duo verba registri scribere possem, quin incaustum ad calamum congelaretur, etiam igni appositis manibus meis et calamo.

Anno sequenti, fere quamplurime in silvis extincte et mortue in silvis patrie Brie reperte sunt, et aliqui homines.

1408.

Ultima januarii, tanta tempestas viguit inundacione aquarum ex resolucione nivium, glaciorum et gelium quòd pontes Parisius ceciderunt, et alibi perierant domus quamplurime et pecora ibidem existencia.

Derrain jour de janvier et usque ad vj ebdomadas intensissimum frigus viguit, ad cujus mitigacionem et glaciorum et nivium resolucionem pontes Parisius et alibi et domus infinite corruerunt, nec poterat iri ad cameram Parlamenti, sed pars dominorum sedem consilii apud Sanctam Genovefam tenuit, alia in Camera.

xxiijᵃ marcii, ordinatum fuit de reparacione pontium Parisius in Camera.

ijᵃ aprilis, Potin ex resignacione magistri Germani Paillart receptus.

xxvᵃ aprilis CCCC VIII, arrestum Greelle contra Philippum de Parisius in appellacione emissa a gentibus Camere Compotorum.

xvᵃ maii, presentate fuerunt bulle ex parte Benedicti XIII Regi, quibus ipse et sui sanguinis domini et adherentes excommunicabantur, unde multa malà exorta sunt.

xxj dicti mensis, Rex cum dominis in magno pratello sub Camera Parlamenti sedem tenuit, Universitatis Parlamenti et cleri multis cum baronibus et aliis universi generis, et ibi lacerate fuerunt predicte male bulle, et occasione dictarum bullarum decanus Sancti Germani Autissidiorensis, consiliarius Regis in Parlamento, licèt innocens, illo die, et abbas Sancti Dionisii, episcopus Vapincensis et multi alii etiam Regis officiarii incarcerati fuerunt.

xx^a augusti CCCC VIII, illi qui actulerant dictas bullas escafaudati fuerunt et per Parisius publicè ducti ignominiosissimè.

Hoc anno, onerati fuerunt currus pro eundo Trecas ad tenendum magnos dies Campanie, et tamen arrestacio et inhibicio facta fuit ne aliquis dominorum de Parisius recederet.

In octobri, recessit Rex cum dominis, preter ducem Burgundie, et ivit Turonis, licèt egrotans solita egretudine, instigacione domini J. de Montagu, militis, magni magistri sue domus, *dont ly vendra*, et ibi Rex, Regina et domini predicti longo tempore remanserunt.

1409.

xxj^a junii CCCC IX, fuerunt errores propositi a judicio facto per dominos Requestarum Palacii pro Johanneta La Fovecte contra Perretam La Gargoule, que errores proposuerat judicari, et dictum errores intervenisse in dicto judicio.

xj^a julii, processiones celebrate super creacione magistri Petri de Candia, de ordine Minorum, antea cardinalis, in Papam nominatum, Alexandrum Quintum nominatum.

Hoc anno, iverunt domini Trecas, et ibidem decessit

dominus Jacobus de Ruilly, et in mense octobris, die
[xvij], decapitatus fuit publicè dominus J. de Montagu,
miles, magnus magister hospicii Regis, qui fuerat suo
tempore Regis secretarius, et filius secretarii, cujus
pater filius fuerat cujusdam canonici Parisiensis, ut
dicitur, iste ad tantam auctoritatem devenerat quòd
totum regnum quasi regebat, presertim in financiis,
nec aliquid eo inconsulto fiebat, quinymo dominum
Delphinum, Reginam, ducem Bituris et plures alios
de sanguine Regio regebat, et quasi omnia suo mode-
ramine fiebant. Tandem auctoritate ducis Burgundie,
instigante, ut dicitur, domino P. de Essartis, preposito Parisiensi, qui suus extitit judex, et mediantibus
licteris regiis, ut fertur, Rege egrotante sua solita
infirmitate, mortem subiit publicè, absentibus dominis
de Parlamento in Scacario Rothomagi et Trecis in
magnis diebus, cum devotissimo et humilimo fine.

Mardi derrain jour de decembre, fut tenu grant
conseil, le Roy present, et tout ouvert aux chevaliers
de ce royaume qui furent convoquez, et vacqua la
Court de plaidoiries, et en la sale S. Loiz le Roy fit
publier que la guerre estoit ouverte d'entre lui et les
Angloiz, et que pour ce qu'il estoit empesché et la
Royne aussy, monseigneur le Daulphin par le conseil
de messeigneurs de son sang entendroit aux grosses
besoignes du royaume, depuis là en avant par aucun
temps se gouverna par le duc de Bourgoigne, et les
choses de ce royaume, dont vindrent grans perilz, *ut
videbitur*.

xv   CCCC IX, quia pendente certo processu
iu Curia inter archiepiscopum Remensem, tunc patriar-
cham Alexandrinum, ex una parte, et heredes defuncti

episcopi Pictavensis nominati du Martroy, idem archiepiscopus eos, virtute cujusdam executorie a curia
Romana emanantis, fecerat excommunicari, condemnatus fuit ad absolvi eos faciendum et in c libris parisiensium erga Regem.

1410.

xix[a] aprilis CCCC X, super causa placitata in Curia de
questione capitis gloriosissimi Dionisii inter capitulum
Parisiense et religiosos Sancti Dionisii, dictum fuit
quòd nulla fieret visitatio dicti capitis.

xxvj[a] aprilis, in contempcione pendente in Curia
inter Luciam de Montemoranciaci ex una parte, con-
querentem, et Katherinam d'Estouteville, ex alia,
defensatrice, quia utraque incontinens dicebatur, et
se fatebatur utraque, dictum fuit statum neutri adju-
dicandum, sed rem contenciosam gubernari per ali-
quas probas conventus de Malodumo, de qua abbacia
contendebatur, quousque per abbatem Cisterciensem
de sufficienti, secundùm religionis regulas, provisum
fuisset.

iiij[a] mensis maii, decessit Alexander papa et iiij die
post electus fuit Johannes XXIII, homo armorum et
facti, ut dicitur, sub quo infinite symonie commisse
sunt, prelaturas et beneficia vendendo.

xvij[a] maii, in dando defectum procuratori Regis et
burgensibus de Novo Castro contra ducem Lotoringie
qui mirabilia mala eisdem intulerat, Regem vilipen-
dendo et crimina multa perpetrando, dictum fuit quòd
priùs in Consilio de hoc loqueretur.

Idem de adjornamento contra ducem Britanie pro
capitulo de Sancto Maclovio in Britania.

A xvj septembris usque ad festum beati Martini tanta mala perpetrata sunt per gentes armorum Regis qui arrerium bannum proclamari fecit, ducis Burgundie, ducis Brebancie, comitis Lotoringie, comitis Nivernensis, ex una parte, et ducum Bituris, Aurelianensis, Borbonii, comitum Alençonii, Armigniaci et fratris ducis Britanie, ex alia parte, existencium circum Parisius et per totum regnum, quòd omnia nequirent, nilque boni actum est per hoc totum tempus, et hec omnia occasione mortis Aurelianensis et libidine dominandi.

xxj[a] novembris, Aubertus Le Pigneur non fuit conservatus in possessione cure Sancti Nicolai de Cardineto, quia non repertus erat in possessione, sed magister Egidius de Asperomonte, pars adversa, actor dictus est non admictendus, quia titulum eciam non reperiebatur habere.

xxij[a] novembris CCCC X, bedellus Universitatis Parisiensis venit die Consilii nunciatum congregacionem Universitatis dominis qui erant in Curia, inhibuit Curia quòd amplius non faceret, et si volebat aliquibus singularibus nunciare, iret ad eorum domos.

xxvj[a] ejusdem, venit archiepiscopus Pisanus in die Consilii in Curia et recommandavit Papam dicendo pro themate : Talis decebat ut esset nobis pontifex.

xx[a] decembris ejusdem, remissa fuit cognicio cause magni panetarii Francie contra procuratorem Regis et aliquos bolengerios in Castelleto.

Illa die (xiij decembris), quinque in consiliarios intus recepti fuerunt, quia electi, et reputatus fuit antiquior, ex deliberacione Curie, quoad honores, qui plures habuerat voces.

1411.

vj^a marcii ejusdem, absolutus fuit magister Ludovicus de Gumchery, notarius Regis, defensor, contra magistrum Baldum de Bordis, actorem, contendentem de officio notariatus regii, quod obtinebat idem Ludovicus pretendendo ipsum vacare, eo quòd dicebat eumdem Ludovicum esse lepre suspectum, unde raciones hinc inde in registro.

xxx^a maii CCCC XI, dux Aurelianensis licteris missis per Regem per ambaxiatores noluit respondere, eo quòd nolebat communicare consilia neque secreta sua decem quos dicebat esse in Consilio Regis et sibi suspectos, et eorum aliquos necis patris sui conscios, requirebatque eos privari de Consilio Regis, et tunc se submictere regie ordinacioni, quod Rex facere noluit, unde infinita mala secuta sunt; nam ab illo tempore usque ad annum revolutum belligeraciones, depredaciones continue facte sunt, et presertim burgenses Parisienses et multi milites pro parte Regis et ducis Burgundie obtinuerunt pontem Sancti Clodoaldi prope Parisius, ix^a novembris CCCC XI, quem occupabant gentes et acies ducis Aurelianensis, et ibidem facta est strages magna usque ad mille de gentibus dicti ducis Aurelianensis, qui et dux Borbonii, comes Alençonii, comes Virtuti, comes Armaniaci, dominus de Lebreto, tunc conestabularius Francie, et alii plures principes et domini apud Sanctum Dionisium existentes, inde pavefacti subitò recesserunt, et si sors dedisset quòd Parisienses Sanctum Dionisium adivissent, fortunam suam insequendo, eos omnes obtinuissent. Postea Parisienses et Anglici qui in ducis Burgundie auxilium venerant apud Sanctum Dionisium yverunt, et ibi presertim apud religiosos multa predati sunt, abbatemque Sancti Dionisii cum duce Aurelianensi transfugere molientem, Parisius prisionarium adduxerunt. Aducti sunt de Sancto Clodoaldo et undequaque multi captivi ad Castelletum, ubi relinquebantur sine provisione alimenti, ut dicebatur, et sine confessione quam requirebant mori paciebantur, et mortui extra Parisius in foro Porcorum nudi super quadrigis per minimas partes corporis ignominiosè deferebantur, et ibidem ejiciebantur, modica terra eis supposita, quousque monui gentes Regis in Castelleto et eos ad officium humanitatis exortatus sum.

Circa hec tempora obtinuerunt, postea resumptis viribus, Aurelianensis dux cum suis apud Puisetum, et ducti sunt Aurelianis captivi de gentibus alterius partis benè octingenti.

viij^a augusti ejusdem (anni), electus in abbatem Sancti Lupi Trecensis et confirmatus per episcopum obtinuit recredenciam in Parlamento contra magistrum J. de Castro, ibidem per Papam promotum.

v^{ta} novembris ejusdem, capte sunt (ex) parte Regis pecunie penes Curiam Parlamenti et Castelleti et Requestarum Palacii et aliarum curiarum, deposite seu sequestrate, pro necessitate tunc urgente, imo et thesauri pecunia[ru]m ecclesiarum et plurium viduarum et pupillorum.

xij^a novembris ejusdem, ordinatum fuit, propter tumultaciones guerrarum quòd non placitaretur usque ad secundum diem januarii sequentis, séd consiliaretur.

xiiij^a novembris, taillia fuit imposita Parisius, et fuit imposita et moderata Curia presens ad mille libras turonensium, unde primus presidens solvit xl, quilibet aliorum presidentum xx, quilibet clericorum consiliariorum v, laycorum decem, et grapharii et notariorum viij libras parisiensium et quilibet hostiariorum, tribus exceptis, viij libras parisiensium.

1412.

xviijª februarii, cardinalis Pisanus qui tunc archiepiscopus Pisanus erat, recommendavit in Curia Papam et negocium Ecclesie, et tenuit Curiam pro immuni, de decima quam petebat in Ecclesia pro Papa in Francia.

Circa festum Ascensionis illius anni, Rex, Dalphinus filius suus, etatis xv annorum, et dux Burgundie cum (eis) obsederunt civitatem Bituricensem, ubi erat dux Bituricensis et Borbonii et Armigniaci, duce Aurelianense cum comite Virtuti existente Aurelianis, et tandem pax ibidem inter dominos reformata fuit.

Prima die augusti CCCC XII, dux Lothoringie per arrestum ex defectibus et contumaciis suis bannitus fuit cum pluribus aliis, occasione excessuum quos fecerat contra Regem et burgenses de Novo Castro in Lotoringia, subditos Regi, tanquam comiti Campanie, a quo tenebat dictam villam reddibilem dictus dux, et condemnatus fuit in c mille francis vel circa.

iijª augusti ejusdem, mandati sunt per Regem sex de dominis Curie et unus de presidentum (*sic*) ad eundum Autissiodorum super tractatu pacis dominorum ineundo et passando ex redditu dominorum de obsidione Bituricensi, ubi Rex et domini longo tempore fuerant, et ubi tam homines quàm equi mortui fuerant in magno numero, ex pestilencia et inedia ac eciam gladio et machinis bellatoriis.

xxvij augusti, nunciata fuit, mediantibus licteris regiis super hoc confectis, pax Bituris facta, et fedus inter dominos initum, qua officia et beneficia restituta fuerunt et omnia remissa.

ix septembris ejusdem, dictum est per arrestum quòd Regina que a commissariis expensas contra eam pro domino Ferrico de Chardoigne taxantibus virtute cujusdam arresti appellaverat, ut appellans non erat admittenda.

xiiij decembris, remissa quedam causa per habitantes de Caen contra Bertrandum Campion, coram Rege, eo quòd tangebat factum *des Armignas*, et eciam erat nimia importunitas prosequencium, sed juxta ordinaciones Regis priùs fuit Rex super hoc per Curiam consultus.

1413.

xvij februarii CCCC XII, oblati fuerunt articuli Regi, qui mandaverat super provisione regni tres status Curie Parlamenti super reformacione officiariorum et inordinacione financiarum presenti, per Universitatem et villam Parisienses, requirendo quòd Curia se adjungeret eis, que respondit, congratulando bono eorum proposito, quòd non debebat se cujusque partis adjungere, viso quòd erat curia capitalis pro justicia cujusque ministranda, sed parata erat deputare aliquos ad prosecucionem illorum et expedicionem, quandocumque mandaret Rex.

Eodem die, congregati sunt domini pro eligendo

procuratorem Regis, et alia die perfecta fuit electio in personam magistri Jo. Haguenin, advocati intus.

xxviij aprilis et xxij maii CCCC XIII, prepositus Mercatorum et scabini et quamplurimi armati Parisienses iverunt ad Sanctum Paulum ad Regem et Delphinum, et cum longa instancia precedenti ceperunt ducem Barrensem, cognatum germanum Regis, et fratrem regine Arragonie, et avunculum regine Cecilie, et cancellarium Delphini, et alios milites et officiarios Regis et Delphini, et eos duxerunt ad carceres ad Luparam. Et dicta viij^a die, similiter ceperunt fratrem Regine, ducem in Bavaria, qui in crastinum uxorem ducere debebat sororem comitis Alençonii, et principalem camerarium Delphini, scilicet dominum de Ramboillet, cum pluribus aliis militibus et scutiferis, et dominum J. de Nielles, militem, cancellarium Delphini, qui aliàs illo officio privatus fuerat, sed, supradicto cancellario incarcerato, revocatus fuerat ; item, ducem de Montaubam, cancellariam Regine et consanguineam suam et plures alias dominas et domicellas Regine et Delphine, quas mancipaverunt in conciergeria Palacii, et incluserunt. Et inter predictas captus fuit magister J. d'Arçoval, confessor et magister scole domini Delphini, et per dictos Parisienses detentus ubi, ignoratur.

In mayo CCCC XIII, procurator Regis et scabini Parisienses requisierunt a Curia remedium super infinitis pecuniis que extrahebantur de regno Romam pro episcopatibus et dignitatibus, que quasi ad inquantum vendebantur, et responsum est quòd expectentur nuncii quos Rex Romam destinaverat, et ex eventu remedia providerentur.

xxvij^a maii, illo anno, tenuit Rex lectum justicie, et

lecte fuerunt, presentibus Delphino, ducibus Biturie, et burgensibus et pluribus archiepiscopis et episcopis, preposito Mercatorum et Universitate Parisiensi, quedam ordinaciones facte pro statu tocius regni, et ad requestam Universitatis eas approbavit Rex, et juraverunt domini presentes et assistentes alii.

Prima julii CCCC XIII, dominus Petrus de Essartis, prepositus nuper Parisius, superior gubernator financiarum regni, magnus buticularius Francie, superior magister aquarum et forestarum Francie, qui fuerat prisionarius adductus ad carcerem Palacii, fuit per scabinos et alios Parisienses, quorum fuerat valdè notus et amicus, ductus super cloya ligata ad caudam bige a Palacio usque ad hospicium Conche vel *Coquille*, in vico Sancti Dionisii, rasus et cum calcaribus auratis et caligis albis, et inde ad Halas et ibi decapitatus per sentenciam quorum(dam) commissariorum ad hunc et alios deputatorum.

Tunc vigebant excessivissimi calores, quarum ordinatum fuit in Parlamento intrare xj^a hora de mane ad Causas et ix^a hora exire.

Tunc missi fuerunt parte Regis ambaxiatores apud Yvriacum erga Regem Secilie et ducem Alençonii.

Tunc tractatum est de pace inter Regem Secilie, ducem Aurelianensem, Borbonii et Alençonii et aliorum cum duce Burgundie in Pontisara.

iij^a augusti CCCC XIII, nonnulli impedire conati sunt ne fieret responsio super tractatu pacis inito inter dominos usque ad diem sabbati proximam, in maximum periculum ville Parisiensis et omnium, et, hoc proviso, deliberatum fuit per Curiam et Universitatem quòd iretur requisitum a Rege pro responsione cras facienda.

Veneris quinta augusti, principalia cleri et justicie collegia, cum villa Parisiensi, et infinitis armatis, iverunt ad Sanctum Paulum, et requisierunt pacem, facta collocutione per quemdam magistrum in theologia sub verbis : *Rogate que ad pacem sunt in Jherusalem*, approbando oblacionem factam per dominos Aurelianensem, Borbonii et alios, et [Delphinus] equitavit per Parisius et eduxit incarceratos in Lupara, in Palacio et alibi, et ab hac die diffugerunt valdè multi turbatores pacis, qui postmodum fuerunt banniti.

viij[a] augusti, fuit electus dominus Henricus de Marla in cancellarium Francie in loco magistri Eustacii de Atrio per Regem, ducem Aquitanie, Burgundie et Bituris et aliorum de Consilio, et feci omnes jurare.

Tunc fuerunt electi tres presidentes in Parlamento et primo nuncupato Mauger intimavit novus cancellarius. quòd sic se regeret quòd liberè quiret reprehendere alios.

ij[a] septembris, juraverunt domini Francie, absente duce Burgundie, pacem tenere.

v[a] septembris, Rex tenuit lectum justicie, presentibus dominis de suo sanguine in camera Parlamenti, adnullavit et revocavit nonnulla edicta dudum tempore divisionum facta, quibus illi qui tenuerant partes ducis Aurelianensis dicti fuerant perdidisse bona, beneficia et officia sua, et eciam adnullavit quasdam scripturas nuncupatas ordinaciones, aliàs factas et publicatas in eadem camera, tanquam minùs legitimè factas et regie potestati derogantes, et publicari fecit Rex, dux Bituris, Aurelianensis, Borbonensis, Barrensis et alios de suo sanguine qui fuerunt pro duce Aurelianensi, eo quòd fuisse suos fideles parentes, et inhibuit ne quis de eis malediceret.

1414.

xᵃ februarii, venit dux Burgundie cum magna comitiva armatorum coram Parisius usque ad portam Sancti Honorati, et fuit sibi introitus denegatus, quia venerat, ut dicebatur, contra preceptum Regis.

xxvᵃ marcii, fuit lacerata in parvisio Beate Marie Parisius codex seu proposicio facta dudum in Sancto Paulo per magistrum J. Petit, magistrum in theologia, nuncupata *justificatio ducis Burgundie* super morte ducis Aurelianensis, presente episcopo Parisiensi, Universitate Parisius cum multitudine copiosa plebis.

In marcio, vigebat in Francia et Parisius gravissima infirmitas, qua caput et membra singula dolebant, nec sapor erat scilicet cibi cuiquam, et eadem in Arabia et transmarinis partibus viguerat retro in mense octobris et novembris.

xxjᵃ maii, capta fuit per gentes Regis, eo presente, civitas Suessionensis que dicebatur rebellis Regi, et ibi dicuntur infinita fuisse facta crimina raptuum, sacrilegiorum, et alia, et predata fuit omninò civitas, et ducti captivi sacerdotes et viri et alii ecclesiastici, tam decani, archiepiscopi quàm alii, et alie religiose persone cum pueris.

1415.

xiiijᵃ januarii CCCCXIIII, cardinalis Pisanus, legatus a latere pape Johannis XXIII, venit ad Curiam Parlamenti et cepit pro themate verba dominice sequentis, secundùm usum Romanum. *In hiis que patris mei sunt opportet me esse*, et alio anno similiter venerat et ceperat pro themate : *Vos estis genus sacerdotale.*

xvj[a] marcii, publicate sunt in Curia lictere super reformacione pacis per Regem ordinate, quinta jam vice, et per dominos de suo sanguine jurate.

In decembri CCCC XV, appropiavit dux Burgundie Parisius in magno armatorum excercitu et stetit Latigniaci.

1416.

En janvier CCCC X(V), fut rendu à chapitre de Paris, maistre J. Fusoris, chanoine de Paris, maistre en ars et licencié en medicine, accusé d'avoir favorisé et conseillé le roy d'Angleterre contre le Roy et son royaume, et assisteront de faire son procès de par le Roy iiij des conseilliers de Parlement.

Ultima aprilis CCCC XVI, magister N. d'Orgemont, filius domini Petri d'Orgemont, quondam cancellarii, et frater domini Petri d'Orgemont, quondam episcopi Parisiensis, canonicus Parisiensis et aliarum sex vel vij ecclesiarum cum duabus dignitatibus, consiliarius Regis quondam in Parlamento et postea magister Compotorum Regis, vir maxime auctoritatis, et ditissimus clericorum regni, diaconus, accusatus de sedicione quam nonnulli Parisius facere die sancto Pasche machinati fuerant, ductus fuit cum decapitandis ad Halas viliter in tum[b]ello, et condemnatus in iiij[xx] m. scutis, et postmodùm redditus capitulo Parisiensi, et in capitulo postea condemnatus ad panem et aquam in carceribus perpetuis, et predicandus in sui presencia in parvisio ecclesic Parisiensis, et reductus postmodùm per gentes Regis ad castrum Sancti Anthonii, tanquam ad carceres capitulo commodatos. Demùm eductus apud Magdunum, quia Parisius sibi favebatur, ibi miserabiliter paulò pòst dies finivit. Et in mayo, occasione dicte conjuracionis, amote sunt cathene de vicis publicis et arma maxime suspectioni.

In augusto CCCC XVI, plures banniti et alii predones armati venerunt usque ad portas Parisius de nocte, et steterunt usque ad vij vel viij horam de mane, et inde, visis portis clausis, recesserunt depredantes patriam et occidentes plures.

iiij^a septembris, preceptum fuit gentibus Parlamenti et mihi graphario quòd apud Sanctum Martinum exhiberemus Cancellario arma nostra.

xvj^a septembris, ad requestam Universitatis Parisiensis, per arrestum inhibitum fuit, sub pena corporis et bonorum, ne aliquis de cetero in obediencia Regis diceret vel doceret, seu affirmaret cuiquam licere vassallo, subjecto aut alteri interficere aliquem per insidias, blandicias seu deceptiones, non expectata sentencia seu jussu judicis competentis, ne eciam aliquis scriberet vel exemplificaret quamdam codicem vel scripturam nominatam *justificacio ducis Burgundie super morte ducis Aurelianensis*, nec penes se teneat, et si quis haberet tales scripturas, penes Curiam afferret incontinenti, aliàs puniendus, et quòd premissa in judicaturis regiis publicarentur.

TABLE ALPHABÉTIQUE

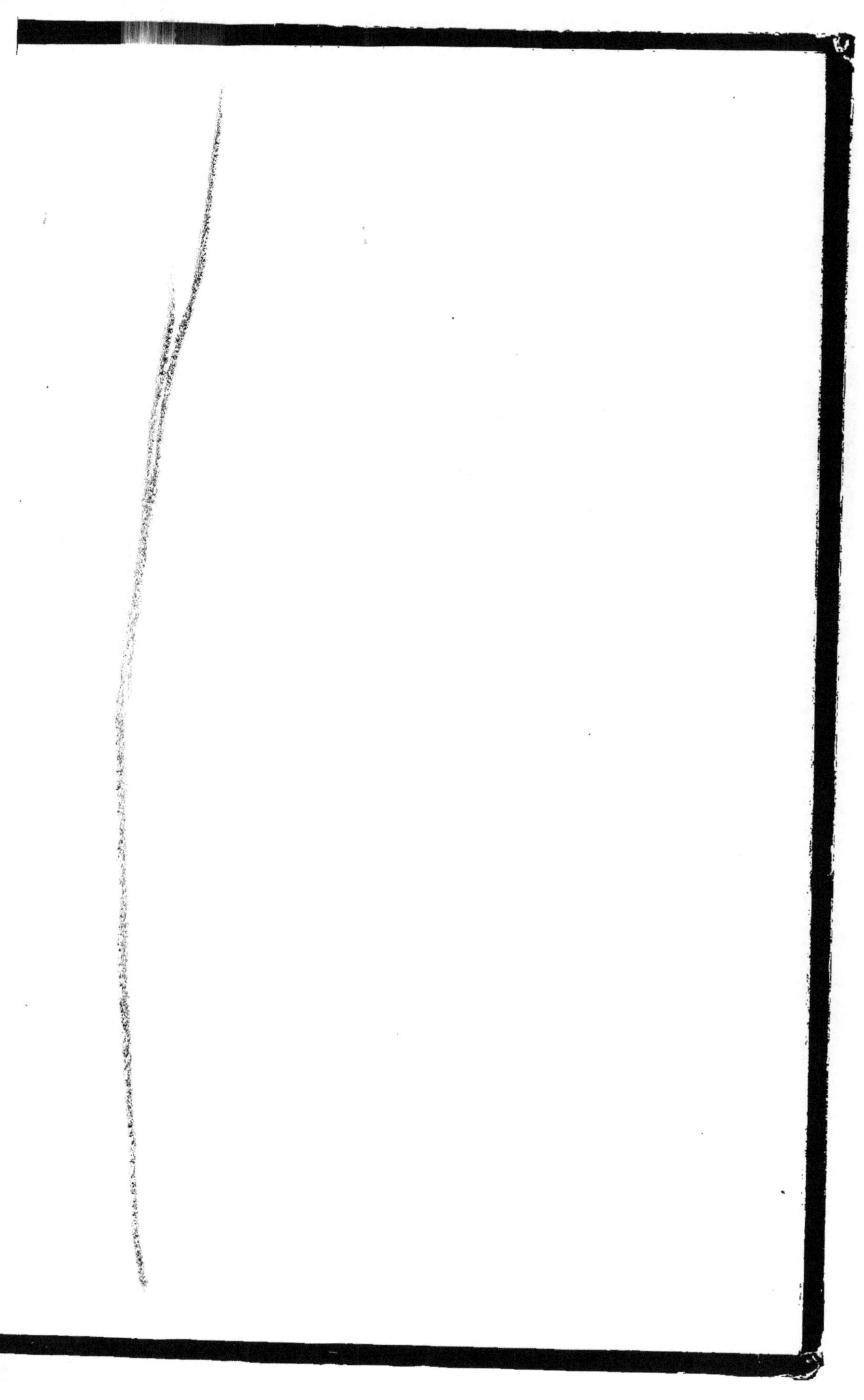

9 782013 688376